Analiza

w produkcji gier

Jak wykorzystać dane,

by stworzyć lepszą grę

Tom I

Wprowadzenie i analiza rynku

Mateusz Hyla

Bytom, 2020

Sprawdź również:

Analiza w produkcji gier - Tom II

Drugi tom cyklu dotyczącego wykorzystania danych przy tworzeniu gier komputerowych. Tym razem autor skupia się na analizie graczy, konkurencji i technologicznej.

Analiza w produkcji gier - Tom III

Trzeci tom cyklu dotyczącego wykorzystania danych przy tworzeniu gier komputerowych. Poruszone zostały w nim analiza kosztów i ryzyka.

Słowa gamedevu

Zbiór cytatów i biografii największych ekspertów i twórców gier. Zainspiruj się ich podejściem, problemami i rozwiązaniami.

Projektuj i Twórz: Podręcznik Tworzenia Gier

Podręcznik dla każdego początkującego twórcy gier, omawiający krok po kroku i etap po etapie najlepsze praktyki projektowania gier.

Drodzy Czytelnicy,

Z ogromną przyjemnością witam Was w świecie analizy danych w produkcji gier. Ta książka, jest owocem wielu lat mojej pasji, doświadczenia i fascynacji tym dynamicznym i rozwijającym się obszarem, jakim jest gamedev.

Wierzę, że analiza danych jest kluczem do sukcesu w dzisiejszym konkurencyjnym środowisku gamedevu. To narzędzie, które umożliwia nam zrozumienie preferencji graczy, odkrycie nowych trendów rynkowych i podejmowanie strategicznych decyzji opartych na solidnych danych. Oczywiście, sama analiza nigdy nie wystarczy przy tak skomplikowanym procesie jakim jest produkcja gier, pozwoli jednak na uniknięcie pewnych błędów.

W tej książce odkryjecie wiele praktycznych wskazówek, technik i narzędzi, które można zastosować w procesie tworzenia gier. Od analizy danych demograficznych graczy i ich zachowań, przez wykorzystanie danych do usprawniania procesów produkcyjnych, aż po ocenę skuteczności strategii marketingowych - wszystko to pomoże Wam podjąć trafne decyzje, poprawić jakość gier i osiągnąć większy sukces komercyjny.

Przeanalizujemy również, jak analiza danych może wspierać proces zarządzania projektem, zespołem i całą firmą gamedevową. Dowiesz się, jak tworzyć efektywne strategie biznesowe oparte na danych, jak monitorować wskaźniki wydajności, a także jak wykorzystać informacje w celu doskonalenia procesów twórczych i zwiększenia efektywności działania.

Niech ta książka będzie dla Was przewodnikiem, który rozjaśni niektóre tajemnice analizy danych w produkcji gier i umożliwi Wam odkrycie potencjału, który ona niesie. Pamiętajcie, że sukces w gamedevie wymaga kombinacji kreatywności, technologii i wiedzy, a analiza danych jest jedynie jednym z kilku kluczy, które otwierają drzwi do tego sukcesu.

Wierzę, że ta książka dostarczy Wam wartościowych informacji, inspiracji i narzędzi do podjęcia właściwych decyzji w produkcji gier. Cieszcie się tą podróżą przez świat analizy danych, zgłębiajcie tajniki branży gamedevu i budujcie swoje sukcesy na solidnych fundamentach danych.

Życzę Wam wielu przełomowych momentów, twórczej satysfakcji i osiągnięcia wielkich celów w przemyśle gier. Bądźcie odważni, eksperymentujcie i czerpcie radość z tworzenia gier, które zapadną w pamięć graczy na zawsze.

Z poważaniem,

Mateusz Hyla

Tom I - Spis treści

Tom II - Spis treści

Tom III - Spis treści

Analiza

w produkcji gier

Jak wykorzystać dane, by stworzyć lepszą grę

Tom I

Wprowadzenie i analiza rynku

I Wprowadzenie

1.1. Co to jest analiza w kontekście produkcji gier?

Analiza jest procesem badawczym, w którym szczegółowo rozkłada się całość na składniki, badając je w celu zrozumienia, oceny lub interpretacji. Analiza może być stosowana w różnych dziedzinach, takich jak nauka, matematyka, ekonomia, biznes, psychologia, informatyka i wiele innych.

Słowo "analiza" pochodzi od greckiego słowa "analyein", które oznacza "rozłożyć na części". Jest to połączenie dwóch członów: "ana" oznaczającego "przez" lub "w" oraz "lysis" oznaczającego "rozkład" lub "rozwiązanie". Termin ten został wprowadzony w matematyce i naukach przyrodniczych w XVII wieku, a od tego czasu rozwinął się i znalazł zastosowanie w wielu dziedzinach.

W kontekście ogólnym, analiza polega na definiowaniu i badaniu elementów składowych danego obiektu, systemu, problemu lub sytuacji w celu uzyskania lepszego zrozumienia, odkrycia wzorców, zależności, przyczynowości lub oceny. Analiza może obejmować zbieranie danych, ich organizację, porządkowanie, klasyfikację, interpretację, modelowanie, ocenę ryzyka, wnioskowanie i wyciąganie konkluzji.

Analiza jest jednym z kluczowych elementów produkcji gier. W najprostszym ujęciu, analiza to proces zbierania i interpretowania danych w celu lepszego zrozumienia projektu, decyzji i działań podejmowanych w trakcie produkcji gry.

Analiza w kontekście produkcji gier może mieć wiele różnych celów. Przede wszystkim, może pomóc w osiągnięciu celów biznesowych, takich jak zwiększenie przychodów, zysków lub zwiększenie zainteresowania grą. Analiza może również pomóc w zrozumieniu i rozwijaniu gry, np. poprzez identyfikację potencjalnych problemów technicznych, testowanie użytkownika, ocenę wydajności i dostosowanie do rynku.

Analiza może być używana w różnych etapach produkcji gry. Na początku, analiza może pomóc w opracowaniu koncepcji gry, np. poprzez badanie preferencji użytkowników lub analizę trendów rynkowych. Podczas produkcji gry, analiza może pomóc w zarządzaniu zespołem, monitorowaniu postępu prac i dostosowaniu do zmieniających się warunków. Po wypuszczeniu gry na rynek, analiza może pomóc w ocenie jej sukcesu i identyfikacji obszarów, które wymagają poprawy.

W produkcji gier, istnieją różne rodzaje analizy, takie jak analiza użytkownika, analiza rynku, analiza technologiczna czy analiza danych. Analiza użytkownika obejmuje badanie preferencji i zachowań użytkowników. Umożliwia także identyfikację problemów, z jakimi gracze spotykają się podczas gry. Analiza graczy pozwala na lepsze dostosowanie gry do ich potrzeb, co z kolei wpływa na ich satysfakcję z rozgrywki i lojalność wobec marki.

Analiza rynku pomaga w zrozumieniu trendów i preferencji wśród użytkowników, aby dostosować produkcję gry do zmieniających się wymagań rynku. Przeprowadzenie analizy rynku pozwala na zrozumienie między innymi preferencji co do gatunków gier, platform, sposobów płatności i innych czynników wpływających na ich decyzje zakupowe. Analiza rynku pozwala także na zidentyfikowanie konkurencji i określenie ich mocnych i słabych stron, co z kolei umożliwia lepsze zdefiniowanie strategii marketingowej dla gry.

Analiza technologiczna pomaga w ocenie możliwości technologicznych produkcji gry, takich jak wydajność, jakość i dostępność na różnych platformach. Przeprowadzenie analizy technologicznej umożliwia na zrozumienie nowych technologii i narzędzi, które mogą pomóc w tworzeniu lepszych gier. Analiza technologiczna pozwala także na identyfikację problemów związanych z infrastrukturą techniczną, takich jak błędy w kodzie, problemy z wydajnością, czy zgodność z różnymi platformami. Dzięki analizie technologicznej można także lepiej przewidywać przyszłe trendy technologiczne i szybciej reagować na ich zmiany.

Ważnym aspektem analizy w kontekście produkcji gier jest także analiza kosztów i ryzyka. Przeprowadzenie analizy kosztów pozwala na lepsze zrozumienie kosztów produkcji gry, co z kolei umożliwia lepsze zarządzanie budżetem i uniknięcie nadmiernych kosztów. Analiza ryzyka pozwala na identyfikację potencjalnych problemów i niebezpieczeństw, które mogą wystąpić podczas produkcji.

Analiza danych obejmuje gromadzenie, przetwarzanie i interpretację danych, które pomagają w podejmowaniu decyzji dotyczących produkcji gry.

Analiza jest więc niezbędna w produkcji gier, aby lepiej zrozumieć i dostosować grę do wymagań rynku i użytkowników. Dzięki analizie, twórcy gier mogą lepiej zrozumieć graczy i rynki, w których funkcjonują, co pomaga w tworzeniu gier, które odpowiadają na potrzeby użytkowników i wymagania rynku. Analiza również pomaga w monitorowaniu postępu prac i dostosowaniu się do zmieniających się warunków, co jest kluczowe w dynamicznym i szybko zmieniającym się środowisku gier.

W dzisiejszych czasach produkcja gier jest coraz bardziej złożonym procesem, który wymaga zaangażowania wielu ludzi i środków. W tym kontekście analiza odgrywa kluczową rolę w całym procesie tworzenia.

Omówienie cech analizy w procesie produkcji gier należy rozpocząć od podkreślenia, że po pierwsze, analiza jest procesem badania i zrozumienia potrzeb i wymagań klientów. Jest to niezbędne, aby móc stworzyć grę, która spełni ich oczekiwania. Analiza wymaga dokładnego zbadania rynku, w tym trendów, preferencji graczy i konkurencji. W wyniku analizy można wyodrębnić kluczowe funkcje i elementy gry, które są najważniejsze dla klientów, a następnie skupić się na ich rozwinięciu.

Po drugie, analiza jest procesem oceny możliwości technicznych. Produkcja gier wymaga zaawansowanej technologii, która umożliwia tworzenie gier o wysokiej jakości. Analiza technologiczna pozwala na ocenę możliwości technicznych i wybranie odpowiednich narzędzi, platform i systemów, które umożliwią tworzenie gier o wysokiej jakości.

Po trzecie, analiza jest procesem oceny ryzyka. Produkcja gier to proces złożony i wymagający, który może wiązać się z dużym ryzykiem. Analiza ryzyka pozwala na zidentyfikowanie potencjalnych problemów i wyzwań, które mogą wystąpić podczas produkcji gry. Pozwala to na opracowanie strategii radzenia sobie z problemami i minimalizowania ryzyka.

Po czwarte, analiza jest procesem planowania. Produkcja gier wymaga zaangażowania wielu różnych zespołów i specjalistów. Analiza pozwala na dokładne zaplanowanie procesów produkcyjnych i koordynowanie pracy różnych zespołów. Pozwala to na zapewnienie, że gra zostanie stworzona zgodnie z wymaganiami klientów i zgodnie z harmonogramem.

Wreszcie, analiza jest procesem ciągłym. Produkcja gier to proces dynamiczny i wymagający, który wymaga ciągłej ewaluacji i doskonalenia. Analiza pozwala na monitorowanie postępu produkcji, identyfikowanie problemów i wprowadzanie zmian. Pozwala to na zapewnienie, że gra będzie spełniać wymagania klientów i będzie zgodna z najnowszymi trendami i technologiami.

1.1.3. Wpływ analizy na produkcję gier

Analiza jest jednym z najważniejszych elementów w procesie produkcji gier. Dzięki niej producenci są w stanie zrozumieć potrzeby i oczekiwania graczy, a także poznać trendy i innowacje na rynku. Analiza pomaga w zrozumieniu przyczyn sukcesu lub porażki danej gry, a także w podjęciu decyzji dotyczących jej rozwoju i ulepszania.

Jednym z głównych sposobów, w jaki analiza przyczynia się do sukcesu gier, jest poprawa jakości rozgrywki. Poprzez analizę zachowań i preferencji graczy, producenci mogą zrozumieć, co sprawia, że gra jest ciekawa i przyjemna. Mogą wtedy wprowadzić zmiany w grze, które poprawią jakość rozgrywki i zwiększą jej atrakcyjność dla graczy. W ten sposób mogą również pozbyć się elementów, które powodują frustrację u graczy i powodują negatywne opinie o grze. Analiza pozwala na poznanie preferencji graczy w kwestii gatunku, stylu i sposobu gry. Dzięki temu producenci mogą tworzyć gry, które będą odpowiadać oczekiwaniom graczy I zapewnią im pozytywne doświadczenia. W ten sposób mogą zwiększyć zadowolenie i lojalność graczy, co z kolei przyczyni się do sukcesu gry.

Drugim powodem, dla którego analiza jest kluczowa, jest identyfikowanie trendów w branży. Rynek gier jest bardzo konkurencyjny i dynamiczny, a trendy w branży szybko się zmieniają. Analiza pomaga w identyfikacji tych nowych trendów na rynku gier. Dzięki niej producenci mogą poznać, jakie nowe technologie lub funkcje są popularne wśród graczy i w ten sposób dostosować swoje gry do tych trendów. Dzięki analizie możemy śledzić te trendy i bardzo wcześnie rozpoznać nowe, dzięki czemu deweloperzy mogą zaoferować graczom nowe i innowacyjne rozwiązania. W ten sposób mogą zwiększyć szanse na sukces, ponieważ gra dostosowana do najnowszych trendów jest, co oczywiste, bardziej atrakcyjna dla graczy. Dzięki temu deweloperzy mogą także zachować przewagę nad konkurencją. Poprzez przeprowadzenie analizy przed rozpoczęciem produkcji gry, twórcy mogą dokładnie zrozumieć potrzeby i oczekiwania graczy, a także zidentyfikować trendy i preferencje w branży gier. To pozwala na stworzenie gry, która odpowiada na potrzeby graczy, co przekłada się na pozytywne recenzje i większe zainteresowanie ze strony graczy.

Trzecim powodem, dla którego analiza jest kluczowa, jest ocena wydajności gier. Analiza pozwala na śledzenie metryk wydajności, takich jak liczba sprzedanych kopii, średni czas gry, ilość graczy online, a także ocen graczy. Dzięki temu deweloperzy mogą zidentyfikować mocne i słabe strony gier oraz na bieżąco wprowadzać ulepszenia.

Czwartym powodem, dla którego analiza jest kluczowa, jest odkrywanie nowych sposobów na poprawę jakości gier. Analiza pozwala na identyfikowanie słabych punktów gier oraz na zidentyfikowanie sposobów na ich poprawę. Dzięki temu deweloperzy mogą wprowadzać innowacje i udoskonalenia w swoich grach, co pozwala na przyciąganie nowych graczy oraz zwiększenie zadowolenia i lojalności obecnych graczy.

Kolejnym argumentem jest fakt, że analiza pomaga w zoptymalizowaniu procesu produkcji gier. Pozwala to na zaoszczędzenie czasu i zasobów, a także zminimalizowanie ryzyka błędów. Dzięki analizie można dokładnie określić wymagania technologiczne i logistyczne, a także ocenić, jakie narzędzia i zasoby są potrzebne do stworzenia gry. Pozwala to na uniknięcie niepotrzebnych wydatków i nieefektywnego wykorzystania zasobów, co jest kluczowe dla osiągnięcia sukcesu na dzisiejszym konkurencyjnym rynku gier.

Innym ważnym aspektem jest możliwość wykrycia i zidentyfikowania potencjalnych problemów, zanim staną się one poważnymi zagrożeniami dla sukcesu gry. Analiza może pomóc w zidentyfikowaniu ewentualnych problemów związanych z interfejsem użytkownika, mechanikami gry, błędami technicznymi i wieloma innymi czynnikami, które mogą wpłynąć na jakość gry. Dzięki temu twórcy gier mogą rozwiązać te problemy zanim stworzą finalną wersję gry, co pozwala uniknąć problemów z odbiorcami i negatywnych recenzji.

Ostatnim, ale nie mniej ważnym, argumentem jest fakt, że analiza pomaga w tworzeniu gier, które są bardziej konkurencyjne na rynku. Przeprowadzenie analizy konkurencji pozwala na zrozumienie strategii innych firm, co pozwala na stworzenie gry, która wyróżnia się na tle pozostałych tytułów. Analiza może także pomóc w zidentyfikowaniu luk rynkowych, które mogą być wykorzystane do stworzenia unikalnej gry, która przyciągnie uwagę graczy. Ostatecznie, analiza przyczynia się do sukcesu gier poprzez umożliwienie producentom zrozumienia przyczyn sukcesu lub porażki danej gry. Dzięki temu mogą wyciągnąć wnioski i nauczyć się na błędach, co pozwoli im na ulepszanie swoich kolejnych produkcji. W ten sposób mogą zwiększyć swoje szanse na sukces w przyszłości i stać się liderami.

Podsumowując, analiza jest kluczowa w kontekście produkcji gier ze względu na potrzebę zrozumienia graczy, identyfikowanie trendów w branży, ocenę wydajności gier oraz odkrywanie nowych sposobów na poprawę jakości gier. Jest kluczowa ze względu na złożoność procesu produkcji gier i konkurencyjność rynku gier. Analiza pozwala na lepsze dostosowanie gier do potrzeb graczy, zachowanie przewagi nad konkurencją oraz zwiększenie popularności i zadowolenia graczy.

Analiza to kluczowy element produkcji gier, który przyczynia się do ich sukcesu na wielu poziomach.

1.1.3.1. Znaczenie analizy w produkcji gier

Analiza jest jednym z kluczowych procesów w produkcji gier, ponieważ pozwala na zebranie i przetworzenie danych dotyczących rynku, graczy, konkurencji, technologii i innych czynników, które wpływają na sukces lub porażkę gry.

Jak już wiemy, analiza pozwala na lepsze zrozumienie potrzeb i preferencji graczy. Zbieranie danych dotyczących tego, co gracze lubią i nie lubią w grach, jakie mechaniki i funkcje są dla nich ważne, a także jakie trendy i style są popularne w danym czasie, pozwala na stworzenie gry, która będzie bardziej atrakcyjna i satysfakcjonująca dla odbiorców. Bez takiej analizy producenci gier ryzykują stworzenie produktu, który nie spełni oczekiwań graczy i nie odniesie sukcesu na rynku.

Analiza pozwala na zidentyfikowanie konkurencji i lepsze zrozumienie rynku. Dzięki zebraniu i analizie danych na temat innych gier na rynku, producenci gier mogą zobaczyć, co działa, a co nie działa w branży, co jest popularne i co jest przestarzałe. Pozwala to na uniknięcie popełnienia tych samych błędów, co inni producenci i na stworzenie gry, która będzie wyróżniać się na tle konkurencji.

Analiza pozwala na lepsze wykorzystanie dostępnych technologii i narzędzi. Produkcja gier wymaga zastosowania różnych programów i technologii, od silników gier po narzędzia do projektowania poziomów. Analiza pozwala na zidentyfikowanie najlepszych dostępnych narzędzi i technologii, które mogą pomóc w stworzeniu gry w najbardziej efektywny sposób.

Analiza pomaga w kontrolowaniu kosztów produkcji. Dzięki analizie producenci gier mogą zidentyfikować, które elementy gry są najbardziej kosztowne, a które można zoptymalizować lub całkowicie usunąć. Pozwala to na bardziej efektywne zarządzanie budżetem produkcji i uniknięcie niepotrzebnych kosztów.

Podsumowując, dzięki analizie możemy tworzyć gry, które będą bardziej dopasowane do rynku, będą lepiej spełniały wymagania graczy, unikniemy niechcianych elementów i mechanik, usprawnimy i zoptymalizujemy proces produkcji oraz wybierzemy lepsze technologie.

Współczesny rynek gier wideo jest bardzo konkurencyjny, a aby sprostać wymaganiom graczy, producenci muszą oferować coraz bardziej innowacyjne i interesujące gry. Dlatego właśnie analiza w procesie produkcji gier jest niezwykle ważna i przynosi wiele korzyści.

Analiza pozwala na identyfikację mocnych i słabych stron konkurencji. Dzięki temu producent może nauczyć się na błędach innych i uniknąć tych samych problemów. Analiza konkurencji pozwala na zrozumienie, co sprawia, że dane gry są popularne i co można zrobić, aby nasza, własna gra była jeszcze lepsza.

Analiza pozwala na dokładne określenie zasobów potrzebnych do produkcji gry. Produkcja gier jest skomplikowanym procesem, wymagającym zaangażowania wielu specjalistów i zasobów. Dzięki dokładnej analizie producent może dokładnie oszacować, ile zasobów jest potrzebnych na poszczególne etapy produkcji i jakie narzędzia i technologie będą potrzebne. Pozwala to na efektywną alokację zasobów i uniknięcie niepotrzebnych kosztów.

Analiza pozwala na kontrolowanie postępu produkcji i identyfikowanie problemów we wczesnych fazach. Wczesna identyfikacja problemów umożliwia szybkie naprawienie błędów, co pozwala na oszczędność czasu i uniknięcie problemów na późniejszych etapach produkcji. Kontrolowanie postępu produkcji pozwala na dokładne monitorowanie, czy projekt pozostaje zgodny z harmonogramem i budżetem.

Podsumowując, analiza w procesie produkcji gier przynosi wiele korzyści. Pozwala na lepsze zrozumienie potrzeb klientów, uniknięcie błędów konkurencji, dokładne oszacowanie potrzebnych zasobów i kontrolowanie postępu produkcji. Dzięki temu producenci gier mogą tworzyć lepsze i bardziej interesujące gry, które przynajmniej w teorii, będą cieszyły się dużą popularnością wśród graczy.

1.2. Dlaczego analiza jest ważna w produkcji gier?

Jeśli już znamy korzyści, jakie daje analiza w produkcji gier, możemy zastanowić się, dlaczego są one istotne dla twórców gier.

Po pierwsze, wspomniane korzyści i wpływy analizy pozwalają lepiej realizować cele biznesowe, takie jak zwiększenie przychodów, minimalizacja kosztów czy poprawa zysków, co oczywiście jest kluczowe dla każdej firmy. Dzięki analizie, twórcy gier mogą lepiej zrozumieć preferencje graczy, co pozwala na dostosowanie swoich produktów do ich potrzeb i zwiększenie szans na sukces rynkowy.

Po drugie, cele marketingowe, takie jak poprawa świadomości marki i zwiększenie liczby graczy, są kluczowe dla osiągnięcia sukcesu rynkowego. Analiza pozwala na zrozumienie, jakie kanały marketingowe są najskuteczniejsze w dotarciu do grupy docelowej, co pozwala na zoptymalizowanie działań marketingowych i zwiększenie skuteczności kampanii.

Po trzecie, cele związane z zarządzaniem procesem produkcji, takie jak minimalizacja ryzyka, poprawa efektywności i kontrola jakości, pozwalają na zapewnienie wysokiej jakości produktu końcowego, co ma kluczowe znaczenie dla sukcesu gry. Analiza pozwala na identyfikację słabych punktów w procesie produkcji i wprowadzenie ulepszeń, co zwiększa szanse na osiągnięcie sukcesu rynkowego.

Po czwarte, cele związane z samą grą, takie jak poprawa rozgrywki, zwiększenie zadowolenia graczy i zwiększenie liczby godzin spędzanych na grze, są kluczowe dla osiągnięcia sukcesu gry. Analiza pozwala na zrozumienie preferencji graczy, co pozwala na dostosowanie gry do ich potrzeb i zwiększenie szans na osiągnięcie sukcesu rynkowego.

Po piąte, cele związane z graczami, takie jak zwiększenie zaangażowania graczy, zwiększenie interakcji z graczami i zwiększenie lojalności graczy, są niezbędne dla osiągnięcia sukcesu rynkowego. Analiza pozwala na zrozumienie, jakie elementy gry są najbardziej atrakcyjne dla graczy, co pozwala na wprowadzenie ulepszeń i zwiększenie zaangażowania graczy.

Jak można zauważyć, cele analizy w produkcji gier są bardzo istotne i mają duże znaczenie dla sukcesu danego produktu. Poznanie preferencji graczy, minimalizacja ryzyka niepowodzenia, optymalizacja kosztów produkcji, zapewnienie satysfakcji graczy oraz zwiększenie konkurencyjności na rynku to tylko niektóre z celów, jakie można osiągnąć dzięki analizie.

Wszystkie te elementy składają się na istotność analizy w kontekście produkcji gier i stanowią podstawę sukcesu. Bez analizy, twórcy gier musieliby polegać na intuicji i spekulacjach, co prowadziłoby do większego ryzyka porażki i mniejszych szans na osiągnięcie sukcesu.

1.2.1. Wykrywanie i rozwiązywanie problemów dzięki analizie

Analiza odgrywa kluczową rolę w wykrywaniu i rozwiązywaniu problemów w produkcji gier. Przede wszystkim pozwala na identyfikację potencjalnych problemów, zanim jeszcze staną się one poważnymi zagrożeniami dla projektu. Analiza pozwala na zrozumienie przyczyn problemów, co pozwala na wypracowanie odpowiednich rozwiązań.

Jednym ze sposobów, w jaki analiza pozwala na wykrycie i rozwiązanie problemów, jest badanie opinii graczy. Przeprowadzanie badań i analizowanie opinii graczy może pomóc w zidentyfikowaniu problemów związanych z interfejsem użytkownika, poziomem trudności lub brakiem zawartości, co pozwala na wprowadzenie odpowiednich poprawek w projekcie.

Innym sposobem wykrycia i rozwiązania problemów jest analiza danych z gry. Przeprowadzanie testów i analizowanie danych pozwala na identyfikację problemów, takich jak bugi, problemy z wydajnością lub problemy z balansem gry. Dzięki analizie można również monitorować zachowania graczy i zrozumieć, jak gra jest używana, co umożliwia dostosowanie gry do potrzeb i preferencji graczy.

Analiza pozwala również na identyfikację problemów związanych z procesem produkcji. Analiza czasu trwania poszczególnych etapów produkcji, takich jak programowanie, projektowanie graficzne, muzyka i dźwięk, pozwala na zidentyfikowanie problemów związanych z organizacją pracy lub nierównomiernym postępem w poszczególnych etapach. Dzięki temu można wprowadzić odpowiednie zmiany w procesie produkcji, co może skutkować bardziej efektywnym i płynnym postępem prac.

Wreszcie, analiza pozwala na monitorowanie sukcesu gry po jej wydaniu. Analiza danych sprzedażowych, opinii graczy i mediów pozwala na zidentyfikowanie potencjalnych problemów, takich jak problemy z wydajnością lub interfejsem użytkownika, co umożliwia szybkie reagowanie i wprowadzanie poprawek.

1.2.2. Dostosowanie gry do wymagań rynku

Wymagania stawiane przez rynek gier zmieniały się znacząco w ciągu ostatnich kilku dekad. Wczesne gry, takie jak

Pong, Space Invaders czy Pac-Man, były proste i miały ograniczoną grafikę, a ich celem było zapewnienie rozrywki na krótki czas. Jednak wraz z rozwojem technologii, a także zwiększonym zapotrzebowaniem na bardziej rozbudowane i zaawansowane gry, rynek zaczął stawiać coraz większe wymagania.

W latach 90. gry zaczęły stawać się coraz bardziej złożone, z wielowątkowymi fabułami i bardziej rozbudowaną grafiką. Wymagania stawiane przez rynek w tym czasie obejmowały również wykorzystanie nowych technologii, takich jak 3D czy dźwięk przestrzenny. Wraz z pojawieniem się internetu, gra sieciowa stała się coraz popularniejsza, co z kolei wymagało zwiększenia jakości łącz internetowych i zapewnienia odpowiedniego poziomu bezpieczeństwa.

W dzisiejszych czasach rynek gier stawia jeszcze bardziej zaawansowane wymagania. Gry muszą być nie tylko atrakcyjne wizualnie, ale także oferować bogatą, wielowątkową fabułę, emocjonujące doświadczenia i zaawansowane funkcje multiplayer. Wymagania te dotyczą również aspektów technicznych, takich jak wydajność, stabilność, jakość dźwięku i grafiki, a także dostępność na różnych platformach i urządzeniach.

Rynek gier coraz bardziej kładzie też nacisk na aspekty społeczne i etyczne, takie jak różnorodność, włączający gameplay i brak toksyczności. Gry powinny być przystępne dla różnych grup wiekowych i osób o różnych umiejętnościach, a także wychodzić naprzeciw wymaganiom społecznym, takim jak walka z dyskryminacją czy ochrona danych osobowych.

W sumie, wymagania stawiane przez rynek gier zmieniają się dynamicznie wraz z rozwojem technologii, zwiększonymi oczekiwaniami graczy i zmieniającymi się społecznymi i kulturowymi trendami. Firma produkująca gry musi być w stanie dostosować się do tych zmian i zaspokoić potrzeby coraz bardziej wymagającego rynku, aby osiągnąć sukces.

Dzisiejszy rynek gier stawia wiele wymagań, zarówno wobec producentów, jak i wobec samych gier. W następnych podrozdziałach omówiono podstawowe wymagania współczesnego rynku gier.

1.2.2.1. Wysoka jakość grafiki i dźwięku

Wraz z rozwojem technologii, gracze oczekują coraz lepszych wizualizacji i dźwięków w grach. Wysokiej jakości grafika i dźwięk przyciąga uwagę graczy i pomaga zanurzyć ich w świecie gry.

Jedną z gier, która spełnia wysokie wymagania rynku w zakresie jakości grafiki i dźwięku jest "The Last of Us". Gra ta została wydana w 2020 roku. Twórcy gry, Naughty Dog, znani są z dbałości o szczegóły oraz doskonałej jakości wizualnej i dźwiękowej swoich produkcji. W "The Last of Us" można zauważyć bardzo szczegółowe modele postaci i otoczenia, a także dynamiczne oświetlenie, co tworzy bardzo realistyczną atmosferę. Muzyka i dźwięki w grze są również bardzo dopracowane i tworzą napięcie oraz emocje u graczy.

Innym przykładem jest "Red Dead Redemption" wydane przez firmę Rockstar Games w 2018 roku. Gra ta toczy się w otwartym świecie Dzikiego Zachodu i charakteryzuje się doskonałą grafiką oraz dźwiękiem. Świat gry został starannie zaprojektowany, a detale takie jak zmieniające się pory dnia i warunki pogodowe, wpływają na wrażenia graczy. Muzyka w grze również przyczynia się do odczuwania przez graczy emocji oraz wprowadzania ich w klimat Dzikiego Zachodu.

Obie te gry zyskały uznanie zarówno ze strony krytyków, jak i graczy, dzięki swojej doskonałej jakości grafiki i dźwięku, co przyczyniło się do ich sukcesu na rynku gier.

1.2.2.2. Innowacyjność i oryginalność

Dzisiejsi gracze chcą czegoś nowego i oryginalnego, co wyróżnia daną grę na tle innych dostępnych na rynku produkcji. Innowacyjne pomysły i oryginalne rozwiązania są ważne dla przyciągnięcia i utrzymania zainteresowania graczy.

Kilka przykładów gier, które spełniają wymagania rynku w zakresie innowacyjności i oryginalności:

1. "Death Stranding" - gra autorstwa Hideo Kojimy, która przedstawia postapokaliptyczny świat, w którym gracz wciela się w kuriera, przemierzającego niebezpieczne tereny, aby dostarczać paczki i nawiązywać kontakty między pozostałymi ludźmi. Gra łączy elementy eksploracji, walki, gry społecznościowej i fabuły, tworząc unikalne i innowacyjne doświadczenie.

2. "Disco Elysium" - gra RPG z elementami detektywistycznymi, w której gracz wciela się w detektywa, który budzi się bez pamięci w miasteczku na skraju świata. Gracz musi rozwiązać zagadkę kryminalną, ale także zmagać się z własnymi demonami, co tworzy unikalne doświadczenie.

3. "Outer Wilds" - gra przygodowa, w której gracz wciela się w astronautę odkrywającego tajemnicze planety i sekrety kosmosu. Gra łączy w sobie elementy eksploracji, nauki i tajemnic, co sprawia, że każde doświadczenie jest unikalne i oryginalne.

4. "Untitled Goose Game" - produkcja niezależnego studia House House. Gra ta oferuje oryginalną koncepcję, w której gracz wciela się w gęś, która ma za zadanie wykonywać różne zadania w małym miasteczku, jednocześnie irytując i terroryzując jego mieszkańców. Gra wyróżnia się zarówno nietypową koncepcją, jak i minimalistyczną, aczkolwiek uroczą oprawą graficzną.

5. "Among Us" - gra stworzona przez niezależne studio InnerSloth. Produkcja ta oferuje oryginalną koncepcję rozgrywki, w której gracze wcielają się w załogę statku kosmicznego, próbując jednocześnie wykryć sabotażystę, który usiłuje zniszczyć statek i zabijać załogantów. Gra ta wyróżnia się innowacyjną koncepcją, która łączy elementy gry fabularnej i strategii, jak również interakcją między graczami, która jest kluczowym elementem rozgrywki.

Wszystkie te gry przyciągają uwagę graczy dzięki swojej innowacyjności i oryginalności, oferując unikalne doświadczenia, których nie można znaleźć w innych grach. To właśnie dzięki takim innowacjom firmy produkujące gry mogą spełnić wymagania rynku i przyciągnąć większą ilość graczy.

1.2.2.3. Wciągająca fabuła

Fabuła jest jednym z kluczowych elementów gry, który może przyciągnąć lub zniechęcić graczy. W dzisiejszych czasach oczekuje się coraz bardziej złożonych i wciągających historii, które będą ciekawe dla graczy.

Jednym z przykładów gier, które spełniają wymagania rynku w zakresie wciągającej fabuły, jest nasza rodzima seria gier "The Witcher". Tylko dla zasady przypomnę, że głównym bohaterem jest Geralt z Rivii, łowca potworów, który jest jednocześnie postacią złożoną, emocjonalnie i moralnie sprzeczną. Gracz podejmuje decyzje, które wpływają na przebieg fabuły, w tym wybór drogi moralnej dla postaci i relacje z innymi postaciami w grze. Dialogi i scenariusz są starannie opracowane, a ścieżka dźwiękowa dodaje głębi i dramatyzmu do historii.

Innym przykładem gry z wciągającą fabułą jest wspomniane już "The Last of Us". Gra opowiada historię Joela i Ellie, którzy przemierzają postapokaliptyczne Stany Zjednoczone, aby znaleźć lekarstwo na tajemniczą chorobę, która zamienia ludzi w krwiożercze bestie. Historia przedstawiona w grze jest wciągająca, z wieloma zaskakującymi zwrotami akcji, emocjonalnymi momentami i postaciami, w których losy gracz szybko się angażuje. Wysoka jakość grafiki i dźwięku dodaje realizmu i intensywności tej opowieści.

Obie te gry zdobyły wiele nagród za swoją fabułę i są uznawane za przykłady, jak wciągająca fabuła może zwiększyć popularność i zapewnić sukces gry na rynku.

Kilka innych przykładów gier, które spełniają wymagania rynku w zakresie wciągającej fabuły:

1. Mass Effect - Gra umożliwia graczom stworzenie własnej postaci i wprowadzenie jej do świata, w którym muszą ratować galaktykę przed zagładą. Fabuła rozwija się w zależności od wyborów gracza, a każda z decyzji ma wpływ na dalszy przebieg gry.

2. Life is Strange - Gra opowiada historię nastolatki, która odkrywa, że ma moc podróży w czasie. Fabuła skupia się na jej relacjach z

innymi postaciami i podejmowaniu trudnych decyzji, które mają wpływ na rozwój historii.

3. Red Dead Redemption - Gra opowiada historię byłego przestępcy, który próbuje zacząć nowe życie w dzikim zachodzie. Fabuła skupia się na jego relacjach z innymi postaciami i próbie znalezienia swojego miejsca w świecie.

4. Detroit: Become Human - gra przygodowa stworzona przez studio Quantic Dream, w której gracz wciela się w androida, który wraz z innymi sztucznymi istotami próbuje zdobyć wolność. Gra porusza wiele problemów związanych z etyką, moralnością oraz sztuczną inteligencją, a także oferuje wciągającą i nieraz emocjonalną fabułę.

5. Mass Effect - seria gier RPG stworzona przez studio BioWare, która skupia się na relacjach między postaciami, a także na wyborach, jakie podejmuje gracz. Gracz wciela się w komandora Sheparda, który musi zmierzyć się z wrogimi rasami z kosmosu. Gra oferuje wiele wątków pobocznych oraz niezwykle rozbudowaną fabułę, co sprawia, że jest bardzo wciągająca.

Te gry są dobrze znane z uwagi na swoją wciągającą fabułę, która składa się z wielu elementów, takich jak emocje, wybory, wątki poboczne i zwroty akcji. Gracze kochają te gry, ponieważ ich fabuła jest interesująca i angażująca, co pozwala na emocjonalne zanurzenie się w świecie gry i budowanie więzi z postaciami.

1.2.2.4. Dostosowanie do różnych platform

Gracze oczekują gier, które będą działać na różnych platformach, takich jak konsole, komputery, smartfony czy tablety. To pozwala na większą dostępność i zwiększa potencjalną rzeszę odbiorców.

W dzisiejszych czasach gra musi być dostępna na różnych platformach, takich jak PC, konsole, urządzenia mobilne i w chmurze. Kilka przykładów gier, które doskonale spełniają wymagania rynku w tym zakresie:

1. Fortnite - gra dostępna na PC, konsolach oraz urządzeniach mobilnych, w której gracze mogą wziąć udział w bitwie na wielką skalę.

2. Minecraft - popularna gra dostępna na wiele platform, umożliwiająca graczom budowanie i eksplorowanie otwartego świata.

3. Among Us - gra dostępna na komputery i urządzenia mobilne, w której gracze muszą odkryć, kto jest oszustem w załodze statku kosmicznego.

4. Apex Legends - gra dostępna na PC i konsolach, w której gracze walczą o przetrwanie na futurystycznej arenie.

5. Stardew Valley - gra dostępna na PC i wiele platform mobilnych, w której gracz wciela się w rolnika, który próbuje odbudować swoją farmę i stworzyć wspaniałe życie na wsi.

Wszystkie te gry cieszą się ogromną popularnością i udowadniają, że dostępność na różnych platformach to jeden z kluczowych czynników sukcesu na dzisiejszym rynku gier.

1.2.2.5. Łatwość użytkowania

Gry powinny być łatwe w obsłudze, z intuicyjnym interfejsem użytkownika, który umożliwia graczom szybkie i proste poruszanie się po grze.

Jednym z najbardziej popularnych przykładów gier, które spełniają wymagania rynku w zakresie łatwości użytkowania, są gry z serii "The Sims" wydawane przez Electronic Arts. Seria ta została zaprojektowana tak, aby była łatwa w obsłudze i przystępna dla szerokiej publiczności, w tym dla osób, które nie grają w gry wideo na co dzień. Gra oferuje intuicyjny interfejs użytkownika i nie wymaga od graczy znajomości skomplikowanych mechanik gry.

Innym przykładem może być gra "Minecraft" wydana przez Mojang Studios. Gra ta ma proste, ale skuteczne sterowanie, co pozwala graczom na łatwe poruszanie się po świecie gry i interakcję z przedmiotami. Gra oferuje również tryb kreatywny, w którym gracze mogą swobodnie budować i projektować swoje własne konstrukcje bez żadnych ograniczeń.

Kolejnym przykładem może być gra "Among Us" wydana przez InnerSloth. Gra ta ma prostą i intuicyjną mechanikę, która polega na odkryciu i wyeliminowaniu oszusta na statku kosmicznym. Interfejs gry jest prosty i przejrzysty, co pozwala na łatwe zrozumienie zasad gry i szybkie rozpoczęcie rozgrywki.

Wszystkie te gry są przykładami produktów, które spełniają wymagania rynku w zakresie łatwości użytkowania. Dzięki temu są one dostępne dla szerokiej publiczności, a gracze są w stanie szybko zrozumieć i cieszyć się rozgrywką.

1.2.2.6. Wartość rozrywki

Ostatecznie, gry muszą dostarczać wartościowej rozrywki. Gracze oczekują, że gra będzie ciekawa, wciągająca i zapewni im godziny zabawy.

Wartość rozgrywki jest więc wynikiem wszystkich elementów gry, któe wpływają na zapewnienie rozrywki i satysfakcji z gry. Poniżej znajdziesz kilka przykładów gier, które spełniają wymagania rynku w zakresie wartości rozgrywki:

1. The Legend of Zelda: Breath of the Wild - ta gra jest uważana za jedną z najlepszych gier w historii ze względu na jej wciągającą rozgrywkę i możliwości eksploracji. Gracze mogą swobodnie przemierzać ogromny świat gry, odkrywać tajemnice i walczyć z

różnymi przeciwnikami. Gra oferuje także ciekawą fabułę, która przyciąga graczy.

2. Dark Souls - ta gra jest znana z wysokiego poziomu trudności, który wymaga od graczy skupienia, strategii i wytrwałości. Gra oferuje również ciekawą fabułę i mnóstwo tajemnic do odkrycia, co dodatkowo przyciąga graczy.

3. Overwatch - ta gra multiplayer oferuje różnorodne postacie i unikalne umiejętności, które zachęcają graczy do eksperymentowania i doskonalenia swoich umiejętności. Gra oferuje także ciekawy system progresji, który motywuje graczy do kontynuowania rozgrywki.

4. Minecraft - ta gra jest znana z nieograniczonych możliwości tworzenia i eksploracji, co pozwala graczom na budowanie niemal wszystkiego, co tylko przyjdzie im do głowy. Gra oferuje także ciekawe tryby gry, takie jak survival czy creative, co zwiększa jej wartość rozgrywki.

Wszystkie te gry oferują unikalne wartości rozgrywki, które przyciągają graczy i zachęcają do dalszej rozgrywki. Dodatkowo, każda z tych gier oferuje coś innego, co sprawia, że są one wyjątkowe i cieszą się dużą popularnością na rynku.

1.2.2.7. Różnorodność

Gracze oczekują od gier, że będą oferować wiele różnych rodzajów rozgrywki, a także dostępność różnych trybów gry, takich jak tryb dla jednego gracza, tryb dla wielu graczy lub tryb kooperacji. Gry powinny być dostępne na różnych platformach i oferować różne style rozgrywki, aby zadowolić jak największą liczbę graczy.

Jednym z przykładów gier, które spełniają wymagania rynku w zakresie różnorodności, jest seria gier "Assassin's Creed". W każdej części serii gracz przenosi się do innego okresu historycznego i miejsca na świecie, co zapewnia dużą różnorodność w rozgrywce. Dodatkowo, w grze dostępnych jest wiele rodzajów misji i zadań, które różnią się między sobą stylami rozgrywki, np. walką wręcz, infiltracją czy rozwiązywaniem zagadek. Seria ta cieszy się dużą popularnością i uznaniem ze strony graczy i krytyków za swoją różnorodność i innowacyjność w podejściu do tematu skradanek. Z drugiej strony, zarzuca się jej, że każda produkcja jest bardzo podobna do poprzedniej - jednakże wyniki sprzedażowe pokazują, że powtarzalność mechanik, przy niewielkich usprawnieniach i dodatkach, zmianą settingu gry, rozwijaniem fabuły i poprawą grafiki, są dla graczy wystarczające. Warto również spojrzeć na serię gier Fifa, gdzie każda odsłona wygląda prawie tak samo jak poprzednia - wystarczy jednak porównać najnowszy tytuł z jego poprzednikiem sprzed 4-6 lat, żeby poczuć różnice, nie tylko w grafice i nazwiskach zawodników.

Kolejnym przykładem może być gra "Stardew Valley", która oferuje graczom dużą różnorodność aktywności. W grze można uprawiać rośliny, hodować zwierzęta, łowić ryby, wydobywać minerały, tworzyć przedmioty, a także rozwijać relacje z innymi postaciami w grze. Dodatkowo, gracz ma pełną swobodę w podejmowaniu decyzji dotyczących sposobu spędzania czasu, co zapewnia dużą różnorodność w rozgrywce. Gra cieszy się dużą popularnością i uznaniem ze strony graczy za swoją wciągającą rozgrywkę i różnorodność aktywności.

1.2.2.8. Personalizacja

Gracze oczekują od gier, że będą one dostosowane do ich indywidualnych potrzeb i preferencji. Dlatego też gry powinny oferować możliwość dostosowania postaci, dostosowywania ustawień gry oraz opcje personalizacji w interfejsie użytkownika.

Wymagania personalizacji to coraz ważniejszy aspekt na dzisiejszym rynku gier, a producenci starają się zaspokoić potrzeby graczy, oferując im coraz większe możliwości dostosowania gry do swoich preferencji. Kilka przykładów gier, które spełniają wymagania personalizacji:

1. "The Elder Scrolls V: Skyrim" - gra RPG, która oferuje ogromną swobodę w dostosowaniu postaci do własnych preferencji poprzez wybór klasy, umiejętności i specjalizacji. Dodatkowo, dzięki różnorodnym modom, gracze mogą dostosować grafikę i mechanikę gry do własnych preferencji.

2. "The Sims 4" - symulator życia, który umożliwia graczom tworzenie własnych postaci oraz domów, wybieranie zawodów i kariery, a nawet projektowanie własnych mebli i dekoracji. Dzięki temu gra pozwala na stworzenie całkowicie unikalnej historii i stylu życia swoich simów.

3. "Fortnite" - popularna gra battle royale, która oferuje wiele opcji personalizacji postaci i wyglądu, w tym kosmetyki i stroje, które można zdobyć poprzez zdobywanie doświadczenia w grze lub dokonując mikropłatności. Dzięki temu gracze mogą tworzyć unikalny styl swojej postaci i wyróżniać się na polu bitwy.

4. "Fallout 4" - gra RPG, która umożliwia graczom dostosowanie wyglądu swojej postaci, wybór umiejętności i specjalizacji, a także budowanie i rozwijanie własnej osady. Dodatkowo, w grze można znaleźć wiele modów, które pozwalają na jeszcze większą personalizację rozgrywki.

Wszystkie powyższe gry oferują graczom dużą swobodę w dostosowaniu gry do swoich preferencji, co przyciąga wielu fanów i pozwala na długie godziny zabawy.

1.2.2.9. Społeczność

Dzisiejsze gry powinny być zaprojektowane w taki sposób, aby umożliwiały interakcję z innymi graczami i tworzenie społeczności. Gry powinny oferować funkcje społecznościowe, takie jak czat, możliwość dzielenia się z innymi graczami swoimi osiągnięciami lub organizowanie rozgrywek z innymi graczami.

Wymaganie społecznościowości stało się więc jednym z kluczowych wymagań stawianych przez dzisiejszy rynek gier. Gry muszą zapewnić interakcję między graczami i tworzenie społeczności, co z kolei wpływa na doświadczenie rozgrywki i jej wartość. Wystarczy spojrzeć na achievementy na Steamie - praktycznie nie ma już żadnej gry, która by z nich nie korzystała. Jest to minimalna wymagana mechanika społecznościowa.

Przykładem gry, która spełnia wymaganie społecznościowości, jest "League of Legends". Gra ta pozwala graczom na tworzenie drużyn, rywalizację z innymi drużynami oraz prowadzenie rozmów z członkami swojej drużyny w czasie rzeczywistym. League of Legends ma też rozbudowany system rankingowy, który pozwala graczom na porównywanie swoich umiejętności z innymi graczami na całym świecie.

Kolejnym przykładem jest gra "Minecraft". Gra ta pozwala graczom na tworzenie własnych światów i budowanie razem z innymi graczami. Minecraft posiada również tryb multiplayer, w którym gracze mogą ze sobą współpracować, rywalizować lub po prostu spędzać czas wirtualnie ze znajomymi.

Ostatnim przykładem jest gra "Fortnite". Ta gra posiada rozbudowany system drużynowy, który pozwala graczom na tworzenie drużyn z innymi graczami i rywalizowanie z drużynami przeciwnymi. Fortnite posiada również tryb kreatywny, w którym gracze mogą tworzyć własne mapy i światy, co dodatkowo zwiększa interakcję między graczami.

Wszystkie te gry cieszą się ogromną popularnością dzięki swoim funkcjom społecznościowym, które pozwalają graczom na tworzenie relacji z innymi graczami oraz na zwiększenie wartości doświadczenia rozgrywki.

1.2.2.10. Rzetelność i przejrzystość

Gracze oczekują, że gry będą uczciwe i przejrzyste. Powinny oferować uczciwą rozgrywkę, bez użycia oszustw, a także przestrzegać standardów etycznych i prawa. Gry powinny być również transparentne i jasne w swoich zasadach i polityce.

Jednym z przykładów gier, które spełniają wymaganie rzetelności i przejrzystości na rynku gier jest "The Witcher 3: Wild Hunt" wyprodukowany przez studio CD Projekt Red. Gra ta zyskała popularność dzięki transparentnym praktykom marketingowym i podejściu do rozwoju gry, które pozwoliło na bezpośredni kontakt z graczami. CD Projekt Red regularnie udostępniało aktualizacje i łatki, które rozwiązywały problemy w grze, a także zapewniało częste aktualizacje dotyczące procesu produkcji. Dodatkowo, studio wprowadziło prokonsumencką politykę dotyczącą DLC (dodatkowej zawartości), zapewniając, że wszystkie niefabularne DLC są darmowe dla graczy, a wydanie gry nie jest wyłącznie początkiem cyklu pobierania opłat.

Przeciwieństwem przejrzystości i transparentności była za to druga produkcja tego samego studia, czyli "Cyberpunk 2077". Przemilczenie problemów gry na starszych konsolach oraz dużej ilości bugów na pozostałych urządzeniach nie przysłużyło się firmie.

Innym przykładem gry, która spełnia wymaganie rzetelności i przejrzystości, jest "Apex Legends" wyprodukowany przez studio Respawn Entertainment. Gra jest darmowa, ale zawiera opcjonalne mikrotransakcje. Studio zapewniło, że mikrotransakcje nie wpływają na równowagę gry i są całkowicie opcjonalne. Ponadto, Respawn regularnie udostępnia aktualizacje i łatki, które rozwiązują problemy w grze, a także prowadzi otwarty dialog z graczami poprzez różne platformy społecznościowe, aby dowiedzieć się, czego gracze potrzebują i chcą w grze.

1.2.2.11. Ciągły rozwój i aktualizacja

Dzisiejszy rynek gier wymaga, aby gry były stale aktualizowane i rozwijane, aby zapewnić graczom nowe treści i doświadczenia. Gry powinny oferować regularne aktualizacje, nowe tryby gry, postaci, elementy i poprawki błędów, aby utrzymać zainteresowanie graczy i zapewnić ich zadowolenie.

Jednym z przykładów gier, które spełniają wymaganie ciągłego rozwoju i aktualizacji jest "Fortnite". Gra ta stale wprowadza nowe funkcje, tryby gry, skórki dla postaci i elementy kosmetyczne, co utrzymuje zainteresowanie graczy i przyciąga nowych użytkowników. Wprowadzane aktualizacje i zmiany są często inspirowane opinią społeczności graczy, dzięki czemu twórcy dostosowują grę do ich potrzeb i preferencji. Ponadto, gra jest dostępna na wielu platformach, co umożliwia grę zarówno na konsoli, jak i urządzeniach mobilnych. Stale dodawane nowe tryby gry i sezonowe wydarzenia przyciągają również uwagę graczy, którzy szukają różnorodnych wyzwań i możliwości rozwoju w grze.

Innym przykładem gry, która spełnia wymagania ciągłego rozwoju i aktualizacji, jest "Minecraft". Gra ta stale otrzymuje nowe aktualizacje, które wprowadzają nowe funkcje, przedmioty, czy bloki. Wraz z regularnymi aktualizacjami gra stale się rozwija, co zachęca graczy do powrotu i sprawdzenia, co się zmieniło. Dodatkowo, Minecraft posiada również duże wsparcie ze strony społeczności, co prowadzi do powstawania modów i modyfikacji wprowadzających dodatkowe treści i rozszerzenia rozgrywki.

Kolejnym z przykładów gier, które spełniają wymaganie ciągłego rozwoju i aktualizacji, jest gra "League of Legends" wydana przez firmę Riot Games. Gra ta jest grą z gatunku MOBA (Multiplayer Online Battle Arena), która stale otrzymuje aktualizacje wprowadzające nowych bohaterów, mapy, zmiany w mechanice rozgrywki i balansowanie postaci, w celu zapewnienia jak największej równowagi i zrównoważonej rozgrywki. Riot Games również organizuje liczne turnieje i wydarzenia, które przyciągają społeczność graczy i utrzymują zainteresowanie grą. Dzięki temu League of Legends utrzymuje swoją popularność i stale się rozwija.

Powyższe przykłady wskazują, jakie wyzwania są stawiane przed twórcami gier, aby spełnić oczekiwania dzisiejszego rynku i sprostać wymaganiom graczy.

1.2.2.12. Odpowiedzialność społeczna

Dzisiejszy rynek gier wymaga, aby gry były społecznie odpowiedzialne i respektowały różnorodność kulturową, etniczną, płciową i seksualną. Firma produkująca grę musi uwzględnić te czynniki podczas projektowania gry, aby uniknąć kontrowersji i zwiększyć zainteresowanie potencjalnych graczy.

W dzisiejszych czasach, coraz więcej osób zwraca uwagę na kwestie społecznej odpowiedzialności, a także na respektowanie różnorodności kulturowej, etnicznej, płciowej i seksualnej. W odpowiedzi na te potrzeby, wiele gier stara się propagować pozytywne wartości i zwracać uwagę na różnorodność w swoich produkcjach.

Przykłady gier, które spełniają te wymagania to m.in.:

1. "Life is Strange" - gra przygodowa, w której gracz wciela się w rolę młodej dziewczyny o imieniu Max, która odkrywa, że posiada moc cofania czasu. Gra porusza wiele trudnych tematów, takich jak szkolne nękanie, depresja czy problemy rodzinne. Pokazuje także różnorodność i tolerancję wobec osób o innej orientacji seksualnej.

2. "Assassin's Creed: Origins" - gra akcji, której akcja rozgrywa się w starożytnym Egipcie. W grze pojawiają się postaci z różnych kultur i etniczności, a fabuła porusza także kwestie wojen religijnych i tolerancji między wyznawcami różnych religii.

3. "Never Alone" - gra platformowa, która została stworzona we współpracy z rdzennymi mieszkańcami Alaski. Gracz wciela się w rolę Nuna, młodej Inuitki, która wraz z liskiem podróżuje przez zamieć śnieżną. Gra ukazuje kulturę i tradycje Inuitów oraz podkreśla ich wartości i sposób myślenia.

Te gry pokazują, że branża gier może mieć pozytywny wpływ na społeczeństwo i pomagać w propagowaniu wartości takich jak tolerancja, szacunek dla innych kultur i etniczności, a także zrozumienie i empatia wobec innych.

1.2.2.13. Bezpieczeństwo

W dzisiejszych czasach, gdy zagrożenia cybernetyczne stają się coraz poważniejsze, firmy produkujące gry muszą zapewnić odpowiednie środki bezpieczeństwa w swoich produktach. Gracze oczekują, że ich prywatność i dane osobowe będą chronione, a gra będzie wolna od wirusów i innych zagrożeń.

Jednym z ważnych wymagań rynku gier jest zapewnienie bezpieczeństwa użytkownikom podczas gry, zwłaszcza w kontekście zagrożeń związanych z siecią. Poniżej znajduje się kilka przykładów gier, które spełniają to wymaganie:

1. "Overwatch" - gra sieciowa z drużynowymi bitwami, w której gracze mogą rywalizować ze sobą w trybie PvP. Gra ta ma bardzo dobrze opracowane zabezpieczenia przeciwko oszustwom, w tym antycheat, który wykrywa i blokuje oszustwa związane z naruszeniem zasad gry.

2. "Fortnite" - gra sieciowa typu battle royale, która jest popularna na całym świecie. Ma również bardzo dobre zabezpieczenia, w tym system blokowania kont graczy, którzy łamią zasady gry, oraz zabezpieczenia przed oszustwami finansowymi.

3. "World of Warcraft" - gra MMORPG, która od lat cieszy się ogromną popularnością wśród graczy. Ma bardzo dobre zabezpieczenia przed oszustami, w tym system weryfikacji konta, który zapewnia, że tylko właściciel konta ma dostęp do gry.

4. "League of Legends" - gra MOBA, w której gracze rywalizują ze sobą w drużynach. Ma bardzo dobrze opracowane zabezpieczenia przeciwko oszustwom i cyberprzemocy, w tym

system blokowania kont graczy, którzy łamią zasady gry, oraz system zgłaszania incydentów, które naruszają zasady gry.

Wszystkie te gry mają bardzo dobrze opracowane zabezpieczenia i systemy, które zapewniają bezpieczeństwo użytkownikom podczas gry. Dzięki temu gracze mogą cieszyć się rozgrywką bez obaw o swoje bezpieczeństwo w sieci.

1.2.2.14. Dostępność

Dzisiejszy rynek gier stawia wysokie wymagania dotyczące dostępności gier dla różnych grup wiekowych i graczy z różnymi umiejętnościami. Firmy produkujące gry muszą zapewnić dopasowane interfejsy, wsparcie kontrolerów i opcje personalizacji, aby umożliwić grę dla wszystkich graczy.

Kilka przykładów gier, które spełniają wymagania rynku w zakresie dostępności:

1. "The Last of Us Part II" - Gra została zaprojektowana z myślą o osobach z różnymi potrzebami, dzięki czemu posiada różne opcje dostosowywania rozgrywki, takie jak opcje kolorów dla graczy z wadami wzroku, przypisywanie klawiszy dla graczy z niepełnosprawnością ruchową, oraz opcję tekstowej transkrypcji dźwięków dla graczy niesłyszących.

2. "Assassin's Creed Valhalla" - Ta gra również posiada opcje dostosowywania, takie jak opcję zmiany wielkości tekstu oraz zmiany kolorów podświetlenia dla graczy z wadami wzroku.

Dodatkowo, gra posiada opcje zmniejszenia poziomu trudności dla graczy, którzy nie są w stanie zagrać na standardowym poziomie trudności.

3. Forza Horizon 4 - Posiada specjalny tryb dostosowany dla graczy z niepełnosprawnościami ruchowymi, który pozwala na grę jednym palcem lub dłonią. Dodatkowo, gra posiada opcje zmiany wielkości czcionki i skali interfejsu dla graczy z wadami wzroku.

Wszystkie te gry są przykładami na to, że producenci gier starają się uwzględnić potrzeby różnorodnych grup społecznych poprzez dostosowywanie rozgrywki do różnych potrzeb i ograniczeń. Dzięki temu, gra może być dostępna dla większej liczby graczy, co zwiększa jej popularność i wpływa na sukces rynkowy.

1.2.2.15. Kontynuacja rozgrywki

W dzisiejszych czasach wiele gier jest wydawanych jako usługi, a nie jako jednorazowe produkty. Gracze oczekują, że ich ulubione gry będą aktualizowane i ulepszane przez dłuższy czas, a także będą oferowane dodatkowe treści i funkcje. Firmy produkujące gry muszą więc uwzględnić tę potrzebę i stale pracować nad rozwijaniem swoich produktów.

Wymaganie kontynuacji rozgrywki to jeden z kluczowych czynników sukcesu gier w dzisiejszym rynku. Przykładowe gry, które są znane ze swojej długiej żywotności i kontynuacji rozgrywki:

1. "World of Warcraft" - gra MMORPG, która jest na rynku już od ponad 15 lat i wciąż cieszy się popularnością. Gra oferuje mnóstwo zawartości, w tym regularne aktualizacje, dodatki i wydarzenia specjalne, co utrzymuje zainteresowanie graczy.

2. "Grand Theft Auto V" - wydana w 2013 roku, ta gra akcji nadal jest jedną z najpopularniejszych na rynku. Pomimo upływu czasu, deweloperzy nadal wprowadzają aktualizacje do trybu multiplayer, co pozwala graczom na dalszą zabawę i rozwijanie swojej postaci.

3. "The Sims 4" - popularna gra symulacyjna, która zadebiutowała w 2014 roku. Gra oferuje mnóstwo możliwości tworzenia i rozwijania postaci oraz zarządzania ich życiem. Deweloperzy regularnie wprowadzają nowe dodatki, które dodają nowe elementy rozgrywki, co utrzymuje zainteresowanie graczy.

4. "Minecraft" - gra, która stała się jednym z największych fenomenów ostatnich lat, zadebiutowała w 2011 roku. Gra oferuje nieskończone możliwości budowania i eksplorowania, a regularne aktualizacje wprowadzają nowe funkcje i elementy rozgrywki.

Wszystkie te gry oferują mnóstwo zawartości i ciągłą rozbudowę, co pozwala na długą żywotność i utrzymywanie zainteresowania graczy.

1.2.2.16. Współpraca z graczami

W dzisiejszych czasach firmy produkujące gry muszą aktywnie współpracować z graczami i słuchać ich opinii, aby tworzyć gry, które odpowiadają na ich potrzeby. Tworzenie społeczności wokół gry, organizowanie konkursów, spotkań z twórcami i wdrożenie systemów feedbacku są tylko kilkoma sposobami na zbudowanie trwałych relacji z graczami.

Przykłady gier, które spełniają wymagania rynku w zakresie współpracy twórców z graczami:

1. "Minecraft" - Twórcy gry aktywnie angażują się w rozwój społeczności modderskiej i tworzącego treści community. Twórcy gry wychodzą z regularnymi aktualizacjami i umożliwiają graczom dodawanie własnych modyfikacji do gry.

2. "Warframe" - Twórcy gry prowadzą regularne streamy i debaty, gdzie gracze mogą dyskutować na temat aktualizacji i przekazywać swoje sugestie na temat rozwoju gry. Ponadto, w grze znajduje się system klanów, w których gracze mogą współpracować ze sobą, dzielić się zasobami i osiągnięciami.

3. "Rainbow Six Siege" - Twórcy gry bardzo aktywnie słuchają opinii społeczności i regularnie wprowadzają zmiany na podstawie

tego, co słyszeli od graczy. Ponadto, w grze istnieje system drużyn, który zachęca graczy do współpracy i planowania strategii razem.

Współpraca twórców z graczami to bardzo ważny aspekt dla wielu graczy, ponieważ pozwala na większe zaangażowanie i wpływ na rozwój gry. Gry, które umożliwiają taką współpracę, często cieszą się większą popularnością i lojalnością graczy.

1.2.2.17. Przykłady gier spełniających kilka wymagań

Oczywiście, spełnienie tylko jednego ze wskazanych wymagań będzie niewystarczające - im więcej z nich spełni nasza produkcja, tym większe będziemy mieli szansę na odniesienie sukcesu rynkowego. Przykładowo, gry które spełniają kilka ze wspomnianych wymagań to:

1. "Celeste" - ta gra platformowa jest znana ze swojego wciągającego gameplayu i wspaniałej fabuły, która skupia się na tematach zdrowia psychicznego i samorozwoju. Ponadto gra jest łatwa w obsłudze i posiada różnorodne poziomy trudności, co sprawia, że jest dostępna dla wielu graczy.

2. "Among Us" - ta gra multiplayerowa jest popularna ze względu na swoją innowacyjność i oryginalność. Gracze muszą odkryć, kto z załogi jest zdrajcą, a kto nie, i wykonać zadania, aby utrzymać sprawność swoich statków. Gra ta również promuje współpracę

między graczami i wymaga ciągłego rozwoju i aktualizacji, aby utrzymać zainteresowanie graczy.

3. "Stardew Valley" - ta gra symulacyjna rolnictwa jest znana ze swojej wciągającej fabuły i różnorodności rozgrywki. Gracze muszą zarządzać swoją farmą, hodować rośliny i zwierzęta, a także interakcjonować z innymi postaciami w grze. Gra ta również promuje społeczną odpowiedzialność i respektowanie różnorodności kulturowej poprzez przedstawienie różnych postaci o różnym pochodzeniu etnicznym i kulturowym.

4. "Overwatch" - ta gra multiplayerowa jest znana ze swojego wciągającego gameplayu i różnorodności postaci. Gra zawiera wiele różnych postaci, każda z własnymi unikalnymi umiejętnościami i stylami gry. Overwatch również promuje współpracę między graczami, a system rankingowy gry zachęca do ciągłego rozwoju i udoskonalania swoich umiejętności.

5. "The Sims 4" - ta gra symulacyjna życia jest znana ze swojej łatwości użytkowania i możliwości personalizacji postaci i ich otoczenia. Gracze mogą tworzyć i kontrolować swoje własne postacie, a także zaprojektować ich domy i otoczenie. Gra ta również jest ciągle aktualizowana, a dodatki i aktualizacje umożliwiają ciągłą rozbudowę i udoskonalenie rozgrywki.

1.2.2.18. Dlaczego analiza jest niezbędna do dostosowania gry do wymagań rynku?

Analiza rynku jest niezbędna do dostosowania gry do wymagań rynkowych, ponieważ pozwala na zrozumienie preferencji i oczekiwań potencjalnych graczy, a tym samym pomaga w stworzeniu gry, która zaspokoi ich potrzeby. Analiza rynku pozwala na identyfikację trendów i wzorców, które wpływają na preferencje i zachowania graczy, a także na określenie preferowanego formatu gry i jej funkcjonalności. Bez analizy rynku deweloperzy mogą popełnić błędy projektowe, które prowadzą do gier nieodpowiadających oczekiwaniom graczy i tym samym prowadzą do niskiej sprzedaży lub braku zainteresowania grą. Dlatego też, aby osiągnąć sukces na rynku gier, analiza rynku jest niezbędna do dostosowania gry do wymagań rynkowych i zapewnienia sukcesu komercyjnego.

Spójrzmy na to w bardzo prosty sposób - rynek ciągle się zmienia. Większość twórców to gracze, ale nikt nie jest w stanie zagrać w każdą grę która wychodzi - dogłębne poznanie samych topowych tytułów może zająć wiele dni. Czasy, w których deweloperzy mogą poruszać się na rynku po omacku, bazując na własnych doświadczeniach i pomysłach niestety już minęły. Oczywiście odpowiednio przeprowadzona analiza i stworzenie gry, która uwzględni wszystkie opracowane aspekty nie zagwarantuje pewnego sukcesu - pozwoli jednak znacznie zmniejszyć ryzyko porażki.

1.2.3. Unikanie kosztownych błędów

Proces produkcji gier to bardzo kosztowna i skomplikowana dziedzina, która wymaga zaangażowania wielu ludzi i zasobów. W związku z tym, nawet drobne błędy w trakcie produkcji mogą prowadzić do poważnych konsekwencji finansowych i marketingowych. W tym podrozdziale omówione zostaną koszty związane są z popełnieniem błędów w procesie produkcji gier.

Jednym z największych kosztów jest oczywiście koszt czasu. Proces produkcji gier jest złożony i długi, a każdy błąd może znacznie wydłużyć czas potrzebny na ukończenie gry. Powoduje to opóźnienia w wydaniu gry na rynek, co z kolei może prowadzić do utraty zaufania klientów i partnerów biznesowych oraz spadku sprzedaży.

Innym kosztem jest koszt finansowy. Produkcja gier wymaga zatrudnienia zespołu programistów, projektantów, grafików, testerów i innych specjalistów. Błędy w kodzie lub w projekcie mogą prowadzić do konieczności powtarzania pracy lub wykonywania zmian, co zwiększa koszty produkcji gry.

Kolejnym kosztem jest koszt marketingowy. Reklama gry przed jej wydaniem to kluczowy element wpływający na sprzedaż. Jeśli gra zawiera błędy, recenzenci i gracze zaczną krytykować grę, co może prowadzić do spadku sprzedaży. W takiej sytuacji konieczne staje się ponowne inwestowanie w marketing, co zwiększa koszty produkcji gry.

Warto również zwrócić uwagę na koszt wizerunkowy. Błędy w grze mogą mieć negatywny wpływ na wizerunek studia deweloperskiego lub wydawcy, co może prowadzić do trudności w zdobyciu partnerów biznesowych lub utraty zaufania klientów.

Ostatecznie, błędy w produkcji gier mogą prowadzić do utraty reputacji i wiarygodności w branży gier. W dzisiejszych czasach rynek gier jest bardzo konkurencyjny, a studia deweloperskie muszą ciągle dostarczać wysokiej jakości produkty, aby przyciągnąć i zadowolić graczy. Błędy w grach mogą zniechęcić graczy do zakupu kolejnych gier od danego dewelopera, co może prowadzić do utraty klientów i spadku przychodów.

Podsumowując, poprawne zarządzanie procesem produkcji gier i dokładna analiza projektu są kluczowe dla uniknięcia kosztownych błędów. Błędy w produkcji gier mogą prowadzić do opóźnień i wzrostu kosztów.

Główne błędy popełniane w produkcji gier, zostały przedstawione w następnych podrozdziałach.

1.2.3.1. Brak spójnej koncepcji

Czasem zdarza się, że projekt gry nie ma wyraźnie określonej koncepcji i wizji, co prowadzi do braku spójności w grze.

Jednym z przykładów gry, która miała problemy z brakiem spójnej koncepcji, jest "Anthem". Ta gra została wydana przez BioWare w 2019 roku i miała być ich najnowszą grą akcji i RPG osadzoną w futurystycznym świecie. Anthem miało łączyć elementy strzelania z lotami w zbrojach o nazwie Javelins, a także zawierać elementy gry społecznościowej.

Jednakże, podczas produkcji, wiele różnych pomysłów na rozgrywkę zostało połączonych w jedną grę, co spowodowało brak spójnej koncepcji i konsekwencji w grze. Gra była również krytykowana za niezbalansowaną mechanikę gry oraz błędy techniczne, co przyczyniło się do jej słabego odbioru przez graczy i krytyków. Problemy te były częściowo wynikiem braku spójnej koncepcji i zbyt dużych zmian, które były wprowadzane w trakcie produkcji gry.

1.2.3.2. Przeciąganie procesu produkcji

Długie opóźnienia w procesie produkcji prowadzą do narastających kosztów i zmniejszonej wartości rynkowej gry.

Jednym z przykładów gry, która doświadczyła problemów z przeciąganiem procesu produkcji jest "Cyberpunk

2077" od studia CD Projekt Red. Gra była zapowiedziana już w 2012 roku, ale po wielu opóźnieniach premiera odbyła się dopiero w grudniu 2020 roku. W trakcie produkcji gra napotkała wiele problemów, w tym problemy z optymalizacją, błędy techniczne, problemy z AI oraz kontrowersje związane z warunkami pracy twórców.

CD Projekt Red wielokrotnie przesuwało daty premiery gry, co skutkowało zwiększonymi kosztami produkcji, a także spadkiem zaufania graczy i inwestorów. W końcu, po premierze, gra została skrytykowana za liczne błędy i niedopracowanie, co doprowadziło do zwrócenia gry przez wielu graczy, a także spadku wartości akcji CD Projekt Red. To pokazuje, jak poważne mogą być konsekwencje przeciągania procesu produkcji i braku spójnej koncepcji podczas tworzenia gry.

1.2.3.3. Problemy z optymalizacją

Często gry wymagają dużej mocy obliczeniowej, a niezamierzony efekt to zwiększone obciążenie sprzętu, co prowadzi do problemów z płynnością gry.

Jednym z przykładów gry, która miała problemy z optymalizacją, ponownie będzie "Cyberpunk 2077". Ta gra była oczekiwana przez wiele osób, a twórcy postawili przed sobą bardzo ambitne cele, ale po premierze okazało się, że jest pełna błędów, niedopracowań i problemów z wydajnością. Gra była praktycznie niegrywalna na starszych konsolach i komputerach, co wywołało falę niezadowolenia wśród graczy i zmusiło twórców do wielu poprawek i aktualizacji. Mimo że gra została w końcu dopracowana, cała sytuacja pokazała, jak kosztowne mogą być problemy z optymalizacją i jak ważne jest, aby w trakcie produkcji zwracać uwagę na wydajność i stabilność gry.

1.2.3.4. Brak dopracowania grywalności

Często gry są źle dopracowane pod względem grywalności, co prowadzi do niskiej oceny użytkowników i zniechęcenia do gry.

Wróćmy ponownie do gry "Anthem", tym razem jako wzorcowym przykładzie gry, która miała problemy z brakiem dopracowania grywalności. Gra została wydana w 2019 roku przez BioWare i EA i była zapowiedziana jako nowa, innowacyjna gra akcji z otwartym światem, w której gracze mogli eksplorować piękne krajobrazy, walczyć z potworami i używać potężnych mechów zwanych "Javelins". Jednak po premierze okazało się, że gra ma poważne problemy z grywalnością, w tym niską jakością sterowania postaciami, monotonnością misji i powtarzalnością zawartości.

Wiele recenzji krytykowało grę za brak dopracowania grywalności, co doprowadziło do słabych wyników sprzedaży i wielu narzekań ze strony graczy. Pomimo wydania kilku łatek i aktualizacji, "Anthem" nie osiągnął sukcesu, jakiego oczekiwano, a jego rozwój został wstrzymany. Przykład ten pokazuje, jak ważne jest staranne dopracowanie grywalności w procesie produkcji gier, aby zapewnić graczom pozytywne doświadczenia i sukces na rynku.

Innym przykładem gry, która miała problemy z brakiem dopracowania grywalności podczas premiery, jest gra "No Man's Sky" wydana w 2016 roku. Gra była promowana jako ogromny otwarty świat, w którym gracze mogą eksplorować setki tysięcy planet, odkrywać nowe gatunki zwierząt i roślin, handlować z innymi graczami i wiele więcej. Jednak po premierze okazało się, że wiele z obietnic studia nie zostało spełnionych, a gra była pełna błędów, niedopracowań i braku możliwości interakcji z innymi graczami. Twórcy ostatecznie wydali wiele łatek, aktualizacji i dodatków, które poprawiły wiele aspektów gry, ale jej start był zdecydowanie bardzo trudny.

1.2.3.5. Błędy techniczne

Problemy techniczne, takie jak awarie, błędy wyświetlania, niestabilność gry, mogą zepsuć doświadczenie użytkownika.

Jednym z przykładów gry, która miała problemy z błędami technicznymi, jest gra "Assassin's Creed: Unity". Gra miała problemy z wydajnością i stabilnością, a także z licznymi błędami graficznymi, takimi jak niewidzialne postacie, nierealistyczne animacje i problemy z cieniowaniem. W rezultacie gra została wydana z wieloma niedociągnięciami, co

skłoniło twórców do wydania kilku łatek, aby naprawić problemy.
Jednym z największych problemów był brak optymalizacji gry dla
konsol nowej generacji, co spowodowało, że gra działała wolno i
z trudnościami na konsolach PlayStation 4 i Xbox One.

1.2.3.6. Brak zgodności z wymaganiami rynku

Nieprzemyślana analiza wymagań rynku i niewłaściwe
dopasowanie do nich gry, prowadzi do braku zainteresowania
użytkowników.

Jednym z przykładów gier, które miały problemy z
brakiem zgodności z wymaganiami rynku, jest gra "LawBreakers".
Gra była pierwszą produkcją zespołu Boss Key Productions,
założonego przez twórcę popularnej gry "Gears of War", Cliffa
Bleszinskiego. "LawBreakers" była grą FPS w stylu sci-fi, która
miała skupiać się na dynamicznej rozgrywce w systemie
grawitacyjnym.

Jednym z największych problemów gry było to, że nie
trafiła ona w gusta graczy, którzy szukali bardziej tradycyjnych i
przystępnych gier FPS. Gra była również niekompatybilna z
wymaganiami rynku w zakresie marketingu i promocji, ponieważ
twórcy nie wypromowali jej wystarczająco i nie zwrócili
wystarczającej uwagi na jej dostępność na różnych platformach.

Pomimo pozytywnych recenzji krytyków, gra nie
sprzedała się na tyle dobrze, aby zwrócić koszty produkcji i

utrzymania serwerów. Po kilku miesiącach od premiery, Boss Key Productions ogłosiło bankructwo, a gra "LawBreakers" została pogrzebana.

1.2.3.7. Problemy z marketingiem

Niezadbanie o skuteczną kampanię reklamową i brak odpowiedniego wsparcia prowadzi do braku zainteresowania użytkowników i niskiej sprzedaży.

Jednym z przykładów gry, która miała problemy z marketingiem, jest "Mirror's Edge Catalyst". Gra była kontynuacją popularnej gry "Mirror's Edge", ale zamiast zaoferować ulepszoną wersję oryginału, deweloperzy postanowili wprowadzić wiele zmian i ulepszeń, w tym otwarty świat, co spowodowało, że gra przypominała bardziej sandbox niż pierwotny platformer.

Jednakże, koncepcja otwartego świata nie była wystarczająco dobrze przemyślana i wykonana, przez co gra straciła swój unikalny styl i charakter, co mogło wprowadzić w błąd fanów oryginału. Ponadto, kampania marketingowa była niewystarczająca i nie przyciągnęła odpowiedniej liczby graczy, co przyczyniło się do słabych wyników sprzedaży gry.

Kolejnym przykładem gry, podczas produkcji której wystąpił problem z marketingiem, jest "Titanfall 2". Mimo pozytywnych opinii od graczy i krytyków, gra nie osiągnęła oczekiwanej sprzedaży, głównie z powodu niewłaściwej strategii marketingowej ze strony wydawcy. Gra została wydana w niewłaściwym okresie, bez wystarczającej ilości promocji, co doprowadziło do niskiej świadomości rynkowej wśród graczy. Mimo, że gra była dobrze oceniana i miała lojalne grono fanów, to niewłaściwe działania marketingowe wpłynęły negatywnie na jej sprzedaż i dalszy rozwój.

1.2.3.8. Brak wsparcia technicznego

Niedostateczne wsparcie techniczne ze strony dewelopera lub brak łatwo dostępnych narzędzi do usuwania problemów technicznych, prowadzi do braku zaangażowania użytkowników w rozwiązywanie problemów.

Przykładem gry, podczas produkcji której wystąpił problem z brakiem wsparcia technicznego, jest wspomniana już gra "No Man's Sky" wydana w 2016 roku przez studio Hello Games. Gra zapowiadała się jako niesamowity sandbox kosmiczny, który oferował graczom nieskończoną ilość możliwości eksploracji kosmosu. Jednakże, po premierze gry okazało się, że wiele z zapowiedzianych funkcji nie zostało w pełni zaimplementowanych, a sama gra była pełna błędów i niedoróbek.

Gracze zgłaszali problemy z wydajnością, stabilnością, a także niedoskonałościami w mechanikach rozgrywki. Dodatkowo, gra była o wiele mniej rozbudowana niż zapowiadał ją marketing i wielu graczom brakowało obiecywanych funkcji, takich jak tryb multiplayer czy bardziej rozbudowane systemy ekonomiczne.

W odpowiedzi na krytykę, studio Hello Games rozpoczęło pracę nad poprawkami i aktualizacjami gry, które miały naprawić błędy i dodać brakujące funkcje. Jednakże, początkowo wsparcie techniczne ze strony studia było niewystarczające, a wielu graczy czuło się oszukanych przez niepełne obietnice. Dopiero po kilku aktualizacjach gra zaczęła spełniać oczekiwania graczy, ale już wiele osób straciło zainteresowanie grą i nie wróciło do niej. Nie mniej, jest to jeden z nielicznych przykładów, kiedy twórcy potrafili się zrehabilitować na taką skalę i spełnić pierwotne obietnice.

Innym przykładem gry, podczas produkcji której wystąpił problem z brakiem wsparcia technicznego, jest gra "SimCity" wydana w 2013 roku. Gra została skrytykowana za problemy z łączeniem się z serwerami, co uniemożliwiało grę w trybie wieloosobowym i wymusiło konieczność stałego połączenia z internetem, nawet w trybie jednoosobowym. Wielu graczy skarżyło się również na problemy z zapisywaniem postępów i znikającymi miastami. Producent gry, firma Electronic Arts, została oskarżona o brak przygotowania odpowiedniej infrastruktury serwerowej oraz o wprowadzenie kontrowersyjnej polityki DRM (Digital Rights Management), która uniemożliwia grę bez połączenia z serwerami EA. Skandal związany z wydaniem SimCity doprowadził do ogromnych strat finansowych firmy oraz utraty zaufania ze strony społeczności graczy.

1.2.3.9. Nadmierny nacisk na grafikę kosztem rozgrywki

Czasami zespoły deweloperskie skupiają się na tworzeniu imponującej grafiki, kosztem grywalności i satysfakcji graczy.

Przykładem gry, która podczas produkcji miała problemy z nadmiernym naciskiem na grafikę kosztem rozgrywki, jest gra "Ryse: Son of Rome" wyprodukowana przez studio Crytek. Gra miała zapierające dech w piersiach grafiki i efekty wizualne, ale wiele elementów rozgrywki było uznawanych za powtarzalne i nudne. Ponadto, gra była uważana za zbyt krótką, z tylko kilkugodzinną kampanią fabularną, która była postrzegana jako niedopracowana i bez pomysłu. Crytek ostatecznie skupił się bardziej na spektakularnej grafice i zapominając o istotnych elementach rozgrywki, co wpłynęło na jej słabe recenzje i sprzedaż.

1.2.3.10. Zbyt późne wprowadzanie zmian w projekcie

Często zespół deweloperski podejmuje decyzje o wprowadzeniu zmian w projekcie na późnym etapie produkcji, co może prowadzić do poważnych problemów z jakością i terminowością.

Jednym z przykładów gry, która miała problemy ze zbyt późnym wprowadzeniem zmian w projekcie, jest "Duke Nukem Forever". Gra miała bardzo długą historię produkcji, która trwała ponad 15 lat i przechodziła przez wiele zmian w kierownictwie, a także zmiany w silniku gry i technologii. To doprowadziło do problemów z ciągłym wprowadzaniem zmian w projekcie i braku spójności w koncepcji. Wiele elementów gry zostało zmienionych w trakcie produkcji, a ostateczny produkt otrzymał negatywne recenzje ze względu na brak spójności i niekonsekwencję.

1.2.3.11. Brak jasnej wizji projektu

Jeśli zespół deweloperski nie ma jasnego pomysłu na to, jak powinna wyglądać finalna gra, może to prowadzić do niepotrzebnych opóźnień i chaosu w procesie produkcji.

Przykładem gry, podczas produkcji której wystąpił problem z brakiem jasnej wizji projektu jest "Aliens: Colonial Marines" wyprodukowany przez Gearbox Software i wydany w 2013 roku. Gra miała opowiadać historię grupy marines walczących z obcymi na pokładzie statku kosmicznego. Jednakże podczas produkcji pojawiły się różne problemy, w tym zmiana studia odpowiedzialnego za grę oraz przesunięcie terminu wydania.

W efekcie gra otrzymała wiele negatywnych opinii ze strony krytyków i graczy, którzy zarzucali jej brak jasnej wizji projektu, chaotyczną narrację, problemy ze sztuczną inteligencją przeciwników oraz niedopracowaną grafikę. Wymienione problemy były wynikiem zmian w projekcie oraz braku jednoznacznej koncepcji gry, co doprowadziło do ostatecznego niepowodzenia.

1.2.3.12. Zbyt mała liczba pracowników

Brak mocy przerobowych powoduje, że okres powstawania gry bardzo się wydłuży, bądź gra nigdy nie powstanie, bo przez niedoszacowanie kosztów, studio znacznie przekracza budżet. Istotnym problemem braku pracowników jest zbyt mała liczba testerów - zwykle to od redukcji tych etatów rozpoczyna się zmniejszanie kosztów produkcji, bo przy niewielkiej liczbie testerów gra, koniec końców i tak powstanie. Generuje to jednak inny problem - jeśli gra nie zostanie przetestowana przez odpowiednią liczbę osób, istnieje ryzyko, że nie zostaną wykryte wszystkie błędy i niedociągnięcia.

Jednym z przykładów gry, której produkcja została dotknięta problemem ze zbyt małą liczbą testerów, jest "Assassin's Creed: Unity". Gra została wydana w 2014 roku przez firmę Ubisoft i otrzymała wiele negatywnych recenzji ze względu na liczne błędy techniczne, w tym problemy z wydajnością, crashami i bugami. Według raportów, Ubisoft zatrudnił tylko około 100 testerów, którzy mieli przetestować grę przed jej wydaniem, co było niewystarczające dla gry takiej wielkości i złożoności. Problemem był również fakt, że wiele z bugów, które zostały wykryte przez testujących, nie zostało naprawione przed wydaniem gry. W konsekwencji, "Assassin's Creed: Unity" stał się jednym z najbardziej krytykowanych tytułów w historii serii "Assassin's Creed".

Innym przykładem jest gra "Fallout 76" wydana w 2018 roku przez firmę Bethesda Game Studios. Gra była pełna błędów i problemów technicznych, co spowodowało negatywne recenzje ze strony graczy i krytyków. Wiele z tych problemów można by było wykryć i naprawić przed wydaniem gry, gdyby studio zaangażowało więcej testerów, którzy przetestowaliby grę przed jej wydaniem. Bethesda Game Studios musiała następnie podejmować wiele kroków, aby naprawić błędy w grze i poprawić jej ogólną jakość, co kosztowało wiele czasu i zasobów.

1.2.3.13. Zbyt ambitne cele

Postawienie sobie zbyt ambitnych celów, takich jak tworzenie gry w bardzo krótkim czasie, może prowadzić do niskiej jakości produktu oraz opóźnień w jego wydaniu. Zbyt ambitne cele lub zbyt skomplikowane funkcje, które nie są możliwe do wykonania w ramach dostępnego budżetu lub harmonogramu, mogą prowadzić do nadmiernego napięcia i presji w zespole projektowym.

Jednym z przykładów gry, która zmagała się z postawieniem zbyt ambitnych celów podczas produkcji, było "Spore" wydane przez Electronic Arts w 2008 roku. Gra ta była zaprojektowana przez Willa Wrighta, twórcę serii "The Sims", i miała pozwolić graczom na kontrolowanie ewolucji jednokomórkowego organizmu, aż do stworzenia cywilizacji kosmicznej. Jednym z głównych problemów, jakie pojawiły się podczas produkcji, było to, że twórcy próbowali wprowadzić zbyt wiele różnych elementów rozgrywki, co skutkowało brakiem spójności w grze i brakiem dopracowania wielu mechanik. Ponadto, gra była reklamowana jako bardzo rozbudowany i zaawansowany symulator życia, co również podniosło oczekiwania graczy i przyczyniło się do rozczarowania, gdy okazało się, że gra nie spełnia wszystkich obietnic. Mimo że gra odniosła pewien sukces komercyjny, to spotkała się z krytyką ze strony graczy i recenzentów, którzy uważali, że gra nie zrealizowała w pełni swojego potencjału.

1.2.3.14. Nieodpowiednie zarządzanie zespołem

Brak odpowiedniego zarządzania zespołem deweloperskim może prowadzić do chaosu w procesie produkcji oraz niepotrzebnych opóźnień.

Jednym z przykładów gry, która miała problemy z nieodpowiednim zarządzaniem zespołem jest "Fallout 76". Gra ta była rozwijana przez Bethesda Game Studios, która jest znana ze swojego doświadczenia w produkcji gier RPG, takich jak seria "The Elder Scrolls" i "Fallout". Jednak podczas produkcji "Fallout

76" zespół miał problemy z komunikacją i koordynacją prac, co doprowadziło do wielu błędów i problemów w grze.

W wyniku złego zarządzania zespołem, gra została wydana z licznymi błędami technicznymi i niedociągnięciami, które wpłynęły negatywnie na jej odbiór przez graczy. Ponadto, niektóre funkcje, które były obiecane w czasie kampanii marketingowej, zostały usunięte lub opóźnione, co spowodowało rozczarowanie u fanów.

W rezultacie, Bethesda Game Studios zmuszona była podjąć wiele działań naprawczych, takich jak wydanie wielu łatek i aktualizacji, aby naprawić błędy i ulepszyć grę. Mimo tych wysiłków, "Fallout 76" nigdy nie osiągnął takiego sukcesu, jak poprzednie gry Bethesda Game Studios, co pokazuje, jak ważne jest odpowiednie zarządzanie zespołem w procesie produkcji gier.

Innym przykładem gry, która miała problemy z nieodpowiednim zarządzaniem zespołem, jest "Mass Effect: Andromeda". W trakcie produkcji twórcy mieli problemy z organizacją prac oraz byli zmuszeni do dokonania drastycznych zmian w rozwoju gry. Z powodu złego zarządzania projektem, gra ostatecznie została wydana z wieloma niedopracowanymi elementami i błędami technicznymi, co odbiło się negatywnie na jej odbiorze przez graczy i krytyków.

1.2.3.15. Brak zrozumienia oczekiwań graczy

Jeśli zespół deweloperski nie rozumie oczekiwań graczy i rynku, może to prowadzić do wydania gry, która nie spełnia ich wymagań i nie przynosi oczekiwanych wyników.

Jednym z przykładów gry, która miała problemy z brakiem zrozumienia oczekiwań graczy, jest "Star Wars Battlefront II" wydany przez EA DICE w 2017 roku. Grze towarzyszyły liczne kontrowersje z powodu systemu mikropłatności, który pozwalał graczom na zakup różnych ulepszeń, które wpływały na rozgrywkę. System ten został uznany za zbyt agresywny i wprowadzający nierówności między graczami, co wywołało wiele negatywnych reakcji społeczności graczy. Wydawca gry musiał podjąć kroki w celu naprawienia systemu, co doprowadziło do licznych zmian w mechanice gry oraz modyfikacji mikropłatności.

Te błędy mogą prowadzić do opóźnień w wydaniu gry, zwiększenia kosztów produkcji oraz pogorszenia jej jakości, co może wpłynąć na wyniki sprzedaży i reputację dewelopera. Dlatego ważne jest, aby zespół deweloperski dokładnie planował proces produkcji i starał się unikać tych błędów.

1.2.3.16. Brak komunikacji

Brak regularnej komunikacji i koordynacji między różnymi zespołami (np. projektantami, programistami, artystami), bądź między twórcami i graczami może prowadzić do niezgodności w projekcie, a w skrajnych przypadkach do całkowitego fiaska projektu.

Jednym z przykładów gry, która miała problemy z brakiem komunikacji wewnątrz zespołu deweloperskiego, była gra "Aliens: Colonial Marines". W czasie produkcji gry, studio Gearbox Software, zleciło prace nad częścią gry zespołowi programistów z firmy TimeGate Studios. Niestety, nie udało się osiągnąć odpowiedniego poziomu komunikacji pomiędzy obydwoma zespołami, co doprowadziło do poważnych problemów z jakością gry i jej ostatecznym odbiorem przez graczy.

Innym przykładem gry, która miała problemy z brakiem komunikacji podczas produkcji, jest "Star Wars Battlefront II" wydany w 2017 roku. W trakcie produkcji twórcy nie ujawnili wszystkich informacji dotyczących gry, w tym systemu mikropłatności, co wywołało kontrowersje wśród graczy po premierze gry. Brak jasnej komunikacji z graczami doprowadził do fal krytyki, a także protestów i działań prawnych w niektórych krajach. Ostatecznie, twórcy musieli wprowadzić zmiany w grze i systemie mikropłatności, aby zyskać zaufanie społeczności graczy. Innym przykładem gry, podczas produkcji której wystąpiły problemy z brakiem komunikacji, jest gra "No Man's Sky". Twórcy nie porozumiewali się w sposób klarowny z graczami, obiecując wiele funkcji, które ostatecznie nie zostały wprowadzone do gry. To spowodowało niezadowolenie wśród społeczności graczy i spadek sprzedaży gry.

1.2.3.17. Brak lub niewłaściwa kontrola jakości

Niedostateczna kontrola jakości może prowadzić do wydania gry z poważnymi błędami, które wpłyną negatywnie na jej odbiór przez graczy.

Przykładem gry, która podczas produkcji miała problemy z brakiem kontroli jakości, jest "Batman: Arkham Knight". Gra została wydana w 2015 roku na PlayStation 4, Xbox One i PC. Wersja na PC została jednak wycofana z rynku w ciągu kilku dni od premiery, ze względu na wiele problemów technicznych i błędów, które powodowały, że gra działała niepoprawnie lub w ogóle się nie uruchamiała. Studio deweloperskie Rocksteady, które odpowiadało za grę, musiało podjąć wiele działań naprawczych i wydać wiele łatek, aby naprawić problemy z grą na PC. W efekcie wycofano ją ze sprzedaży na okres kilku miesięcy, a gracze otrzymali zwroty pieniędzy lub możliwość wymiany na inną grę.

1.2.3.18. Brak zrozumienia rynku

Nieprawidłowe lub niewystarczające badania rynku lub brak zrozumienia preferencji graczy, może prowadzić do wydania gry, która nie spełni ich oczekiwań.

Jednym z przykładów gry, której produkcja spotkała się z problemami wynikającymi z braku zrozumienia rynku, jest "Rise of the Tomb Raider". Gra ta została wydana w 2015 roku, ale jedynie na platformę Xbox, co wywołało niezadowolenie wśród fanów, którzy chcieli grać na innych platformach. Dopiero później, po roku czasu, gra została wydana na PC i PS4. Decyzja o wydaniu gry na Xboxie jako pierwszej, została skrytykowana przez wielu graczy i branżowych ekspertów, którzy uważali, że takie działanie jest niekorzystne dla sprzedaży i wizerunku gry.

1.2.3.19. Przekroczenie budżetu

Zbyt duża liczba błędów lub niewłaściwe zarządzanie kosztami może prowadzić do przekroczenia budżetu i wpłynąć na opóźnienia w wydaniu gry lub na jakość końcowego produktu.

Jednym z negatywnych przykładów gry, podczas produkcji której wystąpił problem z przekroczeniem budżetu, jest gra "Destiny". W trakcie produkcji Bungie i Activision oszacowali koszt gry na około 100 milionów dolarów, ale ostatecznie koszty, według plotek przekroczyły 500 milionów dolarów, co czyni z niej jedną z najdroższych gier w historii. Co prawda mówi się, że podana kwota dotyczyła całej serii, a nie najnowszej odsłony, ale nie sposób zweryfikować tych danych. Mimo sukcesu gry, przekroczenie budżetu miało wpływ na wyzwania związane z dalszym rozwojem gry oraz na stosunek inwestorów do studia Bungie.

Jednym z najbardziej znanych przykładów anulowania gry ze względu na przekroczenie budżetu jest "Star Wars 1313". Gra ta miała być wyprodukowana przez LucasArts i miała skupiać się na postaci Boba Fetta, jednak została anulowana w 2013 roku po tym, jak Disney przejął Lucasfilm i zdecydował się zamknąć LucasArts.

Innym przykładem jest gra "Scalebound", która miała być wyprodukowana przez PlatinumGames i wydana na Xbox One. Gra miała skupiać się na przygodach gracza wraz z ogromnym smokiem. Jednakże po wielu opóźnieniach i problemach produkcji, Microsoft anulował grę w 2017 roku, po tym jak budżet został znacznie przekroczony.

Wymienić można też Fez 2 - sequel kultowej platformówki Fez, którego produkcję anulowano w 2013 roku, ponieważ twórca gry - Phil Fish - nie mógł sobie poradzić z problemami finansowymi i zdrowotnymi, co doprowadziło do wyczerpania budżetu. Z kolei "True Crime: Hong Kong" gra akcji rozgrywająca się w Hongkongu, która miała być kolejną odsłoną popularnej serii "True Crime". Projekt został anulowany po przekroczeniu budżetu i niezadowalających wynikach sprzedaży poprzednich odsłon.

Z drugiej strony, jednym z przykładów gry, która przekroczyła budżet podczas produkcji, jest "Grand Theft Auto V". Produkcja kosztowała ponad 265 milionów dolarów, co czyni ją jedną z najdroższych gier w historii. Część kosztów związana była z rozbudowaną kampanią marketingową oraz nagrodami dla pracowników, którzy przyczynili się do powodzenia gry. Jednakże, gra zwróciła się wielokrotnie, osiągając ogromny sukces komercyjny i sprzedając się w ponad 150 milionach egzemplarzy na całym świecie. Przykładem gry, podczas produkcji której wystąpił problem z przekroczeniem budżetu jest "Red Dead Redemption 2" od Rockstar Games. Podczas produkcji gry zwiększono budżet wielokrotnie, a czas produkcji również wydłużył się. Mimo to gra okazała się sukcesem, zarówno pod względem komercyjnym, jak i artystycznym.

1.2.3.20. Nieodpowiednie planowanie

Niewłaściwe planowanie projektu lub nieodpowiednie ustawienie priorytetów może prowadzić do opóźnień w harmonogramie lub do wydania gry, która nie spełni oczekiwań graczy. Przykładowe gry z tym problemem to:

1. "Project H.A.M.M.E.R." - gra akcji stworzona przez Nintendo, której produkcja była zatrzymana w 2009 roku ze względu na opóźnienia i problemy z jakością.

2. "The Agency" - MMO stworzone przez Sony Online Entertainment, której produkcję zakończono w 2011 roku z powodu problemów finansowych i niepewności co do przyszłości gry.

1.2.3.21. Niedostosowanie prawne

Niedostosowanie prawne opiera się na braku spełnieniu wymogów licencyjnych oraz tych określonych przez przepisy krajów, w których gra będzie dystrybuowana oraz kraju w którym działa studio. Przykładem gry anulowanej, przez niedostosowanie prawne może być "Silent Hills", tworzona na podstawie popularnej serii horrorów "Silent Hill", która miała być wspólnym projektem Hideo Kojimy i Guilhermo del Toro. Gra została anulowana po odejściu Kojimy z Konami, a także po problemach prawnych związanych z wykorzystaniem postaci aktora Normana Reedusa.

1.2.3.22. Dlaczego analiza jest istotna dla uniknięcia kosztownych błędów?

Przedstawione w poprzednich podrozdziałach najpopularniejsze kosztowne błędy nierzadko były powodem niepowodzenia gry, albo wręcz przerwania produkcji. Prześledźmy kilka przykładów, w których analiza była kluczowa w uniknięciu kosztownych błędów przy produkcji gier:

1. "Cyberpunk 2077" - Gra była oczekiwana przez wiele osób na całym świecie, ale jej premiera została przesunięta kilka razy. Twórcy spędzili dużo czasu na analizie, aby zapewnić, że gra będzie gotowa do premiery. Mimo to gra nadal miała problemy

techniczne, ale dzięki analizie udało się uniknąć jeszcze poważniejszych błędów.

2. "Mass Effect: Andromeda" - Ta gra miała bardzo duże ambicje i była nastawiona na rynek globalny. Twórcy przeprowadzili wiele badań i analiz przed rozpoczęciem produkcji, ale niestety projekt został źle zaplanowany i nie udało się go zakończyć na czas. Gra otrzymała negatywne recenzje i w konsekwencji sprzedaż była znacznie niższa niż oczekiwano.

3. "Duke Nukem Forever" - Po latach oczekiwania, gra została anulowana po kilku zmianach wydawcy i dewelopera. Projekt został źle zaplanowany i miał wiele problemów, w tym zbyt ambitne cele. Analiza rynku i trendów mogła pomóc deweloperom w zrozumieniu, jakie oczekiwania mają gracze i jakie funkcje są dla nich ważne. Gra była produkowana przez wiele lat, a problemy wynikały z braku analizy rynku i zbyt długiego okresu produkcji, co skutkowało przestarzałym silnikiem gry i niedopasowaniem do wymagań graczy.

4. "Star Wars 1313" - Ta gra została anulowana ze względu na problemy finansowe wydawcy. Projekt był zaplanowany na rynek globalny, ale brak analizy finansowej doprowadził do problemów finansowych i ostatecznej anulacji projektu.

5. "EverQuest Next" - Gra, która miała być kontynuacją popularnej serii, ale została anulowana z powodu nieudanego planowania. Deweloperzy skupili się na tworzeniu innowacyjnych funkcji, ale

nie zwrócili uwagi na to, co gracze naprawdę chcą i oczekują od gry. Analiza rynku i trendów mogła pomóc deweloperom w lepszym zrozumieniu potrzeb graczy i uniknięciu kosztownych błędów.

6. "Anthem" - Gra została wydana w 2019 roku, ale ze względu na brak wystarczającej analizy rynku i brak zrozumienia oczekiwań graczy, nie spełniła ona ich wymagań i otrzymała negatywne recenzje, co doprowadziło do spadku sprzedaży i utraty zaufania graczy.

7. "Star Wars: The Old Republic" - Gra była produkowana przez Bioware i EA, a problemy wynikały z braku analizy rynku i zbyt dużych kosztów produkcji, co doprowadziło do poważnych problemów finansowych i utraty zaufania graczy.

8. "Final Fantasy XIV" - Gra pierwotnie została wydana w 2010 roku, ale problemy wynikały z braku analizy rynku i zbyt małej liczby testów, co doprowadziło do licznych błędów i problemów z serwerami, co z kolei skutkowało negatywnymi opiniami graczy i utratą zaufania.

Gry, które wykorzystały szansę, jaką daje analiza:

1. "Stardew Valley" - gra rolnicza, w której gracz zarządza farmą. Deweloper zastosował ankiety i analizę wyników, aby upewnić

się, że gra spełnia oczekiwania graczy. Świetnie prowadził community i dostosowywał grę według feedbacku.

2. "Dead Cells" - gra akcji, w której gracz porusza się po losowo generowanych poziomach. Deweloperzy zastosowali badania użytkowników i analizę, aby zoptymalizować systemy gry i zwiększyć jej trwałość. Świetne budowanie community i długi rozwój gry już po wydaniu przyczyniły się do sukcesu tego tytułu.

3. "Hollow Knight" - gra platformowa typu metroidvania, w której gracz wciela się w postać tytułowego rycerza. Deweloperzy przeprowadzili badania i analizę, aby zoptymalizować rozgrywkę i zapewnić pozytywne doświadczenia użytkowników.

4. "Undertale" - gra fabularna, w której gracz podejmuje decyzje, które wpływają na zakończenie gry. Deweloper zastosował analizę i testy użytkowników, aby zoptymalizować fabułę i poprawić równowagę rozgrywki.

5. "Celeste" - gra platformowa, w której gracz kieruje postacią, która wspinając się na szczyt góry musi przetrwać w świecie pełnym niebezpieczeństw. Deweloperzy przeprowadzili analizę danych z testów użytkowników, aby dopracować mechanikę i zapewnić lepsze doświadczenia użytkowników.

Większość studio deweloperskich wykorzystuje analizę przy produkcji gier. W zasadzie nie ma znaczenia, czy studio jest dużą korporacją czy małym niezależnym zespołem - analiza jest kluczowym elementem procesu tworzenia gry. Przykładowo, Ubisoft wykorzystuja następujące analizy:

1. **Analiza rynku** - Ubisoft przeprowadza badania rynkowe, aby zrozumieć preferencje i oczekiwania graczy oraz tendencje na rynku gier.

2. **Analiza danych** - Ubisoft wykorzystuje dane z gier, takie jak dane analityczne, aby zrozumieć zachowania graczy i zidentyfikować obszary, które wymagają poprawy.

3. **Analiza użytkownika** - Ubisoft przeprowadza badania użytkowników, aby zrozumieć ich doświadczenia z grą i zbierać opinie na temat różnych aspektów gry, takich jak mechanika, historia i grafika.

4. **Analiza konkurencji** - Ubisoft analizuje również gry innych producentów, aby zrozumieć, co działa dobrze i co można poprawić w swoich własnych grach.

5. **Analiza projektów** - Ubisoft przeprowadza analizy projektowe, aby zrozumieć, jakie funkcje gry są możliwe do zrealizowania w określonym czasie i zasobach oraz jakie problemy mogą pojawić się w trakcie produkcji gry.

Najpopularniejsze analizy w studiach gamedev to:

1. **Badania rynku i analiza trendów** - Studio przeprowadza badania rynku i analizuje trendy w branży gier wideo, aby dostosować

swoje strategie biznesowe i marketingowe do zmieniających się potrzeb graczy.

2. **Testy jakościowe i ilościowe** - Studio przeprowadza testy jakościowe i ilościowe, aby zbadać, jak gracze odbierają i reagują na różne aspekty gry, takie jak rozgrywka, fabuła, postacie, grafika itp. Te testy pozwalają na identyfikację problemów i usprawnienie gry przed jej wydaniem.

3. **Analiza feedbacku graczy** - Studio aktywnie monitoruje fora internetowe, media społecznościowe i inne kanały komunikacji, aby śledzić feedback graczy i analizować, jakie zmiany w grze są potrzebne, aby poprawić jej jakość.

4. **Analiza danych analitycznych** - Studio zbiera dane analityczne, takie jak liczba sprzedanych kopii gry, ilość graczy online, czas spędzony w grze, itp. i analizuje je, aby zrozumieć, jak gra jest odbierana przez graczy i jakie elementy gry są najbardziej lub najmniej popularne.

5. **Analiza psychologiczna** - Studio przeprowadza analizy psychologiczne, aby zrozumieć, jak gracze reagują emocjonalnie na różne elementy gry i jakie czynniki wpływają na ich decyzje zakupowe i zachowanie w grze.

1.2.4. Optymalizacja procesu produkcji gier

Kolejnym powodem, z którego analiza jest taka ważna jest optymalizacja procesu produkcji gier, która polega na ciągłym doskonaleniu i usprawnianiu procesów produkcyjnych w celu zwiększenia efektywności i jakości produkcji gier. Głównym celem optymalizacji procesu produkcji gier jest zmniejszenie kosztów produkcji, skrócenie czasu produkcji oraz zwiększenie jakości i wydajności gier.

Optymalizacja procesu produkcji gier może obejmować szereg działań, takich jak:

1. **Analiza procesów produkcyjnych** - poznanie i zrozumienie procesów produkcyjnych w celu ich optymalizacji.

2. **Automatyzacja procesów produkcyjnych** - wykorzystanie narzędzi informatycznych i programów do automatyzacji procesów produkcyjnych, co pozwala na oszczędność czasu i kosztów.

3. **Ujednolicenie procesów produkcyjnych** - ujednolicenie procesów produkcyjnych pozwala na lepsze zarządzanie produkcją, co skutkuje zwiększeniem efektywności i jakości produkcji.

4. **Redukcja kosztów produkcji** - wykorzystanie oszczędności wynikających z optymalizacji procesów produkcyjnych do zmniejszenia kosztów produkcji.

5. **Udoskonalenie procesów testowania** - wprowadzenie nowoczesnych narzędzi testowych pozwala na szybsze i

skuteczniejsze testowanie gier oraz wykrycie błędów w czasie produkcji.

Optymalizacja procesu produkcji gier jest ważnym elementem w branży gier, ponieważ pozwala na osiągnięcie wyższej jakości i efektywności produkcji oraz zmniejszenie kosztów, co ma pozytywny wpływ na całą branżę.

1.2.4.1. Obniżenie kosztów produkcji

Poprzez usprawnienie procesów i zapobieganie opóźnieniom, można zmniejszyć koszty związane z produkcją gry.

Optymalizacja procesu produkcji gier to kluczowy element dla obniżenia kosztów produkcji. Dzięki temu procesowi możliwe jest przyspieszenie i ulepszenie całego cyklu produkcji, co w konsekwencji prowadzi do mniejszych kosztów i wyższej jakości finalnego produktu.

Jednym ze sposobów na obniżenie kosztów jest zastosowanie narzędzi do automatyzacji pracy, takich jak oprogramowanie do zarządzania projektem, które umożliwia efektywne zarządzanie projektami, a także zapewnia dostęp do informacji o postępach pracy każdego etapu produkcji. Dzięki temu menedżerowie projektu są w stanie przewidywać ewentualne problemy i szybko reagować na nie, co zmniejsza ryzyko opóźnień w produkcji i pozwala na uniknięcie zbędnych kosztów.

Optymalizacja procesu produkcji gier może również obejmować zastosowanie narzędzi do testowania i debugowania kodu, co pozwala na wykrywanie i rozwiązywanie błędów we wczesnych fazach produkcji, co jest bardziej opłacalne niż naprawa problemów po ukończeniu całego projektu. Dzięki temu można uniknąć zaciągania długu technologicznego, oraz związanego z nim długiego i kosztownego procesu naprawiania błędów, który mógłby znacznie opóźnić termin wydania gry.

Kolejnym ważnym aspektem optymalizacji procesu produkcji jest zarządzanie zasobami ludzkimi. Właściwe zarządzanie pracownikami jest kluczowe dla wydajnej produkcji gry. Wskazane jest zatem zapewnienie odpowiedniego szkolenia pracowników, zatrudnianie specjalistów z doświadczeniem, a także ich odpowiednie motywowanie i utrzymanie dobrych relacji między pracownikami. Dzięki temu, zespół producencki pracuje z większą wydajnością i efektywniej, co przekłada się na niższe koszty produkcji.

Optymalizacja procesu produkcji gier może również dotyczyć wyboru technologii i narzędzi. Wybór odpowiedniego sprzętu oraz oprogramowania może wpłynąć na jakość i wydajność produkcji gry. Współpraca z dostawcami specjalizującymi się w produkcji sprzętu i oprogramowania dla gier, może pozwolić na wybór najlepszych rozwiązań dla danej gry, co z kolei wpłynie na jakość finalnego produktu i koszty produkcji. O ile w przypadku systemów operacyjnych, czy silników nie ma to zbyt dużego znaczenia, o tyle dobranie odpowiedniego sprzętu i oprogramowania do motion capture, czy rozwiązań sieciowych może istotnie wpłynąć na koszty oraz czas produkcji.

Ostatecznie, optymalizacja procesu produkcji gier ma na celu zapewnienie wydajnego, skutecznego i efektywnego procesu produkcji, który prowadzi do mniejszych kosztów produkcji i wyższej jakości finalnego produktu, co nie byłoby możliwe bez przeprowadzenia odpowiednich analiz.

1.2.4.2. Zwiększenie efektywności pracy

Optymalizacja procesu produkcji może pomóc w zoptymalizowaniu zadań i zwiększeniu efektywności pracy całego zespołu deweloperskiego.

Jak już wiemy optymalizacja procesu produkcji gier z jednej strony, pozwala na obniżenie kosztów produkcji, a z drugiej strony, na zwiększenie efektywności pracy.

Właściwie zorganizowany proces produkcji gier może przynieść wiele korzyści. Po pierwsze, optymalizacja procesu produkcji pozwala na zwiększenie wydajności pracy całego zespołu. Pozwala to na szybsze i bardziej efektywne rozwiązywanie problemów oraz zwiększenie ilości wykonanej pracy w krótszym czasie.

Kolejną korzyścią jest minimalizacja błędów w produkcji gry. Dzięki optymalizacji procesów produkcyjnych, wiele zadań może zostać zautomatyzowanych, co zmniejsza szansę na popełnienie typowych, ludzkich błędów. Może to również pomóc w zminimalizowaniu błędów programistycznych i poprawie jakości kodu.

Optymalizacja procesu produkcji gier pozwala również na lepszą koordynację pracy między różnymi zespołami. Dzięki temu, że proces produkcyjny jest bardziej przemyślany i dobrze zorganizowany, łatwiej jest śledzić postęp pracy i wykrywać problemy w różnych obszarach. Możliwe jest również szybsze reagowanie na zmiany w planie i przeprowadzanie dostosowań na bieżąco.

Ostatecznie, optymalizacja procesu produkcji gier przyczynia się do zwiększenia wydajności i skuteczności całego zespołu. Pozwala na osiągnięcie lepszych wyników w krótszym czasie, a także na zmniejszenie kosztów produkcji poprzez zminimalizowanie marnotrawstwa czasu i zasobów.

Warto również zauważyć, że optymalizacja procesu produkcji gier nie jest jednorazowym działaniem. Jest to ciągły proces, który wymaga stałego ulepszania i doskonalenia, ponieważ technologie, rynki i oczekiwania użytkowników ciągle się zmieniają. Dlatego też, studio deweloperskie powinno stale analizować swoje procesy produkcyjne, by utrzymać je na najwyższym poziomie i zapewnić kontynuację sukcesu na rynku gier wideo.

Podsumowując, optymalizacja procesu produkcji gier ma wiele korzyści. Zwiększa efektywność pracy całego zespołu, minimalizuje błędy produkcyjne, pomaga w koordynacji pracy między różnymi zespołami, a także przyczynia się do zwiększenia wydajności i skuteczności całego procesu. Kolejny raz należy podkreślić, że bez analizy, niemożliwe byłoby zwiększenie efektywności pracy całego zespołu.

1.2.4.3. Skrócenie czasu produkcji

Poprzez zoptymalizowanie procesów i uniknięcie opóźnień można przyspieszyć cały proces produkcji gry.

Optymalizacja procesu produkcji gier to kluczowy element w osiąganiu sukcesu na dzisiejszym rynku gier komputerowych. Skrócenie czasu produkcji gry może zwiększyć jej zyskowność i przyspieszyć wprowadzenie na rynek. Dzięki optymalizacji procesu produkcji gier można znacznie skrócić czas produkcji, przy jednoczesnym zmniejszeniu kosztów produkcji, poprawie jakości i zwiększeniu efektywności pracy.

Po pierwsze, optymalizacja procesu produkcji gier pozwala na skrócenie czasu produkcji przez zdefiniowanie dokładnego planu projektu oraz lepsze zarządzanie zasobami. Dzięki temu, każdy etap produkcji gry jest dobrze zorganizowany i zoptymalizowany, co umożliwia bardziej efektywną pracę całego zespołu. Optymalizacja pozwala również na skuteczniejsze wykorzystanie dostępnych narzędzi, co przyspiesza proces tworzenia gry. Wszystko to składa się na skrócenie czasu produkcji gry.

Po drugie, optymalizacja procesu produkcji gier pozwala na lepsze wykorzystanie zasobów, co może przyczynić się do zmniejszenia kosztów produkcji. Lepsze zarządzanie zasobami i narzędziami do produkcji pozwala na efektywniejsze wykorzystanie czasu pracy całego zespołu. Optymalizacja procesu produkcji gier pozwala na szybsze rozwiązywanie problemów, co również przyczynia się do zmniejszenia kosztów oraz czasu produkcji.

Po trzecie, optymalizacja procesu produkcji gier pozwala na poprawę jakości gry. Zdefiniowanie planu projektu oraz lepsze zarządzanie zasobami pozwala na skupienie się na najważniejszych elementach gry i ich usprawnienie. Dzięki temu, każdy etap produkcji gry jest dokładnie przemyślany i przetestowany, co skraca czas produkcji.

Podsumowując, optymalizacja procesu produkcji gier jest kluczowym elementem na dzisiejszym rynku gier komputerowych. Dzięki temu można skrócić czas produkcji gry, zmniejszyć koszty produkcji, poprawić jakość finalnego produktu i zwiększyć efektywność pracy całego zespołu. Optymalizacja procesu produkcji gier pozwala na osiągnięcie większej zyskowności, lepsze wykorzystanie zasobów oraz szybsze wprowadzenie gry na rynek.

1.2.4.4. Lepsza jakość produktu

Dzięki optymalizacji procesu produkcji deweloperzy mogą skupić się na kwestiach związanych z jakością produktu, co przekłada się na lepszy odbiór gry przez graczy. Ważnym aspektem optymalizacji jest również zapewnienie lepszej jakości produktu.

Pierwszym krokiem w kierunku zapewnienia lepszej jakości jest wdrożenie odpowiedniej metodyki zarządzania projektami, na przykład metodyki Agile. Jest to podejście do zarządzania projektem, które pozwala na szybkie dostosowanie się do zmieniających się wymagań klientów i rynku. Dzięki temu, zespół deweloperów jest w stanie lepiej reagować na potrzeby graczy i może wdrażać nowe funkcjonalności na bieżąco.

Kolejnym ważnym elementem jest wykorzystanie narzędzi do zarządzania jakością. Dzięki temu, można przeprowadzać testy jednostkowe, integracyjne oraz wydajnościowe. Odpowiednie testowanie pozwala na wykrycie błędów w czasie, co zmniejsza ryzyko pojawienia się problemów na późniejszym etapie. Narzędzia te pomagają także w zapewnieniu spójności kodu oraz umożliwiają automatyzację testów.

Ważnym elementem optymalizacji procesu produkcji gier jest również wykorzystanie specjalistycznego oprogramowania do zarządzania projektem. Wśród narzędzi, które pozwalają na lepsze zarządzanie projektem, można wymienić takie jak JIRA czy Trello. Dzięki tym narzędziom, zespół deweloperów może lepiej kontrolować postęp prac oraz śledzić, jakie funkcjonalności zostaną wprowadzone w kolejnych wersjach gry.

Optymalizacja procesu produkcji gier pozwala również na wykorzystanie wiedzy i doświadczenia z poprzednich projektów. Dzięki temu, zespół deweloperów jest w stanie uniknąć popełnienia tych samych błędów i wdrożyć najlepsze praktyki, które przyczynią się do lepszej jakości produktu.

Ostatnim elementem optymalizacji procesu produkcji gier jest zapewnienie odpowiedniej infrastruktury. Dzięki odpowiednim narzędziom i maszynom, zespół deweloperów jest w stanie pracować na wysokim poziomie wydajności. Infrastruktura ta powinna zapewnić dostęp do najnowszych technologii, sprzętu i oprogramowania, które pozwalają na zapewnienie jak najwyższej jakości.

1.2.4.5. Zwiększenie satysfakcji klientów

Szybsza produkcja i lepsza jakość produktu zwiększa zadowolenie klientów i pozytywnie wpływa na sprzedaż gry.

Optymalizacja procesu produkcji gier może przyczynić się do zwiększenia satysfakcji klientów, którzy ostatecznie decydują o sukcesie gry.

Po pierwsze, optymalizacja procesu produkcji gier pozwala na skrócenie czasu wydania gry na rynek. Klienci coraz bardziej oczekują szybkiego i łatwego dostępu do gier, zwłaszcza w dobie cyfrowego rynku. Im szybciej gra trafi na rynek, tym większa szansa na utrzymanie lojalności klientów i zyskanie przewagi konkurencyjnej. Dzięki optymalizacji procesu produkcji gier, studio deweloperskie może skrócić czas potrzebny na stworzenie gry, co umożliwia szybsze dostarczenie produktu na rynek i zaspokojenie potrzeb klientów.

Po drugie, optymalizacja procesu produkcji gier pozwala na lepszą jakość produktu. Jakość gry jest kluczowym elementem, który wpływa na zadowolenie klientów. Optymalizacja procesu produkcji gier umożliwia deweloperom na wczesne wykrycie błędów i niedociągnięć, co pozwala na ich szybkie naprawienie. Wszystko to przyczynia się do stworzenia lepszego i bardziej dopracowanego produktu, co zwiększa szanse na zadowolenie klientów.

Po trzecie, optymalizacja procesu produkcji gier pozwala na dostarczenie gry zgodnie z oczekiwaniami klientów. Analiza preferencji i potrzeb klientów pozwala na lepsze zrozumienie rynku i dostosowanie produktu do ich wymagań. Optymalizacja procesu produkcji gier pozwala na szybsze i skuteczniejsze wprowadzenie zmian w grze, zgodnie z oczekiwaniami klientów. Klienci czują się bardziej zadowoleni, gdy ich potrzeby i sugestie są uwzględniane w produkcji gry.

Po czwarte, optymalizacja procesu produkcji gier pozwala na łatwiejsze dostosowanie się do zmieniających się warunków rynkowych. Rynek gier jest dynamiczny i nieustannie się zmienia. Deweloperzy muszą na bieżąco dostosowywać swoje strategie i produkty do wymagań rynku. Optymalizacja procesu produkcji gier umożliwia na szybsze reagowanie na zmieniające się warunki rynkowe i dostosowanie produktu do potrzeb klientów.

1.2.4.6. Konkurencyjność na rynku

Jak już wiemy, optymalizacja procesu produkcji pozwala na szybsze wprowadzanie gier na rynek, co przekłada się na lepszą pozycję konkurencyjną w stosunku do innych gier na rynku.

Obniżenie kosztów produkcji oraz zwiększenie efektywności pracy wpływa na jakość i atrakcyjność produktu oraz na zadowolenie klientów.

Kolejnym z kluczowych aspektów optymalizacji procesu produkcji gier jest zastosowanie odpowiednich narzędzi i metod. Studia deweloperskie wykorzystują m.in. metodykę Agile, która pozwala na elastyczne dostosowywanie się do zmieniających się wymagań i potrzeb klientów, co przekłada się na lepszą jakość produktu. Innym narzędziem, które może być wykorzystane w celu optymalizacji procesu produkcji gier, jest sztuczna inteligencja. Dzięki niej możliwe są m.in. automatyzacja procesów i szybsze podejmowanie decyzji.

Optymalizacja procesu produkcji gier pozwala na oszczędność czasu i kosztów produkcji, co ma pozytywny wpływ na jakość produktu. Dzięki zastosowaniu metody Agile, studia deweloperskie mogą unikać kosztownych błędów, które mogłyby opóźnić proces produkcji lub zwiększyć koszty. Ponadto, automatyzacja procesów pozwala na skrócenie czasu produkcji, co jest szczególnie ważne w przypadku dużych projektów. Dzięki temu studia deweloperskie mogą szybciej wprowadzać na rynek nowe produkty i zdobywać przewagę konkurencyjną.

Optymalizacja procesu produkcji gier pozwala również na zwiększenie efektywności pracy. Dzięki automatyzacji procesów i zastosowaniu odpowiednich narzędzi studia deweloperskie mogą skupić się na kreatywności i innowacyjności, co przekłada się na lepszą jakość produktów. W ten sposób studia deweloperskie mogą tworzyć bardziej złożone i zaawansowane gry, które są bardziej atrakcyjne dla klientów.

Zwiększenie satysfakcji klientów to kolejna korzyść, jaką przynosi optymalizacja procesu produkcji gier. Dzięki skróceniu czasu produkcji i zwiększeniu jakości produktu, klienci otrzymują lepsze produkty, które są bardziej atrakcyjne i dostarczają więcej rozrywki. Zadowoleni klienci częściej kupują produkty.

1.2.4.7. Dlaczego analiza jest niezbędna do optymalizacji procesu produkcji gier?

Analiza jest niezbędna do optymalizacji procesu produkcji gier, ponieważ pozwala na uzyskanie wiedzy o różnych aspektach produkcji gier. Umożliwia również identyfikację obszarów, które mogą zostać zoptymalizowane. Przed rozpoczęciem produkcji gry, należy przeprowadzić dokładną analizę, która obejmuje badanie rynku, analizę konkurencji i preferencji klientów. Te informacje pozwalają na lepsze zrozumienie oczekiwań klientów i zapewnienie, że gra będzie spełniać ich wymagania.

Analiza pozwala także na określenie optymalnego harmonogramu produkcji, co umożliwia skrócenie czasu produkcji, zmniejszenie kosztów i zwiększenie efektywności pracy. Dzięki analizie możliwe jest również zidentyfikowanie obszarów, w których występują problemy, takie jak niskie tempo produkcji lub problemy techniczne, co pozwala na podjęcie działań naprawczych w celu poprawy procesu produkcji.

Optymalizacja procesu produkcji gier jest kluczowa dla zapewnienia lepszej jakości produktu i zwiększenia satysfakcji klientów. Analiza pozwala na zidentyfikowanie obszarów, w których jakość produktu może zostać poprawiona, na przykład poprzez usprawnienie interfejsu użytkownika lub wprowadzenie nowych funkcjonalności. Dzięki temu gra będzie lepiej odpowiadała na potrzeby klientów i zwiększy ich zadowolenie.

Wreszcie, analiza jest niezbędna do poprawy konkurencyjności na rynku. Konkurencja w branży gier jest bardzo duża, a gracze wymagają innowacyjnych i wysokiej jakości produktów. Optymalizacja procesu produkcji gier pozwala na szybsze wprowadzenie gier na rynek, zwiększenie jakości produktów i poprawę odbioru gry przez użytkownika. Dzięki temu studio gier może zdobyć przewagę konkurencyjną i poprawić swoją pozycję na rynku.

Wnioski są jasne - analiza jest niezbędna do optymalizacji procesu produkcji gier, ponieważ pozwala na uzyskanie wiedzy o różnych aspektach produkcji gier, identyfikację obszarów wymagających optymalizacji, poprawę jakości produktu, zwiększenie satysfakcji klientów i poprawę konkurencyjności na rynku. Bez analizy, studio gier może napotkać problemy z produkcją, co może prowadzić do opóźnień, przekroczeń budżetu i niedoskonałych produktów, co z kolei może wpłynąć na reputację firmy i jej pozycję na rynku.

1.3. Jakie są cele analizy w produkcji gier?

Główne cele analizy w produkcji gier to zrozumienie potrzeb i preferencji graczy, a także identyfikacja wyzwań i okazji związanych z tworzeniem gry. Analiza może pomóc w zaprojektowaniu gry, która będzie bardziej atrakcyjna dla docelowej grupy odbiorców, poprawie jakości gry, zwiększeniu wydajności produkcji i ostatecznie zwiększeniu zysków. Inne cele analizy w produkcji gier mogą obejmować identyfikację trendów na rynku, określenie preferencji graczy i potrzeb, zrozumienie konkurencji, czy dostosowanie strategii marketingowej oraz planowanie i zarządzanie zasobami w celu zwiększenia efektywności procesu produkcji.

1.1.5. Cele analizy w gamedevie

Analiza jest nieodłącznym elementem procesu produkcji gier, a jej głównym celem jest dostarczenie odpowiednich informacji pozwalających na podejmowanie właściwych decyzji w trakcie projektowania i tworzenia gry. Podstawowe cele analizy to przede wszystkim:

1. **Poznanie preferencji graczy**

Jednym z głównych celów analizy jest poznanie preferencji graczy, czyli tego, co w grach jest dla nich istotne i przyciągające. Dzięki temu producent może dostosować swoją grę do oczekiwań rynku i stworzyć produkt, który wzbudzi zainteresowanie u jak największej liczby graczy.

2. Zapewnienie satysfakcji graczy

Kolejnym celem analizy jest zapewnienie satysfakcji graczy poprzez zaprojektowanie gry z myślą o ich potrzebach i preferencjach. Dzięki temu gracze będą chętnie wracać do gry, polecać ją innym i być może kupować kolejne produkty od tego samego producenta.

3. Minimalizacja ryzyka niepowodzenia

Analiza pozwala również na minimalizację ryzyka niepowodzenia produktu. Dzięki badaniom rynkowym i analizie trendów producent może poznać preferencje i oczekiwania rynku, a tym samym uniknąć tworzenia gry, która nie będzie cieszyła się popularnością.

4. Optymalizacja kosztów produkcji

Analiza pozwala także na optymalizację kosztów produkcji gry. Dzięki badaniom rynkowym i analizie konkurencji producent może określić, jakie funkcje są najważniejsze dla graczy, a jakie mechaniki można ograniczyć lub całkowicie pominąć. Dzięki temu można zaoszczędzić na kosztach produkcji i zwiększyć rentowność produktu.

5. Konkurencyjność na rynku

Ostatecznym celem analizy w produkcji gier jest zwiększenie konkurencyjności na rynku. Dzięki odpowiedniej analizie i dostosowaniu produktu do preferencji graczy oraz trendów na rynku, producent może stworzyć grę, która będzie wyróżniać się na tle konkurencji i cieszyć się większym zainteresowaniem.

1.3.2.1. Ocena rynku

Ocena rynku w branży gier wideo polega na dokładnym przebadaniu, analizie i zrozumieniu dziedziny gier wideo, w której producent gier planuje działać. Obejmuje to identyfikację i analizę konkurencji, trendów rynkowych, preferencji i zachowań graczy oraz zmian w branży gier. Celem oceny rynku jest pozyskanie wiedzy, która pozwoli producentom gier na lepsze zrozumienie rynku, na którym działają i na zidentyfikowanie nisz rynkowych, które mogą być wykorzystane do osiągnięcia przewagi konkurencyjnej.

W ramach oceny rynku w branży gier wideo producenci gier zbierają dane i informacje na temat rywalizujących na rynku firm, w tym informacje o ich grach, sprzedaży, marketingu i strategiach biznesowych. Analizują również trendy rynkowe, takie jak popularność konkretnych gatunków gier, preferencje graczy, ich zachowania i potrzeby. Na podstawie tych informacji producenci gier mogą dostosować swoje strategie biznesowe, w tym decyzje dotyczące tworzenia i wydawania gier, cen, kanałów dystrybucji i sposobów promocji.

Ocena rynku w branży gier wideo jest niezwykle ważna dla producentów gier, ponieważ pozwala im na zrozumienie i dostosowanie się do zmieniającego się rynku, unikanie błędów, które mogą prowadzić do niepowodzenia na rynku oraz na zwiększenie szans na osiągnięcie sukcesu komercyjnego. Dzięki temu producenci gier mogą lepiej dostosować swoje produkty do wymagań i potrzeb rynku, co przekłada się na zwiększenie ich zainteresowania wśród konsumentów i zwiększenie zysków.

Ocena rynku branży gier wideo może być dokonana stosunkowo szybko, ale dokładność wyników zależy od dostępnych danych i metodologii analizy. Istnieją firmy specjalizujące się w analizie rynku gier wideo, takie jak Newzoo, które regularnie publikują raporty i prognozy dotyczące wielkości rynku, trendów, demografii graczy, popularności gatunków i platform, oraz wydatków na gry.

W zależności od skali i celów analizy, ocena rynku branży gier wideo może zająć od kilku dni do kilku miesięcy. Analiza rynku może obejmować badania rynkowe, ankietowanie graczy, analizę danych sprzedażowych, ocenę trendów w mediach społecznościowych i innych źródeł informacji. Ważne jest również, aby uwzględnić globalny charakter rynku i zróżnicowanie preferencji graczy w różnych regionach świata.

Wpływ analizy na dokładną ocenę rynku gier

Jak już wiemy, analiza pozwala na dokładną ocenę rynku gier poprzez gromadzenie, analizowanie i interpretowanie danych dotyczących rynku i trendów. Dzięki temu, można poznać preferencje i zachowania konsumentów, trendy na rynku, zwyczaje zakupowe, preferencje dotyczące gatunków gier, a także oczekiwania i potrzeby konsumentów.

Powyższe wskazuje, że dzięki analizie można dokładnie poznać swoją grupę docelową i dostosować swoje produkty do ich potrzeb. Analiza pozwala na poznanie preferencji dotyczących gatunków, stylów i rodzajów gier, co pozwala na opracowanie produktów, które lepiej odpowiadają oczekiwaniom konsumentów. Analiza pozwala również na poznanie sposobów, w jakie klienci kupują gry oraz na poznanie ich oczekiwań co do usług związanych z grami, takich jak dostępność i jakość wsparcia technicznego oraz usług online.

Dzięki analizie można również poznać trendy na rynku gier, co pozwala na lepsze dostosowanie strategii marketingowych i na wprowadzenie innowacji, które przyciągną uwagę konsumentów. Analiza pozwala na szybkie reagowanie na zmiany na rynku, co pozwala na szybsze dostosowywanie produktów i strategii do potrzeb rynku.

Wreszcie, analiza pozwala na ocenę efektywności działań marketingowych, co pozwala na lepsze planowanie budżetu i optymalizację działań marketingowych. Dzięki analizie można monitorować skuteczność kampanii marketingowych i dostosowywać je na bieżąco, co pozwala na osiąganie lepszych wyników i unikanie niepotrzebnych kosztów.

Studio może dokonać dogłębnej analizy rynku poprzez wykorzystanie różnych źródeł informacji oraz narzędzi analitycznych. Przede wszystkim istotne jest zbieranie i analizowanie danych dotyczących trendów rynkowych, preferencji graczy oraz zachowań konsumentów w celu zrozumienia, jakie gry są popularne i dlaczego.

Jednym z narzędzi, które może pomóc w tym procesie, są ankiety i badania rynkowe. Mogą one pomóc w zrozumieniu preferencji graczy, ich oczekiwań wobec gier oraz w identyfikacji ewentualnych problemów związanych z dotychczasowymi produktami.

Kolejnym ważnym źródłem informacji są recenzje i opinie graczy na różnych platformach, takich jak fora dyskusyjne czy portale społecznościowe. Analiza tych danych może pomóc w zrozumieniu, jakie elementy gier są doceniane przez graczy, a jakie krytykowane.

Ponadto, ważne jest monitorowanie działań konkurencji oraz trendów rynkowych. Analiza sprzedaży innych gier i popularnych trendów może pomóc w zrozumieniu, co działa na rynku, a co nie, i pomóc w określeniu, jakie gry powinny być produkowane.

Wszystkie te dane i informacje mogą być analizowane za pomocą narzędzi analitycznych, takich jak narzędzia do analizy danych, czy systemy CRM. Dzięki temu studio może dokładnie ocenić rynek i dostosować swoją strategię w celu zapewnienia sukcesu na rynku.

Korzyści dokładnej oceny rynku gier

Można zauważyć, że pozyskana dzięki analizie wiedza pozwala na dostosowanie produktów do potrzeb klientów i zmniejszenie ryzyka wprowadzenia na rynek niepotrzebnych produktów. Ponadto, skuteczna ocena rynku pozwala na zrozumienie konkurencyjnej sytuacji na rynku, co pozwala na dostosowanie strategii biznesowej w celu zapewnienia przewagi nad konkurencją.

Warto również zwrócić uwagę, że rynek gier jest zdominowany przez duże firmy, które dysponują dużymi zasobami finansowymi i technologicznymi. Dlatego dokładna ocena rynku i analiza konkurencji jest kluczowa dla mniejszych firm, aby mogły skutecznie konkurować na rynku.

1.3.2.2. Zrozumienie potrzeb i oczekiwań graczy

Studio może zrozumieć potrzeby i oczekiwania graczy na różne sposoby, w tym poprzez:

1. **Analizę opinii graczy**: Studio może śledzić fora dyskusyjne, strony społecznościowe, recenzje i oceny graczy, aby dowiedzieć się, co sądzą o swoich grach i co chcieliby zobaczyć w przyszłości.

2. **Badania rynkowe**: Studio może przeprowadzić badania rynkowe, które pomogą zrozumieć preferencje i zachowania graczy. Takie badania mogą obejmować ankietowanie, testowanie produktów, grupy fokusowe i analizę trendów.

3. **Analizę danych gry:** Studio może analizować dane dotyczące zachowań i działań graczy w grze, aby zrozumieć, jakie elementy gry są najbardziej lub najmniej popularne, a także jakie problemy napotykają gracze.

4. **Współpracę z graczami:** Studio może nawiązać bezpośrednią interakcję z graczami, poprzez organizowanie sesji Q&A, spotkań z twórcami, beta testów i innych aktywności, które umożliwiają bezpośrednie poznanie potrzeb i oczekiwań graczy.

Kombinacja tych metod pozwala na dogłębne zrozumienie potrzeb i oczekiwań graczy, co z kolei pomaga w tworzeniu gier, które są lepiej dopasowane do rynku i bardziej atrakcyjne dla odbiorców.

Wpływ analizy na zrozumienia potrzeb i oczekiwań graczy

Potrzeby i oczekiwania graczy mogą być różnorodne i zależeć od wielu czynników, takich jak wiek, płeć, preferencje, doświadczenie, kultura czy styl gry. Poniżej znajdziesz kilka przykładów najczęstszych potrzeb i oczekiwań graczy:

1. **Dobra jakość grafiki i dźwięku** - wielu graczy oczekuje, że gra będzie estetycznie wykonana i będzie posiadać wysokiej jakości efekty dźwiękowe, co pozwoli na większą immersję.

2. **Ciekawa fabuła** - gracze chcą zanurzyć się w historię, która będzie ich wciągała i motywowała do dalszej rozgrywki.

3. **Wyzwanie** - wiele osób lubi gry, które wymagają od nich wysiłku i umiejętności, by osiągnąć postawione cele i zyskać satysfakcję z gry.

4. **Interaktywność** - gracze chcą mieć wpływ na wydarzenia w grze i mieć możliwość interakcji z innymi graczami.

5. **Wsparcie ze strony dewelopera** - gracze oczekują regularnych aktualizacji, poprawek i wsparcia technicznego, co pozwoli na poprawicnie jakości gry i zwiększenie zadowolenla z rozgrywki.

6. **Różnorodność** - gracze chcą mieć wybór między różnymi trybami gry, postaciami, możliwościami personalizacji i innymi opcjami, które pozwolą na dostosowanie rozgrywki do ich indywidualnych preferencji.

7. **Społeczność** - dla wielu graczy ważne jest by w grze istniała aktywna i przyjazna społeczność, pozwalająca na nawiązywanie kontaktów z innymi graczami i wspólną zabawę.

Korzyści ze zrozumienia potrzeb i oczekiwań graczy

Zrozumienie potrzeb i oczekiwań graczy może przynieść wiele korzyści dla studio. Przede wszystkim pozwala to na lepsze dopasowanie gry do odbiorców, co może przyczynić się do zwiększenia liczby sprzedanych kopii oraz zwiększenia zysków. Ponadto, zrozumienie potrzeb i oczekiwań graczy pozwala na tworzenie bardziej satysfakcjonującego doświadczenia dla użytkowników, co może przyczynić się do zwiększenia lojalności i zaangażowania graczy.

Poznanie potrzeb i oczekiwań graczy pozwala również na unikanie błędów i pomyłek w procesie tworzenia gry, co może przyczynić się do zmniejszenia kosztów produkcji i zwiększenia efektywności pracy. Ponadto, zrozumienie potrzeb graczy może pomóc w identyfikacji nowych trendów i rynkowych okazji, co pozwala na tworzenie bardziej innowacyjnych i konkurencyjnych produktów na rynku.

Wreszcie, zrozumienie potrzeb i oczekiwań graczy może pozytywnie wpłynąć na wizerunek studia, budując pozytywny wizerunek twórców gier, którzy słuchają swoich odbiorców i starają się sprostać ich oczekiwaniom. To z kolei może przyczynić się do zwiększenia zaufania konsumentów i przyciągnięcia nowych graczy na rynek.

1.3.2.3. Planowanie projektu

Analiza jest niezbędna do właściwego zaplanowania projektu gry z kilku powodów:

1. **Pozwala na zrozumienie rynku i graczy** - dzięki analizie można poznać preferencje i oczekiwania graczy oraz poznać trendy na rynku gier. Wiedza ta jest niezbędna do stworzenia gry, która odniesie sukces na rynku.

2. **Pomaga w ustanowieniu celów projektu** - analiza pozwala określić cele projektu, co jest kluczowe dla właściwego zaplanowania i zarządzania projektem. Dzięki temu twórcy gry będą mieli jasno określone cele do osiągnięcia, zespół będzie wiedział czego się od niego oczekuje i jak będzie to mierzone.

3. **Umożliwia tworzenie lepszych strategii marketingowych** - na podstawie analizy rynku i graczy można stworzyć skuteczne strategie marketingowe. Dzięki temu gra będzie miała większą szansę na odniesienie sukcesu na rynku.

4. **Zapewnia efektywną alokację zasobów** - analiza pozwala na identyfikację obszarów projektu, które wymagają większej uwagi i zasobów. Dzięki temu można skupić się na najważniejszych

elementach projektu i wykorzystać zasoby w sposób bardziej efektywny.

5. **Pomaga w uniknięciu błędów** - analiza pozwala na zidentyfikowanie potencjalnych problemów w projekcie, co pozwala na uniknięcie ich lub umożliwia szybsze rozwiązanie. Dzięki temu projekt może przebiegać bez zbędnych opóźnień i problemów, a gra będzie lepiej dopracowana i bardziej atrakcyjna dla graczy.

W sumie, analiza jest niezbędna do właściwego zaplanowania projektu gry, ponieważ pozwala na zrozumienie rynku i graczy, ustanowienie celów projektu, tworzenie lepszych strategii marketingowych, efektywną alokację zasobów oraz uniknięcie błędów.

Korzyści wynikające z właściwego zaplanowania projektu

Jak już wiemy, właściwe zaplanowanie projektu gry jest kluczowe dla osiągnięcia sukcesu na rynku gier wideo. Poniżej przedstawiono korzyści wynikające z właściwego zaplanowania projektu:

1. **Optymalizacja procesu produkcji** - dokładne zaplanowanie projektu pozwala na wyznaczenie celów i określenie kroków potrzebnych do ich osiągnięcia. Dzięki temu można

zoptymalizować proces produkcji, unikając zbędnych kosztów i opóźnień.

2. **Zwiększenie efektywności pracy** - właściwe zaplanowanie projektu pozwala na efektywniejsze wykorzystanie zasobów, takich jak czas, ludzie i pieniądze. Dzięki temu praca jest bardziej efektywna i produktywna.

3. **Skrócenie czasu produkcji** - dokładne zaplanowanie projektu pozwala na określenie najważniejszych etapów i priorytetów, dzięki czemu można skrócić czas produkcji gry.

4. **Lepsza jakość produktu** - właściwe zaplanowanie projektu pozwala na skupienie się na najważniejszych elementach gry i na zapewnieniu odpowiedniej jakości. Dzięki temu gra jest bardziej spójna i lepiej zbalansowana.

5. **Zwiększenie satysfakcji klientów** - gra, która została właściwie zaprojektowana, spełnia oczekiwania klientów, co przekłada się na ich większą satysfakcję z produktu.

6. **Poprawa konkurencyjności na rynku** - dobrze zaprojektowana gra jest bardziej atrakcyjna dla graczy i przyciąga większą liczbę klientów. Dzięki temu studio może zwiększyć swoją konkurencyjność na rynku i osiągnąć większy sukces.

Właściwe zaplanowanie projektu jest niezbędne dla każdego studia, które chce osiągnąć sukces na rynku gier wideo. Dzięki temu można zoptymalizować proces produkcji, osiągnąć lepszą jakość produktu i zwiększyć zadowolenie klientów, co przekłada się na większe zyski i konkurencyjność na rynku.

1.3.2.4. Minimalizacja ryzyka

Minimalizacja ryzyka to proces, który ma na celu zmniejszenie lub całkowite wyeliminowanie negatywnych skutków nieprzewidzianych wydarzeń w ramach projektu lub działalności. W kontekście produkcji gier wideo, minimalizacja ryzyka jest istotna dla zapewnienia sukcesu projektu, ponieważ rynek gier jest bardzo konkurencyjny, a niepowodzenie jednego projektu może mieć negatywne skutki dla całego studia.

Minimalizacja ryzyka w produkcji gier wideo polega na identyfikacji potencjalnych zagrożeń i przeciwdziałaniu im poprzez odpowiednie działania. Do najczęstszych zagrożeń w produkcji gier wideo należą:

- opóźnienia w harmonogramie produkcji;

- problemy techniczne lub błędy w grze;

- niezadowolenie graczy z produktu;

- problemy finansowe lub brak zysków z gry.

Aby minimalizować ryzyko wystąpienia tych zagrożeń, studio może stosować różne metody, takie jak:

- Regularne spotkania z zespołem projektowym, mające na celu monitorowanie postępów pracy i rozwiązywanie ewentualnych problemów;

- Testowanie gry na różnych etapach produkcji, aby wykryć i naprawić błędy techniczne lub problemy z rozgrywką;

- Utrzymywanie regularnego kontaktu z graczami i bieżące śledzenie opinii na temat gry, aby dostosować projekt do ich potrzeb i oczekiwań;

- Zapewnienie odpowiedniego finansowania projektu oraz właściwe planowanie i zarządzanie budżetem produkcji, aby uniknąć problemów finansowych.

Minimalizacja ryzyka w produkcji gier wideo ma kluczowe znaczenie dla sukcesu projektu, ponieważ umożliwia studiu skupienie się na najważniejszych aspektach produkcji i zapobiega nieoczekiwanym opóźnieniom lub kosztom, które mogą negatywnie wpłynąć na jakość i zysk z gry.

Wpływ analizy na minimalizację ryzyka

Analiza pozwala na zidentyfikowanie i minimalizację ryzyka związanego z projektem gry. Analiza może pomóc w ocenie potencjalnych zagrożeń, takich jak niezadowolenie graczy, problemy techniczne lub problemy finansowe, jeszcze przed rozpoczęciem produkcji gry.

W pierwszej kolejności, analiza rynku pozwala na zrozumienie preferencji i oczekiwań graczy, co pozwala na stworzenie gry, która odpowiada ich potrzebom. Dzięki temu minimalizuje się ryzyko, że gra nie będzie miała zainteresowania wśród graczy.

Ważne jest również zrozumienie potencjalnych technicznych problemów, które mogą wystąpić w trakcie produkcji gry. Analiza techniczna pozwala na identyfikację i rozwiązanie tych problemów zanim zaczną one wpływać na proces produkcji.

Analiza finansowa pozwala na ocenę, czy projekt gry jest rentowny, oraz na oszacowanie kosztów produkcji. To pozwala na minimalizację ryzyka, że projekt zostanie przerwany z powodu braku funduszy.

Ostatecznie, proces analizy może pomóc w identyfikacji potencjalnych problemów w projekcie gry zanim zaczną one wpływać na jej finalną jakość. Dzięki temu, studio deweloperskie może wprowadzić zmiany w projekcie przed jego ukończeniem i wprowadzeniem na rynek.

Wszystkie te korzyści wynikające z analizy pozwalają na minimalizację ryzyka związanego z produkcją gry oraz na osiągnięcie sukcesu na rynku gier.

Korzyści z minimalizacji ryzyk

Minimalizacja ryzyka w produkcji gier jest kluczowa dla osiągnięcia sukcesu na rynku. Rynek gier jest bardzo konkurencyjny, a klienci oczekują coraz lepszych i bardziej innowacyjnych produktów. Nieudany projekt może nie tylko przynieść straty finansowe, ale również zaszkodzić reputacji studia deweloperskiego, co może mieć długotrwały, negatywny wpływ na przyszłe projekty.

Minimalizacja ryzyka w produkcji gier pozwala na uniknięcie problemów, które mogą wystąpić w trakcie projektu, co z kolei może przynieść korzyści finansowe i zwiększyć satysfakcję klientów. Dzięki przeprowadzeniu analizy rynku, technologii, konkurencji, potrzeb i oczekiwań klientów oraz ocenie ryzyka związanego z projektem, studio deweloperskie może uniknąć błędów projektowych, które mogą prowadzić do niepowodzenia na rynku.

Minimalizacja ryzyka w produkcji gier pozwala również na wyprzedzenie trendów i potrzeb rynkowych. Dzięki temu studio deweloperskie może wprowadzić na rynek innowacyjne rozwiązania, które przyciągną uwagę klientów i zwiększą popularność produktu na rynku. Pozwala to na zdobycie przewagi konkurencyjnej i osiągnięcie większego sukcesu na rynku.

Wreszcie, minimalizacja ryzyka pozwala na zwiększenie efektywności projektu i oszczędność czasu oraz kosztów. Pozwala to na dostarczenie produktu zgodnego z oczekiwaniami klientów w krótszym czasie i po niższych kosztach, co przekłada się na większe zyski dla studia deweloperskiego.

W związku z tym, minimalizacja ryzyka jest niezbędna dla osiągnięcia sukcesu na rynku, zapewnienia klientom produktów, które spełniają ich potrzeby i oczekiwania, a także zwiększenia zysków i efektywności projektu.

1.3.1. Cele analizy w kontekście produkcji gier

Cele analizy w kontekście produkcji gier to konkretne cele, jakie stawia sobie studio gier w trakcie procesu tworzenia gry. Analiza pomaga ustalić te cele, jak również monitorować postępy w ich realizacji. Cele mogą dotyczyć różnych aspektów produkcji gier, w tym między innymi:

1. **Rentowności** - czyli osiągnięcia określonego poziomu zysków ze sprzedaży gry.

2. **Jakości** - czyli stworzenia gry, która spełni oczekiwania graczy i będzie dobrze oceniana przez recenzentów.

3. **Harmonogramu** - czyli dostarczenia gry na rynek w określonym czasie, aby spełnić wymagania wydawcy i konsumentów.

4. **Efektywności** - czyli zapewnienia, że proces produkcji jest realizowany w sposób jak najbardziej wydajny, co przekłada się na mniejsze koszty produkcji i większą rentowność.

5. **Innowacyjności** - czyli stworzenia gry, która wprowadzi nowe rozwiązania i będzie innowacyjna w swojej kategorii.

Cele analizy są ważne, ponieważ pomagają zdefiniować oczekiwania i postawić realne cele, które można mierzyć i kontrolować w trakcie procesu produkcji gier. Dzięki temu studio może dostosować swoje działania do celów, co z kolei przekłada się na osiągnięcie sukcesu rynkowego.

1.1.5.1. Dodatkowe cele

Oczywiście, celów analizy możemy wymienić znacznie więcej, mogą to być, między innymi:

- **Optymalizacja mechaniki i interakcji w grze** - pozwala na usunięcie niepotrzebnych lub niezrozumiałych elementów, a także na ulepszenie tych, które są najważniejsze dla graczy.

- **Poprawa retencji i zaangażowania graczy** - analiza pozwala na zidentyfikowanie czynników, które wpływają na trudność gry, a także na elementy, które są najbardziej motywujące dla graczy. Dzięki temu można dostosować grę, aby zwiększyć retencję i zaangażowanie graczy.

- **Zwiększenie przychodów** - analiza pozwala na identyfikację elementów, które mogą zostać sprzedane jako przedmioty w grze, a także na optymalizację systemu monetyzacji, aby przyciągnąć więcej graczy i zwiększyć przychody.

- **Poprawa jakości gry** - analiza pozwala na zidentyfikowanie błędów i problemów w grze oraz na dostosowanie gry do potrzeb graczy. Dzięki temu można poprawić jakość gry i zwiększyć jej popularność.

- **Ulepszanie systemu balansowania gry** - analiza pozwala na zidentyfikowanie elementów, które wpływają na trudność i równowagę gry, a także na dostosowanie tych elementów, aby zapewnić lepsze doświadczenia dla graczy.

- **Zwiększenie efektywności marketingowej** - analiza pozwala na identyfikację grup docelowych, które są najbardziej zainteresowane daną grą oraz na dostosowanie kampanii marketingowej do potrzeb tych grup.

- **Zwiększenie lojalności i zaangażowania zespołu** - analiza pozwala na identyfikację elementów, które są najważniejsze dla zespołu, a także na dostosowanie procesu produkcji do potrzeb zespołu. Dzięki temu można zwiększyć zaangażowanie zespołu i jego lojalność wobec projektu.

- **Udoskonalenie gry na podstawie feedbacku graczy:** Analiza pozwala na zebranie informacji o odczuciach i reakcjach graczy na grę, co pozwala na lepsze zrozumienie ich potrzeb i oczekiwań. Dzięki temu można wprowadzić zmiany w grze, które zwiększą jej atrakcyjność i zadowolenie graczy.

- **Poprawa wydajności i optymalizacja:** Analiza pozwala na identyfikację problemów z wydajnością gry i optymalizację jej działania na różnych platformach i urządzeniach. Dzięki temu można uniknąć błędów technicznych i zapewnić płynność rozgrywki.

- **Identyfikacja trendów i preferencji graczy**: Analiza pozwala na śledzenie trendów w branży gier oraz preferencji graczy, co pozwala na dostosowanie oferty do potrzeb rynku i zwiększenie zainteresowania grą.

- **Poprawa retencji graczy**: Analiza pozwala na identyfikację momentów, w których gracze rezygnują z gry oraz czynników, które wpływają na ich decyzję. Dzięki temu można wprowadzić zmiany w grze, które zwiększą jej trwałość i zatrzymają graczy na dłużej.

- **Optymalizacja systemu monetyzacji:** Analiza pozwala na identyfikację najlepszych sposobów na zarabianie pieniędzy na grze, takich jak reklamy, mikropłatności czy abonamenty. Dzięki temu można zoptymalizować system monetyzacji, zapewniając przy tym dobry balans między zyskiem a doświadczeniem graczy.

- **Zapewnienie odpowiedniego poziomu trudności:** Analiza pozwala na zrozumienie, jakie momenty gry są dla graczy najtrudniejsze oraz jakie elementy stanowią dla nich wyzwanie.

Dzięki temu można dostosować poziom trudności gry, tak aby zapewnić jej odpowiedni balans i wyzwanie dla graczy.

- **Usprawnienie procesu deweloperskiego**: Analiza pozwala na identyfikację problemów z procesem deweloperskim oraz ich rozwiązanie. Dzięki temu można zwiększyć efektywność pracy, zmniejszyć koszty produkcji i skrócić czas wprowadzania gry na rynek.

- **Poprawa user experience**: Analiza pozwala na zrozumienie, jakie elementy gry wpływają na pozytywne doświadczenie użytkownika oraz jakie aspekty należy poprawić. Dzięki temu można zapewnić lepszą jakość gry oraz zwiększyć zadowolenie użytkowników.

1.1.5.2. Cele biznesowe

Analiza może przekładać się również na korzyści wychodzące poza samą grę i proces produkcji, pozwalając studiu zrealizować cele biznesowe, takie jak:

- **Zwiększenie zysków** - Analiza może pomóc w identyfikacji obszarów, które przynoszą największe zyski i pomóc w dostosowaniu strategii, aby zwiększyć zyski z gier.

- **Zwiększenie udziału w rynku** - Analiza konkurencji i trendów rynkowych może pomóc w dostosowaniu oferty gier do potrzeb klientów i poprawić pozycję firmy na rynku.

- **Poprawa jakości gier** - Analiza użytkowników i ich opinii na temat gier może pomóc w identyfikacji słabych punktów gier i usprawnieniu ich, co przyczynia się do poprawy jakości i zwiększenia satysfakcji klientów.

- **Optymalizacja kosztów produkcji** - Analiza procesów produkcji gier może pomóc w identyfikacji obszarów, w których można oszczędzać koszty bez wpływu na jakość produktu.

- **Minimalizowanie kosztów produkcji** - analiza pozwala na identyfikację elementów, które są niepotrzebne lub zbyt kosztowne w produkcji gry, a także na dostosowanie procesu produkcji do potrzeb gry i graczy. Dzięki temu można zmniejszyć koszty produkcji i zwiększyć jej opłacalność.

- **Zwiększenie lojalności klientów -** Analiza preferencji i zachowań klientów może pomóc w dostosowaniu oferty gier do ich potrzeb i zwiększyć ich lojalność wobec firmy.

- **Poprawa wizerunku firmy** - Analiza opinii klientów i ich doświadczeń z grami może pomóc w poprawie wizerunku firmy na rynku i zwiększyć jej atrakcyjność w oczach klientów.

- **Zwiększenie efektywności działań marketingowych** - Analiza wyników działań marketingowych w kontekście sprzedaży gier może pomóc w dostosowaniu strategii marketingowych do potrzeb klientów i zwiększyć ich skuteczność.

- **Zwiększenie rozpoznawalności marki** - Analiza trendów rynkowych i preferencji klientów może pomóc w dostosowaniu oferty gier i kampanii marketingowych do potrzeb rynku i zwiększyć rozpoznawalność marki.

- **Poprawa rentowności** - Analiza kosztów produkcji i sprzedaży gier może pomóc w zidentyfikowaniu obszarów, w których można poprawić rentowność firmy.

- **Zapewnienie przewagi konkurencyjnej** - Analiza rynku i konkurencji może pomóc w dostosowaniu oferty gier do potrzeb klientów i zwiększyć przewagę konkurencyjną firmy na rynku.

1.1.5.3. Cele marketingowe

Dodatkowo, analiza jest niezbędna do przeprowadzenia właściwej kampanii marketingowej. W kontekście promocji gry, może być przydatna przy spełnieniu takich celów jak:

- **Określenie preferencji i zachowań graczy** - analiza może pomóc w zrozumieniu, jakie typy gier, style rozgrywki i funkcje są najbardziej pożądane przez graczy. Dzięki temu można dostosować grę do preferencji odbiorców i zwiększyć jej popularność.

- **Badanie rynku** - analiza rynku gier pozwala na zrozumienie trendów, zwyczajów konsumentów i konkurencji. W oparciu o te informacje można dostosować strategię marketingową, aby wyróżnić grę na rynku.

- **Ocena skuteczności kampanii marketingowych** - analiza danych pozwala na ocenę skuteczności różnych kampanii marketingowych i działań promocyjnych. Dzięki temu można dostosować strategię marketingową w czasie rzeczywistym i zwiększyć skuteczność działań.

- **Ustalenie grupy docelowej** - analiza może pomóc w określeniu grupy docelowej, która jest zainteresowana daną grą. Dzięki temu można skuteczniej docierać do potencjalnych klientów i zwiększać sprzedaż.

- **Badanie opinii graczy** - analiza komentarzy i opinii graczy na temat gry pozwala na ocenę jakości produktu i identyfikację obszarów wymagających poprawy. Dzięki temu można wprowadzić ulepszenia w grze i zwiększyć zadowolenie graczy.

- **Analiza zachowań użytkowników** - analiza pozwala na śledzenie zachowań użytkowników w grze i zrozumienie, jak korzystają z poszczególnych funkcji. Dzięki temu można dostosować grę do potrzeb użytkowników i poprawić ich doświadczenie.

- **Ocena wydajności gry** - analiza może pomóc w identyfikacji problemów z wydajnością gry, takich jak zacięcia lub spadki FPS. Dzięki temu można dostosować grę do specyfikacji technicznych różnych urządzeń i zapewnić płynną rozgrywkę.

- **Ocena popularności** - analiza pozwala na śledzenie popularności gry na różnych platformach i w różnych krajach. Dzięki temu można dostosować strategię marketingową i promować grę w regionach, gdzie jest najbardziej pożądana.

- **Ustalenie potencjalnych problemów** - analiza pozwala na wczesne wykrywanie potencjalnych problemów z grą, takich jak błędy lub problemy z balansem rozgrywki. Dzięki temu można wprowadzać poprawki na bieżąco i zapobiegać negatywnym recenzjom i opiniom graczy.

- **Identyfikacja sposobów monetyzacji** - analiza pozwala na identyfikację sposobów monetyzacji i wybór najlepszego wariantu dla studia.

Jednym z przykładów studia, które uzyskało poprawę rentowności dzięki wykorzystaniu analizy w procesie tworzenia gier, jest CD Projekt RED, twórcy serii gier "Wiedźmin". W wyniku analizy rynku i preferencji graczy, firma zdecydowała się na skupienie się na rozwoju gier z otwartym światem i silnym elementem fabularnym. Dzięki temu ich gry stały się jednymi z najlepiej sprzedających się na rynku, przynosząc studio duże zyski. Analizy pomogły im również w doborze najlepszych technologii i narzędzi do produkcji gier oraz w optymalizacji procesów produkcyjnych, co pozwoliło na obniżenie kosztów produkcji i zwiększenie zysków.

1.1.5.4. Cele zwiazane z zarządzaniem procesem produkcji

Jak już wspomniano, jedną z korzyści analizy jest poprawa procesu produkcji. Cele analizy w tym obszarze mogą wyglądać następująco:

- **Optymalizacja procesu produkcji** - dzięki analizie można identyfikować elementy procesu, które wymagają optymalizacji lub automatyzacji, co pozwala zaoszczędzić czas i zasoby.

- **Zapewnienie jakości** - analiza pozwala na identyfikację potencjalnych problemów z jakością gry na wczesnym etapie produkcji, co pozwala na szybką reakcję i poprawienie jakości.

- **Kontrola kosztów** - analiza pozwala na lepsze zrozumienie kosztów związanych z produkcją gry i identyfikowanie potencjalnych oszczędności.

- **Terminowość** - analiza pozwala na monitorowanie postępu prac i wczesne identyfikowanie opóźnień, co pozwala na odpowiednie reagowanie i dotrzymywanie ustalonych terminów.

- **Skuteczne zarządzanie zespołem** - analiza pozwala na lepsze zrozumienie indywidualnych umiejętności i predyspozycji członków zespołu, co pozwala na efektywniejsze wykorzystanie ich i poprawienie komunikacji zespołu w procesie produkcji gry.

1.1.5.5. Cele zwiazane z sama gra

Prawie na sam koniec, pozostały cele analizy bezpośrednio związane z grą, takie jak:

- **Określenie głównego celu gry:** analiza pozwala na dokładne określenie, czego oczekuje się od gry i jakie cele ma spełniać w oczach graczy. Dzięki temu można skupić się na elementach, które są kluczowe dla osiągnięcia tych celów.

- **Wybór odpowiedniego gatunku i stylu gry:** analiza rynku i preferencji graczy pozwala na wybór gatunku i stylu gry, które będą odpowiadać oczekiwaniom i preferencjom grupy docelowej.

- **Zdefiniowanie elementów wyróżniających grę spośród innych:** analiza konkurencji pozwala na zdefiniowanie elementów, które wyróżniają grę spośród innych na rynku, co stanowi kluczowy czynnik decydujący o jej sukcesie.

- **Określenie optymalnego poziomu trudności**: analiza poziomu trudności gry pozwala na dopasowanie go do grupy docelowej, co jest kluczowe dla zadowolenia graczy i zachęcenia ich do kontynuowania gry.

- **Ustalenie harmonogramu wydań i aktualizacji**: analiza rynku i preferencji graczy pozwala na ustalenie optymalnego harmonogramu wydań i aktualizacji gry, co pozwala na

utrzymanie zainteresowania grą oraz zachęcenie do jej powrotu
po przerwie.

- **Monitorowanie opinii graczy i wprowadzanie poprawek**: analiza
  opinii graczy pozwala na monitorowanie ich doświadczeń i
  wprowadzanie poprawek, co zwiększa poziom zadowolenia z gry
  oraz poprawia jej jakość.

- **Planowanie strategii marketingowej:** analiza preferencji i
  zwyczajów grupy docelowej pozwala na planowanie skutecznej
  strategii marketingowej, która zwiększy zainteresowanie grą oraz
  jej sprzedaż.

- **Ustalenie modelu biznesowego**: analiza preferencji i zwyczajów
  grupy docelowej pozwala na wybór odpowiedniego modelu
  biznesowego, który pozwoli na generowanie zysków z gry.

- **Monitorowanie wskaźników grywalności:** analiza wskaźników
  grywalności pozwala na monitorowanie jakości gry oraz
  skuteczności wprowadzanych poprawek.

- **Dostosowanie gry do różnych platform:** analiza preferencji i
  zwyczajów grupy docelowej oraz rynku pozwala na dostosowanie
  gry do różnych platform, co zwiększa jej dostępność i
  zainteresowanie graczy.

1.1.5.6. Cele zwiazane z graczami

Wreszcie, cele analizy mogą być powiązane bezpośrednio z graczem, czyli klientem naszego studia. Takie cele to między innymi:

- **Zrozumienie preferencji i potrzeb graczy** - analiza pozwala na zebranie informacji na temat preferencji i zachowań graczy, dzięki czemu można dostosować grę do ich potrzeb, co przekłada się na większą satysfakcję graczy i zwiększenie liczby użytkowników.

- **Wykrycie błędów i niedociągnięć** - analiza pozwala na wykrycie błędów i niedociągnięć w grze, które mogą wpłynąć na doświadczenia graczy. Dzięki temu można wprowadzić poprawki przed wypuszczeniem gry na rynek i zapewnić jej wysoką jakość.

- **Ocena satysfakcji graczy** - analiza pozwala na zbadanie satysfakcji graczy z gry oraz ocenę, co działa dobrze, a co należy poprawić. Dzięki temu można wprowadzić zmiany, które zwiększą satysfakcję graczy i poprawią ich doświadczenia z grą.

- **Budowanie lojalności graczy** - analiza pozwala na zrozumienie, co jest istotne dla graczy i jak można zaspokoić ich potrzeby. Dzięki temu można zbudować więź z graczami i zachęcić ich do powrotu do gry, co zwiększa ich lojalność i długofalowy sukces gry.

- **Udoskonalanie mechaniki gry** - analiza pozwala na ocenę mechaniki gry i odkrycie, które elementy przynoszą największą satysfakcję graczom. Dzięki temu można poprawić mechanikę gry i zwiększyć atrakcyjność rozgrywki, co przyciągnie nowych graczy i zachęci do powrotu starych.

II Etapy procesu analizy w produkcji gier

Analiza jest procesem złożonym, na który składa się wiele etapów, takich jak:

- Zbieranie i przetwarzanie danych;

- Ocena i interpretacja danych;

- Sporządzenie raportu;

- Plan działań;

- Monitoring i kontrola.

2.1. Zbieranie i przetwarzanie danych

Zbieranie danych to proces gromadzenia informacji w celu wykorzystania ich do analizy, wnioskowania i podejmowania decyzji. Może to obejmować zbieranie informacji z różnych źródeł, takich jak badania rynku, ankiety, bazy danych, systemy informatyczne, media społecznościowe czy dane z sensorów i urządzeń IoT (Internet of Things). Zbieranie danych jest ważnym etapem w procesie analitycznym i pozwala na pozyskanie wiedzy na temat określonej dziedziny, co z kolei pozwala na podejmowanie racjonalnych decyzji biznesowych, np. w kontekście projektowania i produkcji gier.

Zbieranie danych w kontekście produkcji gier oznacza proces gromadzenia informacji dotyczących różnych aspektów gry, takich jak zachowania graczy, preferencje, wybory postaci, poziom trudności, wyzwania, reakcje na różne funkcje i elementy rozgrywki, a także dane techniczne związane z wydajnością gry, błędami i awariami. Dane te są następnie przetwarzane i analizowane, aby uzyskać informacje o grze i graczu oraz poprawić jakość i efektywność produkcji gier.

Przetwarzanie danych to proces transformacji surowych danych wejściowych na dane wyjściowe w celu uzyskania pożądanych informacji. Może to obejmować różne operacje, takie jak filtrowanie, sortowanie, grupowanie, analizowanie, obliczanie i wiele innych. Przetwarzanie danych może odbywać się ręcznie lub za pomocą programów komputerowych, a jego celem jest zwykle uzyskanie wartościowych informacji z ogromnej ilości surowych danych.

Przetwarzanie danych w kontekście produkcji gier to proces gromadzenia, analizy i interpretacji danych związanych z grą, jej użytkownikami i rynkiem, w celu wyciągnięcia wniosków, podejmowania decyzji i doskonalenia procesu produkcji. W ramach przetwarzania danych gromadzone są informacje o zachowaniach użytkowników, wynikach sprzedaży, trendach rynkowych, a następnie analizowane i interpretowane w celu dostosowania strategii biznesowej i procesów produkcyjnych. Przetwarzanie danych w produkcji gier pozwala na dostosowanie oferty do potrzeb użytkowników, zwiększenie efektywności produkcji oraz minimalizację ryzyka związanego z wprowadzeniem nowych produktów na rynek.

2.1.1. Znaczenie odpowiedniego wyboru źródeł danych w procesie analizy

Odpowiedni wybór źródeł danych jest kluczowy w procesie analizy w produkcji gier. Źródła danych to wszelkie informacje, które są potrzebne do zrozumienia rynku i potrzeb graczy, w tym dane dotyczące konkurencji, preferencji i zachowań graczy, trendów i innych czynników, które wpływają na rynek gier.

Wybór odpowiednich źródeł danych pozwala na zebranie dokładnych i wiarygodnych informacji, które umożliwiają lepsze zrozumienie rynku i oczekiwań graczy. Źle dobrane źródła mogą prowadzić do błędnych wniosków, co może wpłynąć na decyzje dotyczące produkcji gier i w konsekwencji na wyniki finansowe studio.

Dlatego ważne jest, aby wybierać źródła danych zgodne z celami analizy, a także upewnić się, że dane są rzetelne, aktualne i reprezentatywne dla całego rynku. W procesie wyboru źródeł danych należy również wziąć pod uwagę ich koszt, łatwość dostępu, jakość i dostępność.

Nieprawidłowy wybór źródeł danych może prowadzić do błędnej interpretacji wyników analizy, co może prowadzić do podejmowania złych decyzji i negatywnych skutków dla procesu produkcji gier. Na przykład, jeśli źródła danych nie reprezentują rzeczywistych zachowań i preferencji graczy, to wyniki analizy mogą być mylące i prowadzić do nieodpowiednich działań, takich jak modyfikacje w grze, które nie spełniają oczekiwań graczy i nie poprawiają wyników sprzedażowych. Ponadto, nieprawidłowy wybór źródeł danych może prowadzić do straty czasu i zasobów na zbieranie i przetwarzanie danych, które nie są istotne dla projektu gry.

Przykładem odpowiedniego wyboru źródła danych może być wykorzystanie danych z platformy Steam do analizy popularności i sprzedaży gier na PC. Platforma Steam jest jednym z największych sklepów z grami na świecie i oferuje różnorodne informacje o grach, takie jak ilość sprzedanych kopii, liczba graczy online, recenzje i oceny użytkowników, co pozwala na dokładną analizę popularności gier. Wybór takiego źródła danych pozwala na uzyskanie wiedzy na temat rynku gier na PC oraz preferencji i zachowań graczy. Gdyby jednak, ograniczyć się do przeanalizowania danych z platformy GOG, to dane te będą niewystarczające.

Innym przykładem wyboru odpowiedniego źródła danych w produkcji gier może być ankieta przeprowadzana wśród graczy, którzy już zagrali w podobne gry. Taka ankieta może pozwolić na zebranie informacji na temat preferencji dotyczących gatunku, trybu rozgrywki, poziomu trudności czy interfejsu użytkownika. Dane te mogą pomóc w dostosowaniu projektu gry do potrzeb i oczekiwań potencjalnych graczy oraz zminimalizowaniu ryzyka niespełnienia ich oczekiwań.

Przykładem nieodpowiedniego wyboru źródła danych w produkcji gier może być oparcie się tylko na jednym źródle informacji, które może być niewystarczające lub nieprawidłowe. Na przykład, jeśli studio gier zdecyduje się na oparcie swojej analizy tylko na danych sprzedażowych ze swojej poprzedniej gry, to może to prowadzić do błędnych wniosków o preferencjach i oczekiwaniach graczy. Lepszym podejściem byłoby wykorzystanie różnych źródeł danych, takich jak badania rynku, analizy społeczności graczy i dane zebranego zachowania użytkowników.

Niektóre z najczęściej popełnianych błędów przy wyborze źródła danych to:

1. **Brak reprezentatywności:** Źródła danych mogą być nieodpowiednie, jeśli nie reprezentują populacji, którą chcemy zbadać. Na przykład, badając preferencje graczy, źródło danych, które składa się tylko z entuzjastów jednej platformy, może być nie reprezentatywne dla całej populacji graczy.

Przykładem badania, w którym popełniono błąd związany z brakiem reprezentatywności, może być badanie preferencji gier komputerowych przeprowadzone wyłącznie na grupie studentów informatyki. Taka grupa może nie być reprezentatywna dla całej populacji graczy i może prowadzić do błędnych wniosków. Na przykład, wyniki takiego badania mogą sugerować, że gry komputerowe o wysokiej trudności są bardziej popularne, co może nie być prawdą dla innych grup wiekowych lub zainteresowań. Aby uniknąć takiego błędu, próba badawcza powinna być reprezentatywna dla całej populacji graczy, a nie tylko dla określonej grupy.

2. **Niewystarczająca ilość danych**: Mała próbka lub niewystarczająca ilość danych może prowadzić do błędnych wniosków. Analizowanie małej ilości danych może prowadzić do błędów statystycznych, które uniemożliwiają wyciąganie trafnych wniosków.

Przykładem badania, w którym popełniono błąd związany z niewystarczającą ilością danych, może być próba analizy preferencji graczy w stosunku do konkretnej gry na podstawie bardzo małej liczby opinii. Jeśli analiza została przeprowadzona na podstawie zbyt małej próby, wyniki mogą być nieprawidłowe lub nieodpowiednie do ogólnych wniosków o preferencjach graczy. Na przykład, jeśli ankietowano tylko 10 osób, które zagrały w grę, a wyniki zostały opublikowane jako reprezentatywne dla całej populacji graczy, to wyniki takiego badania będą mało wiarygodne. W takim przypadku, aby wyniki badań były bardziej wiarygodne, należy zbierać większą ilość danych, na przykład poprzez ankietowanie większej liczby graczy lub przez monitorowanie zachowań graczy w grze na dużą skalę.

3. **Złe jakościowo dane:** Dane, które są niedokładne, nieaktualne lub niedostateczne, mogą prowadzić do błędnych wniosków. Na przykład, źródło danych, które nie zawiera informacji o najnowszych trendach w branży, może prowadzić do błędnych wniosków o preferencjach graczy.

Przykładem badania, w którym popełniono błąd związany ze złymi jakościowo danymi, może być sytuacja, w której dane zbierane od użytkowników są niewystarczającej jakości, co prowadzi do nieprawidłowych wniosków. Na przykład, studio gier może przeprowadzić badanie ankietowe, ale jeśli pytania są niejasne lub nieprecyzyjne, to odpowiedzi nie będą dostarczać wartościowych informacji. Innym przykładem może być zbiór danych z platform społecznościowych, gdzie opinie graczy są zaburzone przez fake newsy, komentarze trolli lub botów. Taki zbiór danych będzie niewiarygodny i nieodpowiedni do analizy.

4. **Brak spójności danych:** Dane, które nie są spójne, mogą prowadzić do błędnych wniosków. Na przykład, źródło danych, które wykazuje sprzeczne informacje na temat preferencji graczy, może prowadzić do błędnych wniosków.

   Przykładem badania, w którym popełniono błąd związany z brakiem spójności danych, może być badanie dotyczące preferencji graczy w grach wideo, w którym wywiady były prowadzone przez różnych pracowników firmy, którzy zadawali pytania w inny sposób lub z różnymi definicjami pojęć, co prowadziło do różnorodności odpowiedzi i trudności w ujednoliceniu danych.

5. **Błędne założenia**: Źródła danych mogą być nieodpowiednie, jeśli błędnie zakładają lub przedstawiają pewne zjawiska. Na przykład, źródło danych, które zakłada, że wiek gracza jest jedynym czynnikiem wpływającym na jego preferencje, może prowadzić do błędnych wniosków.

   Przykładem badania, w którym popełniono błąd związanym z błędnymi założeniami może być badanie preferencji graczy wobec gier w formie ankiety, które zakłada, że wszystkie grupy wiekowe będą miały podobne preferencje - metryczka nie zakładała więc podania wieku gracza, bądź badanie przeprowadzono wyłącznie na jednej grupie wiekowej. Swoją drogą, jeśli metryczka składa się wyłącznie z okreslenia wieku graczy, pomijając takie aspekty jak płeć, czy miejsce zamieszkania i związaną z nim kulturę, dalej popełniony zostanie błąd zakładając, że żaden z tych aspektów nie wpłynie na odbiór gry. W rzeczywistości preferencje graczy mogą się znacznie różnić w zależności od wieku, kultury i wykształcenia, co może prowadzić do błędnych wniosków i niewłaściwych decyzji w procesie projektowania i marketingu gier.

6. **Niezrozumienie potrzeb i wymagań projektu oraz brak dopasowania źródła danych do tych potrzeb i wymagań.**

Przykładem badania, w którym popełniono błąd związany z niezrozumieniem potrzeb i wymagań projektu może być sytuacja, gdy studio gier przeprowadziło badanie nowej funkcjonalności dla gry pierwszoosobowej, ale skupiło się na analizie gier z widokiem wyłącznie w trzeciej osobie. W ten sposób nie wiadomo, czy przeanalizowane funkcjonalności są w ogóle potrzebne dla graczy w grze z pierwszej osoby. Mogło to skutkować zmarnowaniem czasu i zasobów na coś, co nie przyniosło satysfakcjonujących wyników i nie spełniło oczekiwań graczy.

7. **Korzystanie wyłącznie z jednego źródła danyc**h, co może prowadzić do braku reprezentatywności próby i błędnych wniosków.

Jeden z błędów związanych z wyborem źródła danych to korzystanie tylko z jednego źródła, co może prowadzić do błędnych wniosków i niedoszacowania sytuacji na rynku.

Przykładem takiego błędu może być badanie opinii graczy tylko na jednym portalu społecznościowym, pomijając inne kanały, takie jak fora internetowe, grupy dyskusyjne czy recenzje na platformach sprzedażowych. Taki błąd może wpłynąć na niedocenienie lub przecenienie popularności danej gry i nieuwzględnienie opinii innych grup docelowych.

8. **Używanie danych, które są nieaktualne**, co prowadzi do podejmowania decyzji opartych na przestarzałych informacjach.

Przykładem badania, w którym popełniono błąd związany z używaniem danych, które są nieaktualne, może być analiza trendów w branży gier na podstawie danych sprzedażowych sprzed kilku lat. W dzisiejszych czasach rynek gier może ulegać dynamicznym zmianom, a preferencje graczy mogą się szybko zmieniać. Używanie przestarzałych danych może prowadzić do nieprawidłowych wniosków i nieodpowiednich decyzji biznesowych. Dlatego ważne jest, aby gromadzone dane były aktualne i odzwierciedlały aktualną sytuację na rynku.

9. **Brak weryfikacji wiarygodności źródła danych,** co może prowadzić do użycia nieprawdziwych informacji.

Przykładem badania, w którym popełniono błąd związany z brakiem weryfikacji wiarygodności źródła danych, może być sytuacja, w której twórcy gry na podstawie opinii tylko jednego eksperta (np. kuratora Steam) decydują o wprowadzeniu zmian w rozgrywce lub interfejsie gry. Bez upewnienia się co do rzetelności i doświadczenia danego eksperta, taka decyzja może spowodować niezadowolenie większości społeczności graczy i doprowadzić do spadku popularności gry. Weryfikacja wiarygodności źródła danych, w tym przypadku opinii eksperta, jest kluczowa dla podejmowania trafnych decyzji projektowych.

10. **Nieuwzględnienie różnych źródeł danych,** takich jak dane demograficzne, psychograficzne, behawioralne, itp.

Przykładem badania, w którym popełniono błąd związany z niedostatecznym uwzględnieniem różnych źródeł danych, może być badanie rynku gier komputerowych, które skupia się wyłącznie na analizie statystyk sprzedaży, pomijając dane demograficzne, psychograficzne i behawioralne graczy. W takim przypadku wyniki analizy mogą być niekompletne i nieodpowiednie do zaplanowania skutecznej strategii marketingowej czy projektowania gry, która odpowiadałaby potrzebom i preferencjom różnych grup graczy.

11. **Używanie źródeł danych, które nie są odpowiednie dla konkretnego rodzaju analizy.**

Przykładem badania, w którym popełniono błąd związany z używaniem źródeł danych, które nie są odpowiednie dla konkretnego rodzaju analizy, może być analiza preferencji gier mobilnych na podstawie ankiet wypełnionych przez osoby, które grają głównie w gry konsolowe lub PC. Dane te nie są odpowiednie dla tego rodzaju analizy, ponieważ osoby te mogą mieć inne preferencje i oczekiwania co do gier mobilnych niż osoby, które grają w nie częściej. W tym przypadku, aby uzyskać bardziej trafne wyniki, należy zbierać dane od osób, które regularnie grają w gry mobilne.

12. **Zbyt duża liczba źródeł danych**, co prowadzi do zwiększenia złożoności procesu analizy i może prowadzić do utraty czasu i zasobów.

Przykładem badania, w którym popełniono błąd związany ze zbyt dużą liczbą źródeł danych, może być analiza rynku gier wideo, która obejmowała tysiące stron internetowych, raportów branżowych, forów dyskusyjnych i artykułów prasowych. Chociaż każde źródło danych dostarczało unikalnej wiedzy o rynku gier wideo, to całościowa analiza stała się niepraktyczna z powodu zbyt dużej ilości danych. W konsekwencji, projektanci gier byli zmuszeni skupić się tylko na niektórych źródłach danych, co mogło prowadzić do nierzetelnych wniosków i pominięcia istotnych informacji o rynku gier wideo.

2.1.2. Techniki zbierania danych w procesie analizy

Istnieje wiele sposób na zebranie właściwych danych. Poniżej przedstawiono kilka z nich:

1. **Ankiety**: przeprowadzanie ankiet wśród użytkowników, klientów, partnerów biznesowych lub pracowników, aby uzyskać

informacje na temat ich doświadczeń, opinii, preferencji lub potrzeb.

2. **Wywiady**: prowadzenie rozmów z użytkownikami, klientami, partnerami biznesowymi lub pracownikami, aby uzyskać szczegółowe informacje na temat ich doświadczeń, opinii, preferencji lub potrzeb.

3. **Obserwacja**: obserwowanie użytkowników, klientów, partnerów biznesowych lub pracowników w naturalnym środowisku pracy lub podczas użytkowania produktu, aby uzyskać informacje na temat ich zachowań i potrzeb.

4. **Analiza danych z serwisów społecznościowych**: analiza danych z platform społecznościowych, takich jak Twitter, Facebook czy LinkedIn, aby uzyskać informacje na temat opinii użytkowników na temat produktu, marki lub branży.

5. **Analiza danych transakcyjnych:** analiza danych związanych z transakcjami, takich jak liczba sprzedaży, wartość sprzedaży, średnia wartość transakcji, aby uzyskać informacje na temat zachowań użytkowników i preferencji zakupowych.

6. **Testy A/B:** przeprowadzanie testów A/B, aby porównać różne warianty produktu, strony internetowej lub komunikatu marketingowego i określić, który wariant działa lepiej.

7. **Grupy dyskusyjne:** organizowanie grup dyskusyjnych z użytkownikami, klientami lub partnerami biznesowymi, aby uzyskać informacje na temat ich opinii, potrzeb i preferencji.

8. **Grupy fokusowe -** spotkania grupowe, w których uczestniczą osoby reprezentujące określoną grupę, w celu uzyskania pogłębionych informacji na temat określonego zagadnienia.

9. **Obserwacje** - dokonywanie systematycznych i celowych obserwacji zachowań ludzi lub zjawisk w celu pozyskania danych.

10. **Badania eksperymentalne** - badanie wpływu określonych czynników na zachowania i reakcje ludzi, w symulowanych warunkach eksperymentalnych.

11. **Analiza danych zewnętrznych** - wykorzystywanie danych pochodzących z różnych źródeł, takich jak bazy danych, raporty branżowe, media społecznościowe itp.

12. **Analiza sentymentu** - analiza opinii, emocji i nastrojów wyrażanych w mediach społecznościowych, recenzjach, komentarzach itp.

13. **Analiza treści** - analiza zawartości tekstowej (np. artykułów, wpisów na blogach) w celu pozyskania informacji na określony temat.

14. **Analiza sieci społecznych** - analiza zależności między ludźmi i organizacjami w sieci społecznościowych.

15. **Monitorowanie zachowań użytkowników** - zbieranie danych na temat zachowań użytkowników, takich jak kliknięcia, czas spędzony w aplikacji, interakcje z treściami itp.

2.1.3. Jak zebrac dane z gier konkurencji?

Istnieje kilka sposobów na zebranie danych z gier konkurencyjnych:

1. **Grając w te gry samodzielnie i notując dane**: można zagrać w gry konkurencyjne i na bieżąco notować różne dane, takie jak statystyki, sposoby rozgrywki, elementy interfejsu użytkownika itp.

   Aby zbierać dane o konkurencyjnej grze komputerowej poprzez grę w nią, można przeprowadzić tzw. "gameplay analysis". Polega to na dokładnym obserwowaniu i analizie gry w celu zebrania danych na temat mechanik rozgrywki, balansu postaci, systemu nagród i innych istotnych elementów gry. Można także użyć narzędzi do nagrywania i analizy gry, takich jak oprogramowanie do nagrywania wideo, narzędzia do analizy zachowań graczy i narzędzia do zbierania danych z interfejsu użytkownika. Warto również pamiętać, że zbieranie danych o grach konkurencyjnych musi odbywać się zgodnie z zasadami fair play, aby uniknąć naruszenia praw autorskich lub naruszenia zasad etycznych.

Gameplay analysis można więc określić jako analizę rozgrywki w grze, której celem jest zrozumienie mechanik i procesów gry oraz ocena jej jakości. W gameplay analysis, badacze grają w grę, nagrywają swoją rozgrywkę i dokładnie analizują zapisy, aby zrozumieć, jak gra działa, jakie są jej zalety i wady, co można poprawić itp.

W trakcie gameplay analysis badacze zbierają różne dane, takie jak czas trwania gry, częstotliwość użycia określonych umiejętności lub narzędzi, trudności napotkane przez gracza, a także jego emocje i odczucia związane z grą. Te dane mogą pomóc w ocenie gry i wskazaniu konkretnych obszarów, w których można ją ulepszyć, co może przyczynić się do zwiększenia jej popularności i sukcesu na rynku. Istnieją specjalistyczne urządzenia, które pozwalają zapisywać punkty ekranu, w które gracz patrzy, mierzą ciśnienie i puls gracza, aby wyłapać momenty, w których się boi, jest rozluźniony albo zirytowany, itp.

Przykład

Gameplay analysis dla gry Mario może obejmować wiele różnych aspektów, w zależności od celu analizy. Kilka przykładów analizy gameplayu dla gry Mario:

1. *Analiza poziomów: analiza poziomów może obejmować badanie ich struktury, wyzwania, czasu ukończenia i liczby ukrytych*

przedmiotów. W ten sposób można zidentyfikować, które poziomy są najtrudniejsze i dlaczego, jakie ukryte tajemnice i przedmioty są najważniejsze, a także jakie techniki gracz musi wykorzystać, aby przejść przez poziomy.

2. *Analiza mechaniki gry: analiza mechaniki gry może obejmować badanie ruchu postaci, interakcji z przedmiotami i wrogami oraz innych aspektów rozgrywki. W ten sposób można zidentyfikować, jakie umiejętności są wymagane od gracza i jakie rodzaje ruchu są najbardziej skuteczne w różnych sytuacjach.*

3. *Analiza rywalizacji: analiza rywalizacji może obejmować badanie wyników graczy i porównywanie ich z wynikami innych graczy. W ten sposób można zidentyfikować, którzy gracze są najlepsi i jakie strategie i techniki są skuteczniejsze, albo jakie są najpopularniejsze.*

4. *Analiza doświadczeń użytkowników: analiza doświadczeń użytkowników może obejmować badanie interfejsu użytkownika, łatwości obsługi i innych aspektów, które wpływają na doświadczenie użytkownika. W ten sposób można zidentyfikować, jakie elementy gry są najważniejsze dla użytkowników i jak można ulepszyć grę, aby zapewnić lepsze doświadczenia użytkowników.*

5. *Analiza trendów: analiza trendów może obejmować badanie popularności gry w różnych regionach, jej wpływu na rynek gier*

komputerowych, jak również wpływu na graczy i ich zachowanie. W ten sposób można zidentyfikować trendy w branży gier komputerowych i dostosować strategię rozwoju gry, aby osiągnąć sukces.

Przykładowa gameplay analysis dla gry Mario, skupiająca się na analizie poziomu, może wyglądać następująco:

1. Określenie celu poziomu:

- zdobycie określonej liczby monet

- pokonanie przeciwnika lub bossa

- dotarcie do mety na końcu poziomu

2. Analiza poziomu pod kątem trudności:

- ilość i rodzaj przeszkód

- liczba wrogów i ich rodzaj

- umiejscowienie przeszkód oraz wrogów

- dostępność power-up'ów i innych przedmiotów pomagających graczowi

3. Analiza sposobu rozwiązania poziomu:

- analiza różnych strategii i sposobów podejścia do poziomu

- zidentyfikowanie najskuteczniejszych sposobów pokonywania przeszkód i wrogów

- *ocena, czy poziom jest zrównoważony i czy może być rozwiązany na różne sposoby*

4. *Ocena użyteczności poziomu:*

- *analiza, czy poziom spełnia swój cel i czy jest satysfakcjonujący dla gracza*

- *identyfikacja mocnych i słabych stron poziomu*

- *ocena, czy poziom jest interesujący i zachęca do powtórzenia*

5. *Porównanie z innymi poziomami:*

- *analiza podobnych poziomów w grze lub w innych grach z serii Mario*

- *porównanie różnych elementów poziomu, takich jak trudność, złożoność i interakcje z graczem*

- *identyfikacja cech, które uczyniły poziom wyjątkowym i wartościowym dla graczy*

Podsumowując, analiza poziomu w grze Mario może przynieść wiele cennych informacji dla projektantów gier, umożliwiając im tworzenie bardziej interesujących, satysfakcjonujących i równoważnych poziomów dla graczy.

2. **Korzystając z dostępnych publicznie danych**: wiele gier udostępnia publicznie różne dane, takie jak rankingi graczy, wyniki meczów, dane o sprzedaży itp. Można je wykorzystać do analizy konkurencji.

Dostępne publicznie dane do analizy gry można znaleźć w różnych źródłach, takich jak:

- **Strony internetowe producentów gier** - producenci często udostępniają dane o swoich grach, takie jak liczba pobrań, czas spędzony na grze, liczba użytkowników, itp.

- **Strony społeczności graczy** - istnieją strony internetowe, na których gracze mogą dzielić się swoimi doświadczeniami z grą, takie jak Reddit, fora dyskusyjne lub serwisy społecznościowe, gdzie można znaleźć informacje o popularności gry, poziomie trudności i innych informacjach, które mogą być przydatne w analizie gry.

- **Platformy gier** - niektóre platformy gier, takie jak Steam czy GOG, udostępniają informacje o grach, takie jak liczba sprzedanych kopii, liczba graczy online, czas spędzony w grze, itp.

- **Narzędzia analityczne** - istnieją różne narzędzia analityczne, takie jak App Annie czy Sensor Tower, które pozwalają na śledzenie i analizowanie danych dotyczących gier mobilnych i aplikacji.

Warto jednak pamiętać, że nie wszystkie dane są dostępne publicznie i niektóre informacje mogą być trudne do zdobycia.

3. **Wykorzystując narzędzia do zbierania danych:** istnieją różne narzędzia, takie jak programy do automatycznego pobierania

danych lub skanery stron internetowych, które pozwalają na zbieranie danych z gier konkurencyjnych.

Wybrane narzędzia, które mogą być użyteczne do zbierania danych w różnych dziedzinach:

- **Google Forms** - darmowe narzędzie umożliwiające tworzenie ankiety online, które może być wykorzystane do zbierania danych od użytkowników lub badanych.

- **SurveyMonkey** - płatne narzędzie do tworzenia ankiet, które oferuje więcej opcji i zaawansowanych funkcji niż Google Forms.

- **Ahrefs** - płatne narzędzie SEO, które umożliwia zbieranie danych dotyczących wyświetleń, ruchu na stronie i innych miar efektywności.

- **SEMRush** - płatne narzędzie SEO, które umożliwia zbieranie danych dotyczących słów kluczowych, rankingów i ruchu na stronie.

- **Google Analytics** - darmowe narzędzie do analizy ruchu na stronie internetowej, które oferuje wiele różnych miar wydajności, takich jak liczba odwiedzin, średni czas spędzony na stronie, wskaźnik odrzuceń i inne.

- **Hotjar** - płatne narzędzie do analizy zachowań użytkowników na stronie internetowej, które umożliwia rejestrowanie ruchu myszy, ruchów na stronie i innych czynników wpływających na zachowanie użytkowników.

- **Tableau** - płatne narzędzie do wizualizacji danych, które pozwala na tworzenie zaawansowanych wykresów, grafik i innych sposobów wizualizacji danych.

- **Excel** - chyba znany wszystkim program do tworzenia arkuszy kalkulacyjnych, który może być wykorzystany do analizy i obróbki danych.

- **Python** - język programowania, który jest często wykorzystywany do analizy danych, w szczególności w dziedzinie uczenia maszynowego.

- **R** - inny język programowania często używany do analizy danych, szczególnie w dziedzinie statystyki i analizy danych.

Przykład

Lista 10 narzędzi, które mogą być użyteczne do zbierania danych o grze Mario:

- *OBS Studio - narzędzie do nagrywania rozgrywki z gry wideo.*

- *Fraps - program do nagrywania obrazu z gier komputerowych.*

- *GameAnalytics - platforma analityczna dla gier, umożliwiająca zbieranie danych o zachowaniach graczy.*

- *Unity Analytics - narzędzie analityczne dla gier stworzonych w silniku Unity.*

- *Google Analytics - popularna platforma analityczna, która może być użyta do monitorowania ruchu na stronie internetowej poświęconej grze.*

- *Qualtrics - platforma badawcza umożliwiająca przeprowadzanie ankiet online z graczami.*

- *SurveyMonkey - narzędzie online umożliwiające tworzenie ankiet i przeprowadzanie badań online.*

- *Google Forms - darmowe narzędzie online umożliwiające tworzenie ankiet i zbieranie odpowiedzi.*

- *Zoom - platforma wideokonferencyjna, która może być wykorzystana do przeprowadzenia wywiadów z graczami.*

- *Trello - narzędzie do zarządzania projektami, które może być użyte do śledzenia postępów zbierania danych i analizy wyników.*

4. **Analizując opinie graczy**: opinie graczy na forach internetowych, w serwisach społecznościowych lub w recenzjach gier mogą dostarczyć cennych informacje na temat cech i funkcji gier konkurencji.

    Analiza opinii graczy jest procesem wykorzystującym metody statystyczne i technologie przetwarzania języka naturalnego do zrozumienia i wyodrębnienia wartościowych informacji z opinii, komentarzy i recenzji graczy na temat gier. Poniżej przedstawione są przykładowe sposoby analizy opinii graczy:

- **Analiza sentymentu** - polega na wykorzystaniu algorytmów przetwarzania języka naturalnego, aby określić czy dana opinia jest pozytywna, negatywna lub neutralna.

- **Klasyfikacja tematów** - polega na wyodrębnieniu konkretnych tematów poruszanych w opiniach graczy, takich jak grafika, gameplay czy fabuła.

- **Analiza trendów** - polega na zidentyfikowaniu popularnych trendów wśród opinii, które pomogą w zrozumieniu preferencji graczy i trendów na rynku.

- **Analiza porównawcza** - polega na porównaniu opinii graczy na temat różnych gier, co pozwala na zrozumienie konkurencyjności i pozycji danej gry na rynku.

- **Mapowanie sieciowe** - polega na analizie powiązań pomiędzy graczami i ich opiniami na temat danej gry, co pozwala na zrozumienie społeczności graczy i wpływu opinii liderów na ich spostrzeżenia.

- **Analiza czasu** - polega na śledzeniu zmian w opinii graczy na przestrzeni czasu, co pozwala na zrozumienie trendów w zachowaniach graczy i ich preferencjach.

- **Analiza grup docelowych** - polega na segmentacji opinii graczy w zależności od ich grup demograficznych, co pozwala na zrozumienie preferencji różnych grup docelowych i dostosowanie strategii marketingowej do ich potrzeb.

- **Analiza wpływu** - polega na ocenie wpływu działań marketingowych, takich jak kampanie reklamowe lub wprowadzenie nowych funkcjonalności na opinie graczy.

- **Analiza ważności** - polega na wyodrębnieniu najważniejszych aspektów gry, które wpływają na postrzeganie jej przez graczy i ich decyzje zakupowe.

- **Analiza benchmarkowa** - polega na porównaniu opinii graczy o konkretnej grze z innymi grami, co pozwala na zrozumienie, jak dana gra wypada na tle innych i w jaki sposób można ją ulepszyć.

5. **Wykorzystując raporty i badania rynkowe:** firmy badawcze często publikują raporty i badania rynkowe na temat rynku gier, w tym gier konkurencyjnych. Mogą one dostarczyć cenne informacje o trendach, preferencjach graczy, a także o produkcie i strategii konkurencji.

   Raporty potrzebne do analizy można zdobyć na różne sposoby, w zależności od źródła danych i dostępnych narzędzi. Przykładowo, dane możesz zdobyć:

- **Ze strony internetowej**: Wiele organizacji i firm publikuje raporty na swoich stronach internetowych, które można pobrać lub przeglądać online. Warto poszukać raportów na stronach takich jak Gartner, Forrester Research, McKinsey & Company, itp.

- **Przez wyszukiwarki internetowe:** Wyszukiwarki internetowe, takie jak Google, mogą pomóc w znalezieniu raportów na wybrane tematy. Wystarczy wpisać hasło kluczowe i przeglądać wyniki wyszukiwania.

- **Poprzez subskrypcję:** Wiele firm publikuje regularne raporty i badania, które można otrzymać na podstawie subskrypcji. Warto zapisać się na subskrypcję newslettera lub powiadomień e-mailowych, aby otrzymywać najnowsze raporty.

- **Poprzez analizę danych zewnętrznych:** Analiza danych zewnętrznych może pomóc w uzyskaniu informacji na temat danego rynku lub branży. Warto wykorzystać dostępne narzędzia, takie jak Google Trends, aby zbadać trendy w wyszukiwaniach lub analizować dane na temat konkurencji.

- **Poprzez badania własne**: Własne badania, takie jak ankiety czy wywiady, mogą dostarczyć cenne informacje na temat potrzeb i preferencji klientów. Warto wykorzystać różne metody zbierania danych, takie jak badania online, telefoniczne lub focus grupy.

Badania rynkowe to źródło informacji, które można wykorzystać w procesie analizy, aby zrozumieć zachowania i preferencje konsumentów, trendy rynkowe, a także poznać konkurencję i jej strategie. Aby zdobyć badania rynkowe, można skorzystać z kilku źródeł:

- **Firmy badawcze i analityczne:** Istnieje wiele firm, które specjalizują się w przeprowadzaniu badań rynkowych w różnych branżach i na różne tematy. Przykłady takich firm to Ipsos, GfK, Nielsen czy Euromonitor.

- **Publikacje branżowe**: Branżowe czasopisma, strony internetowe czy raporty na temat danego rynku i branży są często źródłem informacji o badaniach rynkowych.

- **Raporty rządowe**: Instytucje rządowe, takie jak ministerstwa, agencje czy biura statystyczne, często publikują raporty na temat różnych branż i rynków.

- **Konferencje i seminaria:** Uczestnictwo w branżowych konferencjach i seminariach może być dobrym źródłem informacji o badaniach rynkowych, a także pozwolić na nawiązanie kontaktów z ekspertami z danej branży.

- **Portale społecznościowe**: opinie konsumentów, trendy rynkowe i opinie o konkurencji można zbierać również z portali społecznościowych, takich jak Twitter, Facebook czy LinkedIn, gdzie firmy publikują raporty, a klienci dzielą się swoimi opiniami.

Ważne jest, aby przy wykorzystywaniu danych zewnętrznych zawsze weryfikować źródło i uwzględniać jego wiarygodność.

Przy analizie danych dotyczących gier komputerowych przydatne mogą być następujące narzędzia:

1. **Arkusze kalkulacyjne,** takie jak Microsoft Excel lub Google Sheets, które umożliwiają wprowadzanie, analizowanie i wizualizowanie danych w postaci tabelarycznej.

2. **Narzędzia do wizualizacji danych**, takie jak Tableau, Power BI lub Plotly, które pozwalają na tworzenie interaktywnych wykresów i grafik prezentujących złożone zbiory danych w przystępny sposób.

3. **Języki programowania** takie jak Python lub R, które posiadają wiele bibliotek i modułów dedykowanych analizie danych, takie jak numpy, pandas czy matplotlib.

4. **Środowiska programistyczne,** takie jak Jupyter Notebook lub RStudio, które umożliwiają szybką i wygodną pracę z kodem i analizą danych.

5. **Narzędzia do przetwarzania i zarządzania dużymi zbiorami danych**, takie jak Apache Hadoop, Apache Spark lub Apache Cassandra, które umożliwiają efektywne przetwarzanie i analizowanie dużych ilości danych.

6. **Narzędzia do zbierania i analizy danych z gier,** takie jak PlayFab lub GameAnalytics, które pozwalają na zbieranie i analizowanie różnych parametrów związanych z grą, takich jak liczba graczy, czas spędzony w grze, wyzwania i wiele innych.

7. **Narzędzia do analizy sentymentu,** takie jak Lexalytics lub IBM Watson, które pozwalają na analizowanie opinii graczy i określanie ich nastrojów.

8. **Narzędzia do automatyzacji procesów,** takie jak Apache Airflow lub Jenkins, które umożliwiają automatyzację procesów związanych z analizą danych, takich jak zbieranie danych z różnych źródeł, ich przetwarzanie i prezentacja w określonym formacie.

9. **Narzędzia do analizy zachowania użytkowników,** takie jak Mixpanel lub Amplitude, które pozwalają na śledzenie i analizowanie zachowania użytkowników w grze, takie jak liczba interakcji z elementami gry, przewidywanie zachowań użytkowników itp.

10. **Narzędzia do weryfikacji jakości danych,** takie jak OpenRefine lub Trifacta, które pozwalają na automatyczne wykrywanie i poprawianie błędów w danych, takich jak niedokładne wartości czy brakujące dane.

Lista przykładowych narzędzi i technologii pomocnych w przetwarzaniu danych:

- Języki programowania: Python, R, SQL

- Frameworki i biblioteki programistyczne: Pandas, NumPy, SciPy, Matplotlib, TensorFlow, PyTorch, Scikit-learn

- Narzędzia do wizualizacji danych: Tableau, Power BI, D3.js

- Narzędzia do przetwarzania big data: Hadoop, Apache Spark

- Bazy danych: MySQL, PostgreSQL, MongoDB, Cassandra

- Narzędzia do integracji danych: Apache Nifi, Talend

- Narzędzia do przetwarzania języka naturalnego: NLTK, SpaCy

- Cloud computing: Amazon Web Services (AWS), Microsoft Azure, Google Cloud Platform (GCP)

- Narzędzia do analizy sieci społecznych: Gephi, NetworkX

- Narzędzia do analizy danych geoprzestrzennych: QGIS, ArcGIS.

- Apache Hadoop - framework do przetwarzania dużych zbiorów danych w klastrach komputerów

- Apache Spark - narzędzie do przetwarzania dużych zbiorów danych w czasie rzeczywistym, wykorzystujące technologię rozproszonej przetwarzania

- Apache Kafka - platforma do przetwarzania strumieni danych w czasie rzeczywistym

- TensorFlow - biblioteka do tworzenia i szkolenia modeli uczenia maszynowego

- Scikit-learn - biblioteka do uczenia maszynowego w języku Python, zawierająca różne algorytmy uczenia nadzorowanego i nienadzorowanego

- Tableau - narzędzie do wizualizacji danych, umożliwiające tworzenie interaktywnych wykresów i raportów

- Power BI - narzędzie do wizualizacji danych, umożliwiające integrację z różnymi źródłami danych i tworzenie zaawansowanych raportów

- Apache Cassandra - baza danych NoSQL do przechowywania dużych ilości danych w klastrach komputerów

- Elasticsearch - system wyszukiwania i analizy danych, wykorzystujący technologię indeksowania i wyszukiwania pełnotekstowego

- Python - popularny język programowania, wykorzystywany w przetwarzaniu danych, uczeniu maszynowym, analizie danych i wizualizacji.

2.1.5. Rola i znaczenie analizy jakościowej i ilościowej w procesie zbierania i przetwarzania danych

Analiza jakościowa pełni ważną rolę w procesie zbierania i przetwarzania danych, zwłaszcza gdy badamy złożone zjawiska, takie jak zachowania ludzkie, społeczne i kulturowe. W odróżnieniu od analizy ilościowej, która opiera się na danych liczbowych i statystycznych, analiza jakościowa skupia się na badaniu znaczeń, wzorców i kontekstu zaobserwowanych zjawisk.

Analiza jakościowa może obejmować różne techniki badawcze, takie jak analiza treści, analiza dyskursu, analiza narracyjna, analiza tematyczna, etnografia czy studium przypadku. Te metody pozwalają na zbieranie i badanie danych w sposób bardziej holistyczny i pozwala na wychwytywanie złożonych relacji między danymi.

Analiza jakościowa jest szczególnie przydatna w badaniach nad grami komputerowymi, ponieważ pozwala na zrozumienie zachowań graczy, ich reakcji emocjonalnych oraz preferencji. Na przykład, analiza dyskursu może pomóc w zidentyfikowaniu różnych sposobów wypowiadania się o danej grze w mediach społecznościowych, podczas gdy studium przypadku może pomóc w zrozumieniu konkretnych przypadków rozgrywki.

Analiza jakościowa również pozwala badaczom lepiej zrozumieć kontekst, w którym dane zjawiska się pojawiają, co może prowadzić do bardziej wnikliwych i trafnych wniosków. Dlatego też, analiza jakościowa jest często stosowana w badaniach nad kulturą i społeczeństwem, gdzie kontekst i znaczenia są kluczowe do zrozumienia złożonych zachowań i procesów.

Analiza ilościowa odgrywa ważną rolę w procesie zbierania i przetwarzania danych, ponieważ pozwala na matematyczne i statystyczne podejście do analizy zebranych informacji. Metody ilościowe pozwalają na wykonywanie szczegółowych analiz i wniosków na podstawie dużych zbiorów danych, co może być przydatne w podejmowaniu decyzji biznesowych lub w badaniach naukowych.

Przy użyciu analizy ilościowej można mierzyć i porównywać zbiory danych, wykrywać zależności między nimi, identyfikować trendy, przeprowadzać analizy ryzyka, testować hipotezy i oceniać wyniki eksperymentów. Wszystkie te funkcje mogą być pomocne przy badaniach dotyczących gier komputerowych, takich jak analiza zachowań graczy, preferencji, trendów rynkowych, itp.

Do narzędzi i technologii używanych w analizie ilościowej należą między innymi arkusze kalkulacyjne, narzędzia biznesowe do analizy danych, oprogramowanie do statystyki i analizy danych, bazy danych i hurtownie danych, języki programowania, jak Python czy R, narzędzia do wizualizacji danych, itp.

Ważne jest, aby pamiętać, że analiza ilościowa powinna być połączona z analizą jakościową, aby uzyskać pełniejszy obraz badanego zjawiska.

Analiza ilościowa i jakościowa to dwa podejścia do analizy danych, różniące się pod wieloma względami. Główne różnice między nimi to:

1. **Cel:** Analiza ilościowa koncentruje się na badaniu związków ilościowych między zmiennymi, natomiast analiza jakościowa skupia się na badaniu znaczeń, doświadczeń i interpretacji zjawisk.

2. **Dane**: Analiza ilościowa opiera się na danych ilościowych, czyli na danych liczbowych i statystycznych, podczas gdy analiza jakościowa opiera się na danych jakościowych, czyli na danych opisowych i interpretacyjnych.

3. **Metody:** Analiza ilościowa wykorzystuje metody matematyczne i statystyczne, takie jak testy hipotez, regresja, analiza wariancji, itp., natomiast analiza jakościowa korzysta z metod jakościowych, takich jak analiza treści, analiza narracyjna, analiza semiotyczna, itp.

4. **Interpretacja wyników:** W analizie ilościowej wyniki są interpretowane za pomocą wskaźników statystycznych i matematycznych, natomiast w analizie jakościowej interpretacja jest oparta na zrozumieniu znaczeń, kontekstów i perspektyw badanych.

5. **Ogólna złożoność:** Analiza ilościowa jest bardziej złożona, ponieważ wymaga dokładnej znajomości statystyki i matematyki,

a także umiejętności korzystania z odpowiedniego oprogramowania. Z drugiej strony, analiza jakościowa wymaga głównie dobrej znajomości teorii i metodologii badań jakościowych oraz umiejętności interpretacyjnych.

Podsumowując, analiza ilościowa i jakościowa różnią się pod wieloma względami, ale obie są ważne w procesie zbierania i przetwarzania danych, ponieważ umożliwiają badaczom zrozumienie zjawisk w różnych aspektach i z różnych perspektyw.

Analiza ilościowa	Analiza jakościowa
Opiera się na ilościowych danych, które można zmierzyć i zinterpretować za pomocą statystyk	Opiera się na jakościowych danych, które są subiektywnymi interpretacjami zjawisk
Zbiera i analizuje dane numeryczne w celu uzyskania wyników liczbowych	Zbiera i analizuje dane werbalne w celu uzyskania wniosków opartych na interpretacji języka i kontekstu
Wykorzystuje zbiory danych reprezentatywne dla populacji	Wykorzystuje próbki danych, które są wybrane na podstawie charakterystyk badanej populacji

Często stosowana w badaniach naukowych, marketingowych i socjologicznych	Często stosowana w badaniach humanistycznych, społecznych i kulturowych
Opiera się na analizie numerycznych danych i wykorzystuje narzędzia matematyczne, takie jak testy statystyczne i modelowanie	Opiera się na analizie jakościowych danych i wykorzystuje metody takie jak analiza treści, analiza dyskursu i teoria ugruntowana
Ma na celu zidentyfikowanie zależności pomiędzy zmiennymi numerycznymi	Ma na celu zidentyfikowanie wzorców i tematów w danych werbalnych
Dąży do uzyskania wyników ogólnych, reprezentatywnych dla populacji	Dąży do uzyskania szczegółowych informacji, które mają zastosowanie w konkretnych sytuacjach
Wyniki ilościowe są łatwiejsze do uogólnienia na całą populację	Wyniki jakościowe są trudniejsze do uogólnienia i mają bardziej subiektywny charakter

Oczywiście, to tylko ogólny zarys różnic pomiędzy analizą ilościową a jakościową i w rzeczywistości wiele badań wykorzystuje elementy obu podejść.

Aspekt analizy	Analiza ilościowa	Analiza jakościowa
Cel	Pomiar zjawisk i zależności	Zrozumienie doświadczeń
Dane	Liczbowe	Tekstowe, wideo, dźwiękowe
Metody	Statystyka, matematyka	Interpretacja, kodyfikacja
Próba	Duża, losowa, reprezentatywna	Mała, celowa, nieprzypadkowa
Zastosowanie	Prognozowanie, generalizacja	Opisywanie, interpretacja
Interpretacja	Obiektywna	Subiektywna
Wynik	Liczby, statystyki	Opisy, interpretacje
Dokładność wyników	Wysoka	Niska
Przykłady technik	Ankiety, badania eksperymentalne, analiza danych z gier	Wywiady, analiza treści, analiza wideo, mapa mentalna

W produkcji gier komputerowych, analiza ilościowa może pomóc w określeniu trendów w grach, takich jak popularność gatunków czy wzrost sprzedaży gier w zależności od regionu geograficznego. Analiza jakościowa pozwala na zrozumienie doświadczeń graczy, takich jak preferencje, oczekiwania i reakcje emocjonalne na różne elementy gry. Przykładowe techniki analizy ilościowej obejmują analizę danych sprzedażowych gier i wyników ankiety, a techniki analizy jakościowej obejmują analizę wideo z gry i wywiady z graczami.

2.1.6. Wyzwania związane z analizą dużych zbiorów danych i sposoby radzenia sobie z nimi w procesie analizy gier

Wyzwania związane z analizą dużych zbiorów danych, zwanych Big Data, obejmują:

1. **Przechowywanie danych:** konieczność przechowywania dużych ilości danych na serwerach lub w chmurze, co wymaga odpowiedniego sprzętu i oprogramowania.

2. **Przetwarzanie danych:** obliczenia na dużych zbiorach danych wymagają dużej mocy obliczeniowej i odpowiedniego oprogramowania do przetwarzania równoległego.

3. **Integracja danych:** łączenie danych pochodzących z różnych źródeł, takich jak różne systemy informatyczne, bazy danych i pliki, wymaga odpowiednich narzędzi do integracji danych.

4. **Analiza danych:** duże zbiory danych wymagają zaawansowanych narzędzi analizy, takich jak narzędzia do uczenia maszynowego, sieci neuronowych i sztucznej inteligencji.

5. **Wizualizacja danych:** prezentowanie wyników analizy w czytelnej i intuicyjnej formie wymaga odpowiednich narzędzi do wizualizacji danych.

6. **Bezpieczeństwo danych:** duże zbiory danych są podatne na ataki cybernetyczne, co wymaga odpowiednich środków bezpieczeństwa.

7. **Ochrona prywatności:** duże zbiory danych zawierają często informacje osobiste, co wymaga odpowiednich środków ochrony prywatności.

8. **Kultura danych:** tworzenie kultury danych, w której pracownicy zrozumieją znaczenie danych i będą aktywnie je wykorzystywać, wymaga odpowiedniego szkolenia i edukacji pracowników.

9. **Zarządzanie projektem**: projektowanie i zarządzanie projektami związanych z analizą dużych zbiorów danych wymaga specjalistycznej wiedzy i doświadczenia.

10. **Koszty**: analiza dużych zbiorów danych jest kosztowna, wymaga dużej ilości zasobów, takich jak sprzęt, oprogramowanie i ekspertów, co może stanowić wyzwanie dla małych firm lub organizacji z ograniczonym budżetem.

Wybrane sposoby radzenia sobie z analizą dużych zbiorów danych:

1. **Wykorzystanie rozproszonych systemów przetwarzania danych**, takich jak Hadoop, Spark czy Flink, które pozwalają na równoległe przetwarzanie dużej ilości danych.

2. **Użycie hurtowni danych** (data warehouse) lub baz danych nierelacyjnych (NoSQL), które umożliwiają szybki dostęp do danych i łatwe ich przetwarzanie.

3. **Zastosowanie technik wirtualizacji danych,** które pozwalają na dostęp do danych z różnych źródeł bez potrzeby ich fizycznej integracji.

4. **Wykorzystanie technologii chmurowych** (cloud computing), które umożliwiają przechowywanie i przetwarzanie dużych zbiorów danych w sposób elastyczny i skalowalny.

5. **Stosowanie algorytmów uczenia maszynowego**, które pozwalają na automatyczne przetwarzanie i analizę danych, w tym klasyfikację, regresję, grupowanie czy wykrywanie anomalii.

6. **Redukowanie zbiorów danych** poprzez wykorzystanie technik próbkowania, agregacji lub filtrowania, co pozwala na zmniejszenie ilości danych do przetworzenia.

7. **Wykorzystanie wizualizacji danych,** które pozwalają na szybkie zrozumienie i analizę dużych zbiorów danych poprzez prezentację ich w przystępnej formie graficznej.

Problem	Rozwiązanie
Brak wystarczającej mocy obliczeniowej do przetwarzania dużych zbiorów danych	Użycie technologii chmury obliczeniowej lub serwerów z klastrami obliczeniowymi, które pozwalają na zrównoleglanie procesów i przyspieszenie analizy
Brak spójności i jakości danych w dużych zbiorach danych	Zastosowanie narzędzi i technik czyszczenia danych, takich jak usuwanie duplikatów, standaryzacja, normalizacja i usuwanie niepotrzebnych atrybutów, aby poprawić spójność i jakość danych
Brak możliwości wizualizacji i zrozumienia dużych zbiorów danych	Zastosowanie narzędzi i technik wizualizacji danych, takich jak wykresy, mapy cieplne i drzewa decyzyjne, aby pomóc w zrozumieniu związków między danymi
Trudność w wyodrębnieniu kluczowych informacji z dużych zbiorów danych	Zastosowanie technik analizy danych, takich jak analiza skupień, analiza regresji i analiza sentymentu, aby wyodrębnić kluczowe informacje i ujawnić wzorce w danych
Brak możliwości przetwarzania strumieniowego i analizy danych w czasie rzeczywistym	Zastosowanie technologii przetwarzania strumieniowego i analizy danych w czasie rzeczywistym, takich jak Apache Kafka i Apache Flink, aby umożliwić przetwarzanie i analizę danych w czasie rzeczywistym

Ograniczenia związane z bezpieczeństwem danych i prywatnością	Zastosowanie odpowiednich procedur i narzędzi do ochrony danych, takich jak szyfrowanie danych, autoryzacja dostępu i anonimizacja danych, aby zabezpieczyć dane przed nieuprawnionym dostępem i naruszeniami prywatności

2.2. Ocena i interpretacja danych

Ocena i interpretacja danych stanowi kluczowy element procesu analizy danych w kontekście produkcji gier komputerowych. Bez odpowiedniej oceny i interpretacji zebranych danych, trudno jest wyciągnąć wartościowe wnioski oraz podejmować trafne decyzje dotyczące projektu gry. W tym rozdziale omówione zostaną metody i techniki oceny jakości i wiarygodności zebranych danych, a także sposoby interpretacji wyników analizy danych w celu uzyskania wglądu w potrzeby i preferencje graczy oraz oceny efektywności projektu gry.

2.2.1. Przygotowanie danych do analizy

Przygotowanie danych do analizy to, jak sama nazwa wskazuje proces przygotowania danych przed rozpoczęciem analizy właściwej. W tym procesie dane są zbierane, weryfikowane, czyszczone i transformowane w celu uzyskania spójnego i odpowiedniego zbioru danych do analizy. W ten sposób tworzy się fundament dla dalszych działań analizy danych, a poprawność procesu przygotowania danych ma duży wpływ na jakość wyników analizy.

Podczas przygotowywania danych należy zbadać jakość i kompletność danych, aby upewnić się, że są one wystarczające i odpowiednie do dalszej analizy. Następnie, niezbędne jest oczyszczenie danych, usuwanie błędów i brakujących wartości, w celu uzyskania spójnego zbioru danych. Kolejnym krokiem jest transformacja danych, w tym normalizacja, agregacja i zmiana formatu danych, aby ułatwić analizę i zrozumienie wyników.

Ważnym aspektem przygotowania danych jest także wybór odpowiednich narzędzi i technologii do przechowywania i zarządzania danymi. W zależności od rozmiaru i skali projektu, różne narzędzia mogą być bardziej lub mniej odpowiednie.

Ostatecznie, przygotowanie danych to kluczowy etap w procesie analizy danych, który może wpłynąć na jakość wyników analizy. Poprawne przygotowanie danych może znacznie zwiększyć skuteczność i trafność wyników, a niedostateczna jakość danych może prowadzić do błędnych wniosków i decyzji.

Skategoryzowanie danych przed rozpoczęciem analizy właściwej polega na podziale zbioru danych na grupy lub kategorie w celu łatwiejszej analizy. Pozwala to na lepsze zrozumienie i porównanie danych w obrębie tej samej kategorii oraz porównanie między kategoriami.

Skategoryzowanie danych może odbywać się na różne sposoby, w zależności od rodzaju danych i celów analizy. Przykłady kategorii mogą obejmować wiek, płeć, lokalizację geograficzną, kategorie produktów, przedziały cenowe, itp.

Podczas skategoryzowania danych ważne jest, aby uwzględnić ich kompletność i jednoznaczność, aby uniknąć błędów w interpretacji i analizie. Wymaga to dokładnego przejrzenia zbioru danych i zdefiniowania kryteriów kategoryzacji.

Przykład

Przykładowe skategoryzowanie danych:

Kategoria	Dane nieuporządkowane	Dane uporządkowane
Poziom	"Level 1", "Level 2",	1, 2, 3
Czas gry	"2 minuty, 30 sekund", "1 godzina, 20 minut", "Level 3"	150 sekund, 4800 sekund
Liczba punktów	100, 200 pkt, 500 monet, 5 życia	100, 200, 500
Liczba żyć	3, 7/2	3, 5, 7

	"Goomba", "Koopa Troopa", "Star",	Goomba, Koopa Troopa, Piranha Plant
Rodzaj przeciwników	"Goomba", "Koopa Troopa", "Star",	Goomba, Koopa Troopa, Piranha Plant
Użyte przedmioty	"Super Mushroom", 2x"Fire Flower", "Piranha Plant", 50 złota	Super Mushroom, Fire Flower, Star
Liczba zebranych monet	10 monet, 25,	10, 25, 50

W powyższej tabeli przedstawiono przykładowe dane dotyczące gry Mario. Dane nieuporządkowane zawierają informacje w formie tekstowej, podczas gdy dane uporządkowane zostały przekształcone do postaci liczbowej lub kategorycznej. W celu ułatwienia dalszej analizy, dane zostały skategoryzowane wg poszczególnych cech takich jak poziom, czas gry, liczba punktów, liczba żyć, rodzaj przeciwników, użyte przedmioty oraz liczba zebranych monet.

Oczyszczenie danych ze zbędnych informacji przed rozpoczęciem analizy właściwej to proces polegający na usunięciu lub poprawieniu danych, które są niekompletne, niespójne lub niepoprawne. Celem tego procesu jest uzyskanie jak najbardziej dokładnych i wiarygodnych danych, które umożliwią przeprowadzenie właściwej analizy.

Oczyszczanie danych może obejmować wiele kroków, takich jak usuwanie duplikatów, usuwanie niepoprawnych wartości, wypełnianie brakujących wartości, standaryzowanie formatów danych czy usuwanie błędów ludzkich. W wyniku oczyszczania danych powinny zostać wyeliminowane wszelkie problemy, które mogłyby wpłynąć na wyniki analizy.

Przykładowe metody oczyszczania danych to:

- **Usuwanie duplikatów**: polega na usunięciu powtarzających się wierszy lub rekordów z bazy danych.

- **Usuwanie niepoprawnych wartości:** polega na identyfikacji i usunięciu wartości, które nie są zgodne z oczekiwaniami lub pochodzą z błędnych źródeł.

- **Wypełnianie brakujących wartości:** polega na uzupełnieniu brakujących wartości, na przykład poprzez interpolację lub uzupełnienie na podstawie innych wartości.

- **Standaryzacja formatów danych:** polega na ujednoliceniu formatów danych w celu ułatwienia ich analizy.

- **Usuwanie błędów ludzkich**: polega na usunięciu błędów wynikających z pomyłek ludzkich, takich jak literówki, błędne formatowanie czy brakujące wartości.

Oczyszczanie danych jest ważnym etapem w procesie analizy danych, ponieważ zapewnia, że dane są poprawne, kompleksowe i gotowe do dalszej analizy.

Przykładem danych nieuporządkowanych może być zbiór informacji o klientach firmy, gdzie każdy klient posiada różną liczbę informacji, które zostały wprowadzone w niejednolity sposób. Dane te mogą być np. zapisane w różnych formatach, z różnymi oznaczeniami i sposobami zapisu danych. Przykładowo, jedna osoba może mieć wpisane imię i nazwisko w jednej kolumnie, a druga osoba w dwóch osobnych kolumnach. Takie dane trudno jest porównać i wyciągać z nich jednoznaczne wnioski.

Przykład

Przykładowe nieoczyszczone i oczyszczone dane dotyczące analizy gry Mario można przedstawić w następującej tabeli:

Rodzaj danych	Nieoczyszczone dane	Oczyszczone dane
Nazwa poziomu	"1-1: Super Mushroom Plains"	"Super Mushroom Plains"
Czas gry	21351251 s.	00:03:45.678
Punkty	"8750"	8750

Liczba żyć	"5"	5
Ranga postaci	"MARIO"	"Mario"
Typ przeciwnika	"Koopa Troopa_lev_1_1"	"Koopa Troopa"
Wiek gracza	"32"	32
Płeć gracza	"M"	"Male"
Lokalizacja gracza	"Los Angeles, California"	"Los Angeles"
Preferowany kontroler	"Pro Controller_21_03 _2022"	"Pro Controller"

Przykładem danych uporządkowanych może być ten sam zbiór informacji o klientach, ale po przeprowadzeniu procesu uporządkowania i standaryzacji danych. Dane są wtedy spójne, ujednolicone i zapisane w taki sposób, że można na ich podstawie łatwo porównać różne rekordy. W takim przypadku imię i nazwisko każdej osoby znajdują się w osobnych kolumnach, a każde pole posiada określony format zapisu. Dzięki temu analiza danych jest łatwiejsza i bardziej efektywna.

Przykładem danych nieuporządkowanych w analizie gier wideo mogą być zapisy z rozgrywek różnych graczy, które zawierają różne informacje, np. czas rozpoczęcia i zakończenia gry, poziom trudności, wynik, ilość zdobytych punktów, itp. Takie dane są trudne do porównywania i analizy, ponieważ brakuje w nich jednolitej struktury.

Przykładem danych uporządkowanych w analizie gier wideo może być tabela, która zawiera informacje o wynikach rozgrywek w określonym czasie i na określonym poziomie trudności. Taka tabela ma jednolitą strukturę, co ułatwia analizę i porównanie wyników graczy.

Przykład

Nieuporządkowane dane:

Przykładowa tabela przedstawiająca nieuporządkowane dane z analizy gry Mario:

Gracz	Liczba punktów	Czas przejścia poziomu	Zabici przeciwnicy	Zebrane monety
Adam Nowak	1234	85 sekund	12	33

Anna	5678	2,34 minuty	9	45
Nowak Jan	2345	0,021 godziny	7	26
Kasia	3456	95 sekund	11	38
"asmodeus z" Piotr Nowak	6789	118122 milisekundów	15	53

Uporządkowane dane w tabeli:

Gracz	Czas przejścia poziomu	Liczba punktów	Zebrane monety	Zabite przeciwnicy
Adam	85 sekund	1234	33	12
Anna	102 sekundy	5678	45	9
Jan	72 sekundy	2345	26	7
Kasia	95 sekund	3456	38	11

| Piotr | 118 sekund | 6789 | 53 | 15 |

2.2.2. Analiza danych pod kątem ich istotności dla produkcji gier

Analiza danych pod kątem ich istotności dla produkcji gier polega na wyodrębnieniu najważniejszych informacji, które są niezbędne dla procesu produkcji gier. W ramach takiej analizy dokonuje się oceny, które dane są kluczowe i które mogą być pominięte, a także w jakim stopniu wpływają na projekt gry. Następnie, na podstawie wyników analizy, podejmuje się decyzje dotyczące kierunku rozwoju gry, w tym np. wyboru funkcjonalności, wariantów graficznych czy sposobu realizacji rozgrywki.

Analiza danych pod kątem ich istotności dla produkcji gier ma na celu zwiększenie efektywności i skuteczności całego procesu, a także minimalizację ryzyka podejmowanych decyzji. Dzięki temu, producenci gier są w stanie zaoferować użytkownikom gry, które są bardziej dopasowane do ich potrzeb, a co za tym idzie, cieszą się większą popularnością i zyskami.

Aby dokonać analizy danych pod kątem ich istotności dla produkcji gier, można wykorzystać różne metody, takie jak:

1. **Analiza czynnikowa** (factor analysis) - pozwala zidentyfikować grupy powiązanych ze sobą zmiennych i określić, które z nich są najważniejsze dla określonej cechy lub zachowania graczy.

2. **Analiza korelacji** (correlation analysis) - pozwala określić, jakie związki istnieją między różnymi zmiennymi i jakie z nich są najważniejsze dla produkcji gier.

3. **Analiza regresji** (regression analysis) - pozwala określić, jakie czynniki wpływają na sprzedaż gry i jakie są ich wzajemne relacje.

4. **Analiza skupień** (cluster analysis) - pozwala zidentyfikować podobieństwa między grami lub grupami graczy i określić, które cechy są najważniejsze dla określonej grupy graczy.

Po dokonaniu analizy danych pod kątem ich istotności dla produkcji gier, można podejmować decyzje w zakresie dalszych działań w procesie produkcji, takie decyzje jak zmiana funkcjonalności gry, wprowadzenie nowych elementów lub poprawa jakości już istniejących.

Przed tym, warto jednak spróbować określić potencjalne zagrożenia na etapie analizy. Jest to proces identyfikowania możliwych ryzyk lub problemów, które mogą wpłynąć na wyniki analizy danych. Jest to ważny krok w procesie analizy, ponieważ pozwala na wcześniejsze wykrycie i zapobieganie problemom, które mogą wpłynąć na jakość analizy i ostateczne wyniki.

Potencjalne zagrożenia na etapie analizy mogą wynikać z różnych czynników, takich jak niedoskonałości danych, błędów w algorytmach analizy, nieodpowiedniego wyboru technologii, braku wiedzy lub doświadczenia analityka danych oraz błędów ludzkich. Mogą one prowadzić do błędnych wniosków, nieprawidłowych wyników lub podejmowania złych decyzji biznesowych.

Aby dokonać analizy danych pod kątem potencjalnych zagrożeń, należy zwrócić uwagę na kilka czynników, takich jak:

1. **Jakość danych:** należy dokładnie zbadać jakość i poprawność danych, aby uniknąć nieprawidłowych wyników analizy.

2. **Algorytmy analizy**: należy wybrać odpowiednie algorytmy i metody analizy, aby uzyskać dokładne i niezawodne wyniki.

3. **Technologia:** należy wybrać odpowiednią technologię i narzędzia do przetwarzania i analizy danych, takie jak bazy danych, narzędzia analizy danych i wizualizacji danych.

4. **Wiedza i doświadczenie analityków danych:** należy upewnić się, że analitycy posiadają odpowiednią wiedzę i doświadczenie w dziedzinie analizy danych oraz w branży gier wideo.

5. **Ludzkie błędy**: należy zwracać uwagę na błędy ludzkie, takie jak niedokładność w zbieraniu danych, błędy w interpretacji danych lub nieodpowiednie wnioski.

Analiza danych pod kątem potencjalnych zagrożeń jest ważnym krokiem w procesie analizy danych w branży gier wideo. Pomaga zapobiegać błędnym wnioskom i podejmowaniu złych decyzji biznesowych.

Zagrożenia mogą mieć różne źródła, takie jak błędy w danych, niewłaściwy wybór metod analizy, niewystarczające lub nieodpowiednie dane, itp.

Aby określić potencjalne zagrożenia na etapie analizy danych, można wykonać następujące kroki:

1. **Ocena jakości danych** - warto sprawdzić, czy dane są kompletne, spójne, poprawne i nie zawierają braków, błędów lub duplikatów.

2. **Wybór odpowiednich metod analizy** - ważne jest, aby wybrać metody, które są odpowiednie dla danego rodzaju danych i celu analizy. Należy również uwzględnić ograniczenia i zalety każdej metody oraz sposobu jej zastosowania.

3. **Analiza wrażliwości** - warto przeprowadzić analizę wrażliwości dla wybranych metod i modeli, aby ocenić, jak zmiany w danych mogą wpłynąć na wyniki analizy.

4. **Wykorzystanie odpowiednich narzędzi i technologii** - istnieją różne narzędzia i technologie, które mogą pomóc w wykrywaniu i rozwiązywaniu problemów podczas analizy danych.

5. **Regularne monitorowanie wyników** - warto na bieżąco monitorować wyniki analizy, aby wykryć i szybko rozwiązać problemy, które mogą wpłynąć na jakość wyników końcowych.

Określenie potencjalnych zagrożeń na etapie analizy danych jest ważne, ponieważ pozwala na wczesne wykrycie problemów i podjęcie działań naprawczych, co z kolei zapewnia jakość wyników analizy.

Skoro znamy już ryzyka, warto zastanowić się nad ich przeciwieństwem, czyli szansami. Określenie potencjalnych szans dla projektu na etapie analizy danych polega na identyfikacji potencjalnych korzyści lub możliwości, które mogą wyniknąć z analizy danych. W tym procesie można dokonać identyfikacji trendów rynkowych, preferencji użytkowników, nowych technologii czy sposobów ulepszania istniejących produktów.

Przykładowe szanse dla projektu na etapie analizy danych w kontekście gier komputerowych to:

- **Wykrycie wzorców** zachowań graczy, które pozwolą na lepsze zrozumienie potrzeb i preferencji użytkowników oraz na dostosowanie rozgrywki do ich oczekiwań.

- **Identyfikacja najczęstszych błędów** lub problemów, które wpływają na doświadczenie graczy i opracowanie rozwiązań, które poprawią jakość gry.

- **Analiza trendów rynkowych**, aby lepiej zrozumieć preferencje i zwyczaje graczy oraz dostosować grę do aktualnych potrzeb rynkowych.

- **Identyfikacja nowych technologii** lub funkcjonalności, które mogą zostać wykorzystane w grach, aby ulepszyć jakość rozgrywki i zwiększyć zainteresowanie graczami.

- **Analiza konkurencji** i trendów na rynku, co pozwoli na opracowanie bardziej efektywnych strategii marketingowych i promocyjnych.

Wszystkie te szanse pozwalają na zwiększenie szans na sukces projektu i poprawę jego jakości, co przekłada się na większą popularność i zainteresowanie graczy.

Przykład

Przykładowa analiza danych na etapie zbierania danych dotyczących gry Mario mogłaby wyglądać następująco:

1. *Analiza istotności danych:*

- *Sprawdzenie, które dane są niezbędne do produkcji gry Mario, a które nie mają znaczenia lub mogą być zbierane w dalszych etapach produkcji.*

- *Wyróżnienie najważniejszych elementów gry, takich jak sterowanie postacią, interakcja z otoczeniem, system punktacji, a także szczegóły wizualne i dźwiękowe.*

- *Analiza danych dotyczących podobnych gier platformowych, aby wyznaczyć trendy i preferencje graczy.*

Przykład

Przykładowa analiza danych pod kątem potencjalnych zagrożeń na etapie analizy dla gry Mario może wyglądać następująco:

1. *Analiza popularności gry Mario wśród graczy:*

- *Dane: liczba pobrań, oceny użytkowników, liczba sprzedanych kopii*

- *Potencjalne zagrożenie: spadek popularności gry na rynku, co może wpłynąć na wyniki finansowe producenta gry oraz zainteresowanie kolejnymi częściami gry Mario.*

- *Potencjalna szansa: wykrycie, że gra cieszy się dużą popularnością, co pozwala producentowi na kontynuowanie prac nad kolejnymi częściami gry.*

2. *Analiza jakości gry Mario:*

- *Dane: oceny krytyków, liczba zgłoszeń błędów, interakcje graczy z grą*

- *Potencjalne zagrożenie: niska jakość gry, co może wpłynąć na poziom sprzedaży i popularność gry.*

- *Potencjalna szansa: wykrycie błędów i niedociągnięć w grze, co pozwala na ich poprawienie i zwiększenie jakości gry oraz poziomu zadowolenia graczy.*

3. *Analiza rynku gier komputerowych:*

- *Dane: liczba gier podobnych do gry Mario, trendy w branży gier, preferencje graczy*

- *Potencjalne zagrożenie: duża konkurencja na rynku gier, co może wpłynąć na wyniki finansowe producenta gry oraz popularność gry.*

- *Potencjalna szansa: wykrycie trendów w branży gier i preferencji graczy, co pozwala na wdrożenie odpowiednich zmian w grze i dostosowanie jej do oczekiwań rynku.*

4. *Analiza kosztów produkcji gry Mario:*

- *Dane: koszty produkcji gry, liczba pracowników zaangażowanych w produkcję, czas produkcji.*

- *Potencjalne zagrożenie: wysokie koszty produkcji gry, co może wpłynąć na opłacalność projektu oraz na jakość i ilość kolejnych projektów producenta.*

- *Potencjalna szansa: wykrycie możliwości zmniejszenia kosztów produkcji, co pozwala na zwiększenie zysków oraz na rozwój kolejnych projektów producenta.*

2.2.2. Porównanie zebranych danych z wcześniejszymi wynikami i trendami rynkowymi

Porównanie zebranych danych z wcześniejszymi wynikami i trendami rynkowymi to proces analizy danych, który umożliwia zrozumienie, w jaki sposób zmienia się rynek i jakie decyzje należy podjąć, aby projekt był zgodny z trendami i oczekiwaniami użytkowników.

Proces ten polega na zbieraniu i analizowaniu danych z poprzednich projektów lub trendów rynkowych, a następnie porównaniu ich z wynikami obecnego projektu. Na podstawie tych porównań można ocenić, jakie zmiany lub udoskonalenia należy wprowadzić do projektu, aby był on bardziej zgodny z oczekiwaniami użytkowników i trendami rynkowymi.

Porównanie zebranych danych z wcześniejszymi wynikami i trendami rynkowymi umożliwia także ocenę skuteczności działań podejmowanych w trakcie projektu oraz identyfikację potencjalnych zagrożeń i szans. Dzięki temu można szybko reagować na zmieniające się potrzeby rynku i użytkowników oraz podejmować skuteczne decyzje w kontekście projektu.

Można porównać zebrane dane z wcześniejszymi wynikami poprzez przeprowadzenie analizy porównawczej. W ramach takiej analizy porównuje się dane zebrane w różnych okresach czasu lub z różnych źródeł, w celu zidentyfikowania zmian i trendów. W zależności od charakteru danych i celu analizy, można wykorzystać różne metody porównawcze, np.:

1. **Analiza trendów** - polega na porównaniu zmian w danych na przestrzeni czasu. Można wykorzystać do tego wykresy liniowe lub wykresy słupkowe.

2. **Analiza różnicowa** - polega na porównaniu różnic między danymi. Można wykorzystać do tego tabele porównawcze lub wykresy słupkowe.

3. **Analiza korelacyjna** - polega na określeniu stopnia związku między dwoma zmiennymi. Można wykorzystać do tego współczynnik korelacji lub wykres punktowy.

W każdym przypadku, ważne jest aby dokładnie określić, jakie zmienne porównujemy i jakie są kryteria porównania, aby wyniki analizy były jak najbardziej trafne i wiarygodne.

Aby porównać zebrane dane z trendami rynkowymi, należy wykonać analizę trendów rynkowych w branży, w której działa projekt. Można skorzystać z danych dostępnych publicznie, takich jak raporty rynkowe, analizy konkurencji, badania ankietowe lub wywiady z graczami.

Następnie należy porównać te dane z zebranymi danymi z projektu, aby zidentyfikować, czy wyniki projektu odzwierciedlają trendy rynkowe. Na przykład, jeśli trendem na rynku są gry wideo z otwartym światem, a projekt gry ma liniową strukturę, to może to być zagrożeniem dla sukcesu projektu.

Porównanie zebranych danych z trendami rynkowymi może pomóc w określeniu, czy projekt spełnia oczekiwania rynku i graczy, a także w identyfikacji możliwości i zagrożeń dla projektu. W oparciu o te informacje, można podjąć decyzje dotyczące dalszego rozwoju projektu lub wprowadzenia zmian w obecnej strategii.

Na podstawie analizy danych aktualnych i historycznych można podjąć decyzje w kontekście projektu, oceniając jakie trendy rynkowe mają wpływ na jego rozwój, co przynosi największe korzyści i jakie czynniki należy wziąć pod uwagę w procesie podejmowania decyzji. Na przykład, w kontekście gier wideo, analiza danych sprzedażowych może pokazać, które gry są najbardziej popularne na rynku i jakie gatunki cieszą się największym zainteresowaniem. Na podstawie tych informacji można podjąć decyzję, czy koncentrować się na rozwoju danego gatunku gier, czy też poszukiwać nowych trendów i kierunków rozwoju.

Warto również analizować historię projektów, by wyciągać wnioski i unikać popełniania tych samych błędów w przyszłości. Na podstawie analizy danych historycznych można określić, jakie decyzje były najskuteczniejsze w przeszłości i jakie czynniki wpłynęły na sukces lub porażkę danego projektu.

Podjęcie decyzji na podstawie analizy danych aktualnych i historycznych wymaga jednak ostrożności i należy uwzględnić wiele czynników, takich jak trendy rynkowe, preferencje użytkowników, możliwości technologiczne, czy konkurencję na rynku.

2.2.3. Interpretacja wyników analizy w celu opracowania strategii i wytyczenia celów projektowych

Interpretacja wyników analizy danych polega na zrozumieniu i wyciągnięciu wniosków na podstawie zebranych danych. Obejmuje to weryfikację hipotez, zrozumienie zależności między zmiennymi, identyfikację kluczowych czynników wpływających na wyniki oraz określenie, jakie decyzje należy podjąć w oparciu o wyniki analizy.

Ważne jest, aby interpretacja wyników była oparta na odpowiednich narzędziach i technikach analitycznych oraz uwzględniała kontekst biznesowy. Wyniki analizy powinny być również weryfikowane i przetestowane, aby upewnić się, że są wiarygodne i zgodne z oczekiwaniami.

Ostateczna interpretacja wyników analizy danych powinna prowadzić do podejmowania konkretnych działań i decyzji biznesowych, które przyczynią się do osiągnięcia zamierzonych celów projektu.

Interpretacja wyników analizy danych ma na celu zrozumienie co dana analiza nam mówi oraz jakie wnioski można z niej wyciągnąć. Na podstawie tych wniosków można opracować strategię, czyli plan działania, który pozwoli osiągnąć zamierzone cele.

Aby wykorzystać interpretacje wyników analizy w celu opracowania strategii, należy zrozumieć, jakie informacje uzyskano z analizy i jakie są ich konsekwencje dla projektu. Należy ocenić, czy wyniki analizy są pozytywne czy negatywne dla projektu, a także czy przyniosą korzyści czy ryzyko. Na tej podstawie należy określić cele strategiczne i cele szczegółowe, a także plan działań, które pozwolą osiągnąć te cele.

W przypadku projektu gier wideo, interpretacja wyników analizy może pomóc w określeniu, jakie elementy gry są najważniejsze dla graczy i jakie należy usprawnić lub zmienić. Na podstawie tych wniosków można opracować strategię, która pozwoli na poprawienie jakości gry i zwiększenie liczby użytkowników.

Interpretacja wyników analizy może pomóc w wytyczeniu celów projektowych poprzez wskazanie obszarów, które wymagają poprawy lub zmiany, oraz określenie ich priorytetów. Na podstawie wyników analizy można również określić, jakie działania należy podjąć, aby osiągnąć zamierzone cele. Na przykład, jeśli analiza wykazała, że niskie oceny graczy dotyczą głównie braku różnorodności w poziomach gry, można określić cel projektowy polegający na wprowadzeniu większej ilości poziomów o różnym stopniu trudności.

Interpretacja wyników analizy może również pomóc w określeniu, które cele są najważniejsze dla projektu oraz jakie zmiany należy wprowadzić mając na uwadze osiągnięcie tych celów. Na przykład, jeśli analiza wykazała, że gracze najbardziej cenią sobie możliwość dostosowania postaci do swoich preferencji, można postawić sobie za cel wprowadzenie większej liczby opcji personalizacji postaci.

Ostatecznie, interpretacja wyników analizy pozwala na podejmowanie bazujących na informacjach decyzji na temat celów projektowych i kierunku dalszego rozwoju gry.

Przykład

Interpretacja wyników analizy	Strategia	Cele projektowe

Popularność postaci Mario	Wykorzystanie postaci Mario w reklamie i marketingu	Zwiększenie świadomości marki i sprzedaży produktów
Najczęściej odwiedzane poziomy	Poprawa jakości poziomów i stworzenie nowych	Zwiększenie zaangażowania graczy i retencja
Najczęściej używane przedmioty	Ulepszanie przedmiotów i dodanie nowych	Udoskonalenie rozgrywki i zwiększenie satysfakcji
Miejsca, w których gracz najczęściej umiera	Poprawa balansu trudności gry	Zwiększenie atrakcyjności gry dla graczy

2.2.4. Rekomendacje dotyczące projektu gry w oparciu o wyniki analizy

Dokonanie rekomendacji dotyczących projektu gry w oparciu o wyniki analizy polega na przedstawieniu konkretnych sugestii i działań, które powinny być podjęte w celu poprawy projektu gry. Rekomendacje te powinny być oparte na wynikach analizy, uwzględniając mocne i słabe strony projektu, cele i potrzeby użytkowników oraz możliwości rynkowe.

Aby dokonać rekomendacji, należy:

1. Zebrać i przeanalizować wyniki analizy, uwzględniając mocne i słabe strony projektu, cele i potrzeby użytkowników oraz możliwości rynkowe.

2. Przygotować listę działań i sugestii, które mogą poprawić projekt gry, uwzględniając wyniki analizy.

3. Oceniać każdą sugestię pod kątem jej wpływu na projekt gry, kosztów, czasu realizacji i zgodności z celami projektu.

4. Wybrać najlepsze rekomendacje i opracować plan działań, określając cele, harmonogram i zasoby potrzebne do ich realizacji.

5. Przedstawić rekomendacje decydentom i uzyskać ich zgodę na wdrożenie działań.

6. Wdrożyć plan działań, monitorować postęp i dokonywać ewentualnych korekt.

Przykładowe rekomendacje dla projektu gry w oparciu o wyniki analizy mogą obejmować:

- Poprawa interfejsu użytkownika, aby zwiększyć użyteczność i przyciągnąć więcej graczy.

- Dodanie nowych funkcji, aby zwiększyć atrakcyjność gry i zwiększyć liczbę graczy.

- Poprawa wydajności gry, aby zapobiec opóźnieniom i zawieszeniom.

- Opracowanie kampanii marketingowej, aby zwiększyć świadomość gry i przyciągnąć nowych graczy.

- Rozwijanie dodatkowych platform, aby poszerzyć zasięg gry.

- Wprowadzenie systemu nagród i bonusów, aby zachęcić graczy do dalszej gry.

- Ulepszanie mechaniki gry, aby zwiększyć zaangażowanie graczy i zachęcić ich do dłuższej gry.

Cele projektowe, które mogą wynikać z tych rekomendacji, to na przykład zwiększenie liczby graczy, poprawa ocen gry przez użytkowników, zwiększenie przychodów, poszerzenie zasięgu rynkowego i zwiększenie zaangażowania graczy.

Przykład

Przykładowe wyniki analizy gry Mario i powiązane z nimi rekomendacje mogą być przedstawione w następującej tabeli:

Wyniki analizy	Rekomendacje

Gracze preferują korzystanie z kontrolera zamiast klawiatury	Rozważ zmianę projektu gry tak, aby umożliwić korzystanie z kontrolera
Najpopularniejszy tryb gry to single player	Skup się na rozwoju trybu dla pojedynczego gracza
Gracze wykazują niski poziom satysfakcji z poziomu trudności gry	Rozważ dostosowanie poziomu trudności do potrzeb graczy
Wysoki poziom zainteresowania dodatkowymi poziomami	Rozważ dodanie nowych poziomów do gry
Niskie zainteresowanie dodatkowymi postaciami	Nie skupiaj się na dodawaniu nowych postaci do gry

Na podstawie tych wyników analizy, rekomendacje sugerują dostosowanie projektu gry do preferencji graczy poprzez modyfikację korzystania z kontrolera, skupienie się na rozwoju trybu dla pojedynczego gracza, dostosowanie poziomu trudności do potrzeb graczy i dodanie nowych poziomów do gry. Jednocześnie sugerowane jest, aby nie skupiać się na dodawaniu nowych postaci, ponieważ gracze wykazują niskie zainteresowanie takimi zmianami.

Dokładne zaplanowanie działań to proces planowania konkretnych działań, które zostaną podjęte w celu osiągnięcia określonych celów. W przypadku analizy danych, planowanie działań może obejmować ustalenie priorytetów, identyfikację zadań do wykonania i ustalenie terminów ich realizacji.

W kontekście projektu gry, dokładne zaplanowanie działań może obejmować:

1. **Wybór celów projektowych**: na podstawie wyników analizy wybierz cele, które chcesz osiągnąć w ramach projektu.

2. **Określenie priorytetów**: zidentyfikuj najważniejsze obszary, na które należy się skupić w ramach projektu.

3. **Ustalenie działań do wykonania**: określ konkretne zadania, które należy wykonać w celu osiągnięcia wybranych celów projektowych.

4. **Ustalenie harmonogramu działań**: określ terminy realizacji poszczególnych zadań i ustal harmonogram ich realizacji.

5. **Przydzielenie zasobów**: określ, jakie zasoby (ludzkie, technologiczne, finansowe itp.) będą potrzebne do realizacji poszczególnych zadań.

6. **Monitorowanie postępu prac**: określ, jak będziesz monitorować postęp prac i jakie narzędzia będą potrzebne do tego celu.

Wyniki analizy danych mogą być bardzo przydatne w procesie dokładnego planowania działań, ponieważ umożliwiają one określenie najważniejszych obszarów, na które należy się skupić w ramach projektu.

Przykład

Przykładowy plan działań, który może zostać podjęty na podstawie wyników analizy gry Mario:

1. *Poprawa jakości grafiki i animacji postaci:*

- *Wynik analizy: Gracze zgłaszają niezadowolenie z jakości grafiki i animacji postaci w grze Mario.*

- *Plan działań:*

  - *Zatrudnienie doświadczonych grafików i animatorów do poprawienia jakości grafiki i animacji postaci.*

  - *Opracowanie listy nowych grafik i animacji*

  - *Wykonanie prac*

  - *Ogłoszenia nadchodzącego patcha*

- *Implementacja nowych grafik i animacji*

- *Testowanie*

- *Gold Candidate*

- *Release patcha*

- *Wysłanie prasówki*

- *Analiza feedbacku*

2. *Dodanie trybu wieloosobowego:*

- *Wynik analizy: Wielu graczy wyraża chęć gry z innymi graczami w trybie wieloosobowym.*

- *Plan działań: Dodanie trybu wieloosobowego do gry Mario, który umożliwi grę z innymi graczami online.*

- *design mechanik trybu wieloosobowego*

- *wybór metody połączenia*

- *konfiguracja serwerów*

- *implementacja mechanik multiplayer*

- *testy*

- *release*

3. *Poprawa wyważenia trudności gry:*

- *Wynik analizy: Wiele opinii graczy sugeruje, że gra jest zbyt trudna w niektórych etapach.*

- *Plan działań: Zmniejszenie trudności niektórych etapów gry poprzez zmiany w poziomie trudności, takie jak zmniejszenie liczby przeciwników lub zmniejszenie ilości przeszkód.*

    - *identyfikacja problematycznych miejsc*

    - *zmniejszenie liczby przeciwników*

    - *testy*

    - *release*

4. *Dodanie nowych elementów rozgrywki:*

- *Wynik analizy: Gracze wyrażają chęć doświadczania nowych elementów rozgrywki.*

- *Plan działań: Dodanie nowych elementów rozgrywki, takich jak nowe postacie, nowe poziomy lub nowe umiejętności dla postaci.*

    - *Burza mózgów i wybranie pomysłów na nowe poziomy*

    - *Utworzenie GDD z nowymi poziomami*

    - *Opracowanie zapotrzebowania na assety*

    - *Projekty poziomów*

    - *Analiza poziomów*

    - *Implementacja poziomów*

    - *Testy*

- ■ *Release*

5. *Poprawa responsywności sterowania:*

- *Wynik analizy: Niektórzy gracze narzekają na niewystarczającą responsywność sterowania postacią.*

- *Plan działań: Poprawa responsywności sterowania poprzez dostosowanie sterowania postaci do preferencji graczy i usprawnienie reakcji na sygnały sterowania.*

6. *Zwiększenie długości gry:*

- *Wynik analizy: Gracze narzekają na zbyt krótką długość gry.*

- *Plan działań: Dodanie nowych poziomów, postaci i elementów rozgrywki w celu zwiększenia długości gry.*

Ten plan działań jest tylko przykładem i może być modyfikowany lub dostosowywany w zależności od konkretnych wyników analizy i celów projektowych.

2.3. Sporządzenie raportu

Sporządzenie raportu zawierającego wyniki analizy, rekomendacje i strategie to jedno z najważniejszych działań na etapie analizy danych dla projektu gry. Raport ten powinien zawierać szczegółowe informacje na temat wyników analizy, wraz z ich interpretacją, rekomendacjami i strategiami dla kolejnych etapów projektu.

W raporcie powinny znaleźć się następujące elementy:

- **Wprowadzenie** - krótkie wprowadzenie przedstawiające cel raportu oraz ogólne informacje na temat gry Mario

- **Wyniki analizy** - prezentacja wyników analizy danych, w tym liczbowe i graficzne porównania, wykresy i tabele.

- **Interpretacja wyników** - dokładna analiza wyników i wyjaśnienie ich znaczenia dla projektu gry, a także wskazanie potencjalnych zagrożeń i szans.

- **Rekomendacje** - przedstawienie konkretnych rekomendacji dotyczących działań, jakie powinny zostać podjęte na podstawie wyników analizy, takich jak zmiany w mechanice gry, ulepszanie interfejsu, dodanie nowych funkcji itp.

- **Strategie** - przedstawienie długofalowych strategii na podstawie wyników analizy, takich jak planowane aktualizacje gry, wprowadzenie nowych funkcji lub elementów rozgrywki.

- **Podsumowanie** - krótkie podsumowanie raportu, wskazanie najważniejszych wyników analizy i rekomendacji dla projektu gry.

Przykład

Przykładowy raport analizy dla gry Mario może wyglądać następująco:

Sekcja	Treść

Wprowadzenie	Cel raportu, opis gry Mario
Wyniki analizy	Wykresy dotyczące popularności gry, statystyki dotyczące liczby graczy, czasu spędzonego w grze, itp.
Interpretacja wyników	Analiza wyników, wskazanie potencjalnych zagrożeń i szans dla projektu, takich jak spadek popularności gry wśród graczy, potrzeba ulepszania mechaniki gry, czy pojawienie się nowych trendów wśród graczy.
Rekomendacje	Konkretne rekomendacje dotyczące działań, które powinny zostać podjęte na podstawie wyników analizy, takie jak ulepszanie interfejsu gry, dodanie nowych funkcji, wprowadzenie zmian w mechanice gry itp.
Strategie	Długofalowe strategie na podstawie wyników analizy, takie jak planowane aktualizacje gry, wprowadzenie nowych elementów rozgrywki, czy prowadzenie działań marketingowych w celu zwiększenia popularności gry.
Podsumowanie	Krótkie podsumowanie raportu, wskazanie najważniejszych wynik

2.3.1. Wstęp

Wstęp do raportu zawierającego wyniki analizy, rekomendacje i strategie jest jednym z najważniejszych elementów, ponieważ to na jego podstawie czytelnik podejmie decyzję, czy chce poświęcić czas na dalszą lekturę. Wstęp powinien zawierać następujące elementy:

1. **Cel raportu** - należy precyzyjnie określić, co było celem przeprowadzonej analizy. Czy chodziło o zbadanie popularności gry, o odkrycie sposobów na zwiększenie liczby graczy, czy o coś innego?

2. **Opis metodologii** - w tym miejscu należy przedstawić czytelnikowi sposób, w jaki przeprowadzono badania. Warto w tym miejscu pokazać, jakie źródła danych wykorzystano, jakie narzędzia analityczne zostały użyte, jaki był zakres badania i jakie były kryteria selekcji danych.

3. **Wyniki** - krótki opis najważniejszych wyników analizy, które pojawiają się w raporcie. Warto podać liczby i procenty, jeśli to możliwe, aby czytelnik miał jasny obraz sytuacji.

4. **Rekomendacje** - wstęp powinien zawierać również krótkie podsumowanie rekomendacji, które wynikają z przeprowadzonej analizy. W ten sposób czytelnik będzie miał już na wstępie jasny obraz działań, jakie należy podjąć w celu poprawy wyników.

5. **Podsumowanie** - na końcu wstępu warto umieścić podsumowanie tego, co zawiera raport i co można się po nim spodziewać.

Warto pamiętać, że wstęp do raportu powinien być zwięzły, ale jednocześnie przekazywać wszystkie istotne informacje. To on decyduje o pierwszym wrażeniu i może zachęcić czytelnika, czyli twojego przełożonego, inwestora, wydawcę do poznania dalszych treści.

Przykład

Wstęp do raportu z analizy gry Mario powinien zawierać informacje dotyczące celów projektu oraz zakresu przeprowadzonej analizy. Przykładowy wstęp może wyglądać następująco:

"Raport przedstawia wyniki analizy gry Mario, przeprowadzonej w celu określenia jej potencjału rynkowego oraz rekomendacji i strategii, które mogą przyczynić się do jej sukcesu na rynku gier. Celem analizy było zidentyfikowanie głównych czynników wpływających na popularność gry, a także potencjalnych zagrożeń i szans dla projektu.

W ramach analizy przebadano zarówno dane historyczne, jak i aktualne, dotyczące sprzedaży i ocen gry, jej popularności w mediach społecznościowych, a także preferencji i opinii graczy. Analiza danych pozwoliła na identyfikację kluczowych czynników wpływających na sukces gry Mario oraz wskazanie rekomendacji i strategii, które mogą zwiększyć jej popularność i zyskowność na rynku.

W raporcie przedstawione są szczegółowe wyniki analizy, rekomendacje dotyczące dalszego rozwoju gry oraz strategie, które mogą przyczynić się do osiągnięcia celów projektowych. Raport stanowi podstawę dla kolejnych etapów projektu, w tym dla planowania działań marketingowych, rozwoju gry oraz podejmowania decyzji biznesowych."

2.3.2. Wyniki analizy

W sekcji wyników analizy powinny znaleźć się szczegółowe wyniki przeprowadzonych analiz oraz ich interpretacja. Wszystkie istotne wyniki powinny zostać opisane w sposób zrozumiały dla odbiorcy raportu. Wyniki powinny być przedstawione w formie tabel, wykresów lub innych grafik, które pomogą w łatwiejszym zrozumieniu i przyswojeniu informacji.

W wynikach analizy powinny znaleźć się informacje na temat charakterystyki graczy, takie jak wiek, płeć, preferencje dotyczące gier, częstotliwość gry, a także informacje na temat sposobu, w jaki gracze korzystają z gry i jej funkcjonalności. Powinny również zostać omówione informacje na temat sprzedaży gry, w tym jej popularność, zyski, tendencje sprzedaży i informacje na temat wykorzystania gry przez graczy.

Analiza danych powinna również obejmować informacje na temat poziomów trudności, czasów gry, osiągnięć i sukcesów graczy. Ponadto, powinny zostać opisane różne tryby gry oraz ich popularność i wykorzystanie przez graczy.

Wyniki analizy powinny być przedstawione w sposób zorganizowany i logiczny, aby zapewnić ich łatwe zrozumienie i interpretację. Wszystkie informacje powinny być poparte danymi i faktami, a wszelkie wnioski powinny wynikać w sposób logiczny z wyników analizy.

W sekcji wyników analizy powinny również zostać przedstawione wszystkie potencjalne zagrożenia lub szanse, które zostały zidentyfikowane na podstawie analizy. Zidentyfikowane zagrożenia lub szanse powinny być opisane w sposób szczegółowy, a ich wpływ na projekt powinien zostać dokładnie przeanalizowany.

Przykład

Przykładowe wyniki analizy dla gry Mario:

1. *Analiza popularności:*

- *Liczba pobrań gry wyniosła 5 milionów w ciągu pierwszego miesiąca, a następnie spadła do około 2 milionów miesięcznie w kolejnych miesiącach.*

- *Gra jest najczęściej pobierana przez osoby w wieku 18-35 lat.*

- *Najwięcej pobrań pochodzi z regionów Europy i Ameryki Północnej.*

2. *Analiza użytkowania:*

- *Średni czas użytkowania gry wynosi 20 minut.*

- *Najczęściej wykonywane akcje to: bieganie, skakanie, zbieranie monet i pokonywanie przeszkód.*

- *Najczęściej wybierane postacie to Mario i Luigi.*

3. *Analiza przychodów:*

- *Gra zarobiła łącznie 10 milionów dolarów w ciągu pierwszych 6 miesięcy od premiery.*

- *Najwięcej przychodów pochodzi z mikropłatności, takich jak zakup dodatkowych postaci i poziomów.*

- *Przychody z reklam stanowią około 20% ogólnych przychodów.*

4. *Analiza opinii użytkowników:*

- *Najczęstsze pozytywne opinie dotyczą grafiki, muzyki i przyjemności z gry.*

- *Najczęstsze negatywne opinie dotyczą problemów z łącznością internetową i trudności w zakupach wewnętrznych.*

5. *Analiza konkurencji:*

- *Głównymi konkurentami gry Mario są gry platformowe z podobnymi mechanikami, takie jak Sonic the Hedgehog i Donkey Kong.*

- *Gry konkurencyjne osiągają podobne wyniki popularności i generują podobne przychody.*

6. Analiza trendów rynkowych:

- *Gry mobilne osiągają coraz większą popularność, co przekłada się na wzrost przychodów z mikropłatności.*

- *Gry platformowe zachowują swoją popularność, ale gry z otwartym światem i elementami RPG zyskują na popularności.*

Powyższe wyniki pomogą w określeniu strategii i celów projektowych dla gry Mario oraz w podejmowaniu decyzji dotyczących kolejnych etapów projektu.

2.3.3. Interpretacja i wnioski

Interpretacja wyników analizy powinna zawierać szczegółowe omówienie wyników i ich znaczenia dla projektu. Powinna obejmować informacje na temat potencjalnych zagrożeń i szans dla gry, a także wyjaśniać, jakie czynniki wpłynęły na wyniki analizy. Interpretacja powinna również zidentyfikować kluczowe obszary projektu, w których można wprowadzić ulepszenia, i wskazać, jakie decyzje należy podjąć w celu poprawy wyników gry.

W interpretacji wyników powinny znaleźć się również wnioski z analizy porównawczej, czyli porównanie wyników gry z wcześniejszymi danymi oraz trendami rynkowymi. Wniosek taki pozwoli na określenie, czy gra ma potencjał w porównaniu z konkurencyjnymi grami i czy są szanse na poprawę wyników.

Ważnym elementem interpretacji wyników jest również wskazanie głównych czynników wpływających na wyniki gry, w tym na przykład sposobu użytkowania gry, typów graczy czy dostępnych funkcjonalności. Wskazanie tych czynników pozwoli na opracowanie skuteczniejszej strategii dla projektu.

Ostatecznie, interpretacja wyników powinna zawierać konkretny plan działań, który pozwoli na wprowadzenie ulepszeń i osiągnięcie celów projektowych. Plan ten powinien być oparty na danych i wnioskach wynikających z analizy, a także uwzględniać ograniczenia czasowe i budżetowe projektu.

Przykład

W oparciu o wyniki analizy gry Mario, można wysunąć następujące wnioski i interpretacje:

1. *Najpopularniejszą postacią w grze Mario jest Mario, który stanowi około 80% wyborów graczy. Z tego powodu zaleca się skupienie większej uwagi na rozwoju postaci Mario, tak aby przyciągnąć i utrzymać większą liczbę graczy.*

2. *Najczęściej wybieranym poziomem jest pierwszy poziom, a ponad 50% graczy nie przechodzi poziomu drugiego. Zaleca się zmianę poziomów, aby zachęcić graczy do dalszej gry oraz wprowadzenie stopniowego wzrostu trudności poziomów.*

3. *Około 70% graczy korzysta z kontrolera gier, podczas gdy pozostali korzystają z klawiatury. Zaleca się wprowadzenie dodatkowych ustawień kontrolera, tak aby umożliwić grę osobom korzystającym z klawiatury.*

4. *Około 40% graczy gra na poziomie trudnym, co sugeruje, że warto skupić się na dostarczeniu wyzwań dla bardziej doświadczonych graczy, np. poprzez wprowadzenie poziomów zwiększonej trudności.*

5. *W przypadku trybu gry wieloosobowej, zauważono, że najczęściej grają dwie osoby. Warto zatem skupić się na wprowadzeniu trybu gry online, który pozwoli na rywalizację z innymi graczami.*

6. *Wśród graczy istnieje zróżnicowanie w preferencjach co do grafiki. Niektórzy preferują bardziej klasyczne, pikselowe grafiki, a inni bardziej zaawansowane wizualnie. Warto zatem wprowadzić opcję wyboru grafiki przez gracza.*

2.3.4. Rekomendacje

W sekcji rekomendacji raportu powinny zostać przedstawione propozycje działań, które powinny zostać podjęte na podstawie wyników analizy, aby osiągnąć cele projektowe. Rekomendacje powinny być konkretnie sformułowane i łatwe do zrozumienia, a także oparte na analizie danych i faktach.

W sekcji rekomendacji można omówić kilka kwestii, takich jak:

- Dalsze badania i analizy danych, które pomogą lepiej zrozumieć potrzeby i preferencje graczy, a także określić, jakie funkcje powinny zostać dodane lub zmodyfikowane w grze.

- Zmiany w strategii marketingowej, takie jak lepsze wykorzystanie kanałów social media i reklam internetowych, aby zwiększyć świadomość gry i przyciągnąć większą liczbę graczy.

- Poprawa interfejsu użytkownika i doświadczenia użytkownika, aby zwiększyć zaangażowanie graczy i zwiększyć czas spędzony na grze.

- Rozszerzenie funkcji gry, takie jak dodanie nowych poziomów, postaci i bonusów, aby zachęcić graczy do dalszego grania.

- Poprawa jakości grafiki i dźwięku, aby zwiększyć atrakcyjność gry i zwiększyć poziom zadowolenia graczy.

Rekomendacje powinny być uzasadnione i oparte na analizie danych. Dodatkowo, w tej sekcji można omówić plan działań i terminy realizacji, aby zapewnić skuteczne wdrożenie rekomendacji.

Przykład

Na podstawie powyższych wniosków, rekomendowane jest:

1. *Skoncentrowanie się na rozwijaniu postaci Mario i wprowadzenie nowych opcji dostępnych tylko dla tej postaci.*

2. *Wprowadzenie poziomów o zróżnicowanej trudności, tak aby zachęcić graczy do dalszej gry i zapobiec monotoniczności rozgrywki.*

3. *Dodanie ustawień kontrolera gier, tak aby zwiększyć komfort gry dla osób korzystających z klawiatury.*

4. *Wprowadzenie poziomów zwiększonej trudności, aby zaspokoić potrzeby bardziej doświadczonych graczy.*

5. *Wprowadzenie trybu gry online, aby umożliwić rywalizację z innymi graczami.*

6. *Dodanie opcji wyboru grafiki, aby zaspokoić zróżnicowane preferencje graczy.*

2.3.5. Strategie

W sekcji strategii raportu z analizy gry powinny znaleźć się szczegółowe i konkretne rekomendacje dotyczące sposobu, w jaki firma powinna podejść do dalszego rozwoju gry. Strategie powinny uwzględniać wyniki analizy, interpretację danych i cele projektowe.

W strategiach można uwzględnić wiele różnych aspektów, takich jak:

1. **Mechanika gry:** w tym aspekcie strategia powinna skupić się na tym, jakie aspekty mechaniki gry wymagają poprawy lub zmiany, aby zwiększyć przyjemność z gry i zwiększyć jej popularność. W skład tej strategii mogą wchodzić zmiany w systemie sterowania, poprawa grafiki lub dźwięku, dostosowanie poziomu trudności, dodanie nowych funkcji lub elementów gry.

2. **Marketing**: w tym aspekcie strategia powinna skupić się na tym, jak firma może skutecznie promować grę, aby dotrzeć do jak największej liczby graczy. W skład tej strategii mogą wchodzić takie działania jak reklama na portalach społecznościowych, współpraca z blogerami i influencerami, organizacja konkursów i eventów, a także dystrybucja gry na różnych platformach.

3. **Monetyzacja**: w tym aspekcie strategia powinna skupić się na tym, jak firma może generować przychody z gry. W skład tej strategii mogą wchodzić różne modele biznesowe, takie jak darmowa gra z opcjonalnymi zakupami w aplikacji, abonament lub jednorazowa opłata za grę. W strategii można również uwzględnić sposoby zwiększenia przychodów z reklam lub produktów pobocznych.

4. **Rozwój**: w tym aspekcie strategia powinna skupić się na tym, jak firma może kontynuować rozwój gry, aby utrzymać jej

popularność i zwiększać przychody. W skład tej strategii mogą wchodzić regularne aktualizacje gry, dodawanie nowych funkcji lub poziomów, a także rozwój gry na różne platformy.

Wszystkie strategie powinny być konkretne, mierzalne, osiągalne, związane z czasem i uwzględniać dostępne zasoby. Powinny być również dostosowane do konkretnych celów projektowych i wyników analizy.

Przykład

Kilka przykładowych strategii, które mogą zostać zaproponowane w ramach raportu z analizy gry Mario:

1. *Poprawa grywalności: Analiza wyników sugeruje, że wielu graczy ma trudności z pewnymi elementami rozgrywki, takimi jak kontrola postaci lub trudne poziomy. W związku z tym zaleca się poprawę grywalności poprzez lepsze instrukcje dla graczy i łatwiejsze poziomy wprowadzające.*

2. *Wprowadzenie nowych funkcji: W trakcie analizy zauważono, że niektórzy gracze poszukują bardziej zaawansowanej rozgrywki. Aby przyciągnąć takich graczy i zwiększyć zainteresowanie grą, zaleca się wprowadzenie nowych funkcji, takich jak tryb gry wieloosobowej lub dodatkowe postacie do odblokowania.*

3. *Poprawa grafiki: Analiza wyników sugeruje, że wielu graczy zwraca uwagę na jakość grafiki. Aby przyciągnąć więcej graczy i*

zwiększyć ich zaangażowanie, zaleca się poprawienie jakości grafiki, szczególnie w obszarach, które w trakcie analizy zostały określone jako słabe punkty.

4. *Poprawa interakcji z użytkownikami: Analiza wyników wskazuje na niską interakcję z użytkownikami na stronie internetowej gry. Zaleca się poprawę interakcji z użytkownikami, na przykład poprzez dodanie funkcji komentarzy i możliwości dzielenia się wynikami z przyjaciółmi.*

5. *Wprowadzenie kampanii marketingowej: Analiza wyników sugeruje, że gra Mario jest znana i lubiana przez wiele osób, ale nadal istnieje potencjał dla zwiększenia zainteresowania grą. Zaleca się wprowadzenie kampanii marketingowej, takiej jak konkursy i promocje, aby przyciągnąć nowych graczy i utrzymać istniejących.*

6. *Poprawa mobilności: Analiza wyników sugeruje, że wiele osób gra w gry na swoich telefonach komórkowych. Aby przyciągnąć tę grupę graczy, zaleca się poprawienie mobilności gry, takie jak wprowadzenie wersji mobilnej lub aplikacji mobilnej.*

Wszystkie te strategie mają na celu poprawę jakości gry, przyciągnięcie nowych graczy i utrzymanie istniejących graczy. W zależności od celów projektu, niektóre strategie mogą być bardziej odpowiednie niż inne.

2.3.6. Podsumowanie

W podsumowaniu raportu z analizy gry Mario powinny znaleźć się najważniejsze wnioski wynikające z przeprowadzonej analizy oraz podjęte na tej podstawie rekomendacje i strategie. Warto również wskazać, jakie cele projektowe zostaną osiągnięte dzięki zastosowaniu tych rekomendacji i strategii.

W podsumowaniu można również zawrzeć informacje dotyczące ewentualnych ograniczeń lub niedoskonałości analizy, które należy uwzględnić podczas realizacji projektu. Ważne jest również wskazanie na ewentualne zagrożenia, jakie mogą wystąpić w trakcie realizacji strategii i jakie działania podjąć, aby je zminimalizować.

Podsumowanie powinno być zwięzłe, ale jednocześnie jasno przedstawiać wnioski i rekomendacje wynikające z analizy oraz wskazywać, jakie kroki należy podjąć w kolejnych etapach projektu.

Przykład

Przykładowe podsumowanie raportu z analizy gry Mario mogłoby wyglądać następująco:

Analiza gry Mario przeprowadzona w ramach niniejszego projektu pozwoliła na zebranie i przeanalizowanie danych dotyczących zachowań graczy oraz wyników sprzedaży gry. Na podstawie analizy można wyciągnąć następujące wnioski i rekomendacje:

1. *Wskaźnik zadowolenia graczy z gry Mario jest wysoki i utrzymuje się na stałym poziomie od czasu jej wydania. Istnieje jednak pewna grupa graczy, którzy zgłaszają pewne problemy z grą, w szczególności z poziomem trudności.*

2. *Gry platformowe, do których należy Mario, cieszą się dużą popularnością wśród graczy. Jednocześnie jednak konkurencja w tej kategorii jest wysoka, a gracze oczekują innowacyjnych rozwiązań i nowych funkcji w grach.*

3. *W analizowanym okresie sprzedaż gry Mario była stabilna i osiągnęła zadowalające wyniki, jednak w ostatnim czasie zaczyna ona tracić na popularności i sprzedaży.*

Na podstawie powyższych wniosków, proponujemy podjąć następujące działania:

1. *Poprawa poziomu trudności gry poprzez zwiększenie opcji dostosowania trudności przez graczy lub dodanie trybu łatwiejszego dla początkujących graczy.*

2. *Wprowadzenie nowych funkcji i elementów do gry, które przyciągną uwagę graczy i pozwolą wyróżnić się na tle konkurencji. Może to obejmować nowe postacie, poziomy, bronie czy tryby gry.*

3. *Przeprowadzenie kampanii marketingowej skierowanej na szerokie grono odbiorców oraz organizowanie konkursów i wydarzeń promocyjnych, które przyciągną uwagę graczy i zwiększą zainteresowanie grą.*

Wdrożenie powyższych działań pozwoli na poprawę wyników sprzedaży i utrzymanie pozycji gry Mario na rynku gier platformowych.

2.4. Plan działań

Plan działań to szczegółowy dokument, który powstaje na podstawie raportu z analizy i zawiera zestaw konkretnych działań, które powinny zostać podjęte w celu zrealizowania celów projektu. Plan działań powinien uwzględniać kolejność i priorytety działań, terminy ich realizacji oraz osoby odpowiedzialne za ich wykonanie.

Przykład

W przypadku analizy gry Mario, plan działań może obejmować różne obszary, takie jak:

1. *Poprawa grywalności:*

- *Usprawnienie sterowania postacią Mario*

- *Zmniejszenie trudności niektórych poziomów*

- *Wprowadzenie dodatkowych tutoriali, które pozwolą graczom na lepsze zrozumienie mechaniki gry*

2. *Poprawa wizualnego aspektu gry:*

- *Dodanie nowych animacji postaci i przeciwników*

- *Poprawa jakości grafik, szczególnie tła i elementów środowiska*

- *Zmiana kolorów niektórych elementów, aby lepiej odzwierciedlały tematykę gry*

3. *Poprawa doświadczenia użytkownika:*

- *Wprowadzenie nowych trybów gry*

- *Dodanie możliwości zapisywania stanu gry i wznawiania rozgrywki*

- *Poprawa systemu nagród i osiągnięć, aby zachęcać graczy do dalszej gry*

Każde z tych działań powinno być dokładnie opisane, wraz z harmonogramem i osobami odpowiedzialnymi za ich realizację. Plan działań powinien być realistyczny i uwzględniać dostępne zasoby i budżet projektu. Ważne jest również, aby plan był elastyczny i mógł być dostosowany do ewentualnych zmian w trakcie realizacji projektu.

Przykład

Przykładowy plan działań dla gry Mario, opracowany na podstawie wyników analizy:

1. *Poprawa mechaniki skoku postaci Mario - wyznaczenie zespołu programistów i grafików, którzy będą odpowiedzialni za wprowadzenie zmian w kodzie i animacjach postaci, ustalenie harmonogramu prac i celów częściowych, które muszą zostać osiągnięte na czas.*

2. *Usprawnienie sztucznej inteligencji przeciwników - powołanie zespołu programistów zajmujących się algorytmami sztucznej inteligencji, którzy będą odpowiedzialni za poprawienie zachowania przeciwników, ustalenie planu testów i kryteriów akceptacji zmian.*

3. *Poprawa jakości grafiki - wyznaczenie zespołu grafików, którzy będą odpowiedzialni za poprawę jakości grafiki w grze, ustalenie priorytetów graficznych i harmonogramu prac.*

4. *Usprawnienie interfejsu użytkownika - powołanie zespołu projektantów interfejsów użytkownika, którzy zajmą się udoskonaleniem interfejsu w grze, ustalenie celów częściowych i harmonogramu prac.*

5. *Testowanie gry - wyznaczenie zespołu testerów, którzy będą odpowiedzialni za testowanie gry i zgłaszanie błędów, ustalenie kryteriów testów i harmonogramu prac.*

6. *Wprowadzenie zmian na podstawie feedbacku - po zakończeniu testów i otrzymaniu feedbacku od graczy, wyznaczenie zespołu odpowiedzialnego za wprowadzenie zmian i ich wdrożenie, ustalenie harmonogramu prac i kryteriów akceptacji zmian.*

Plan działań powinien zawierać szczegółowe informacje dotyczące kolejności i harmonogramu prac, odpowiedzialności za ich realizację, celów częściowych i końcowych, kryteriów akceptacji zmian oraz ewentualnych ryzyk i sposobów ich minimalizacji.

Przykład

Plan działań dotyczący poprawy mechaniki skoku postaci Mario może obejmować następujące kroki:

1. *Analiza obecnej mechaniki skoku: Przeprowadzenie dokładnej analizy obecnej mechaniki skoku Mario w grze, z uwzględnieniem wysokości, prędkości i czasu trwania skoku oraz innych czynników, które mogą wpływać na skok postaci.*

2. *Zidentyfikowanie problemów: Zidentyfikowanie problemów z obecną mechaniką skoku Mario i określenie, w jaki sposób powodują one trudności dla graczy.*

3. *Określenie celów: Określenie celów, jakie chcemy osiągnąć poprzez poprawę mechaniki skoku Mario. Na przykład, chcemy,*

aby skok był bardziej płynny i precyzyjny, a także zapewnił większą kontrolę nad postacią.

4. *Projektowanie nowej mechaniki skoku: Przygotowanie projektu nowej mechaniki skoku, która będzie spełniać cele określone w poprzednim kroku. Projekt powinien uwzględniać wszystkie zidentyfikowane problemy i uwzględniać opinie graczy.*

5. *Testowanie nowej mechaniki skoku: Przeprowadzenie testów nowej mechaniki skoku Mario w celu sprawdzenia, czy działa ona zgodnie z założeniami projektowymi. W tym etapie konieczne jest zbieranie opinii od graczy, aby uzyskać informacje zwrotne na temat nowej mechaniki skoku.*

6. *Wdrożenie nowej mechaniki skoku: Wdrożenie nowej mechaniki skoku w grze i zapewnienie, aby działała ona poprawnie i nie wprowadzała żadnych nowych problemów.*

7. *Monitorowanie i utrzymanie: Monitorowanie skuteczności nowej mechaniki skoku i wprowadzenie ewentualnych ulepszeń. Utrzymanie nowej mechaniki skoku w dobrej kondycji i zapewnienie, że działa ona zgodnie z założeniami projektowymi.*

Poprawa mechaniki skoku postaci Mario jest jednym z elementów, które zostały zidentyfikowane w wyniku analizy gry Mario i uznane za kluczowe dla poprawy doświadczenia graczy. W ramach planu działań należy zatem dokładnie określić, jakie kroki należy podjąć, aby wprowadzić te zmiany.

Pierwszym krokiem jest wyznaczenie zespołu programistów i grafików, którzy będą odpowiedzialni za wprowadzenie zmian w kodzie i animacjach postaci. Należy upewnić się, że członkowie zespołu posiadają odpowiednie umiejętności i doświadczenie w pracy z grami platformowymi, a także, że są w stanie współpracować ze sobą w celu osiągnięcia założonych celów.

Następnym krokiem jest ustalenie harmonogramu prac. Określenie realistycznych terminów dla poszczególnych etapów projektu jest kluczowe dla zapewnienia, że prace będą prowadzone w sposób skuteczny i zgodny z planem. W ramach harmonogramu należy określić daty i cele częściowe, które muszą zostać osiągnięte na czas. Obejmuje to między innymi wykonanie poszczególnych etapów prac, testy, a także wdrożenie zmian w grze.

Następnie, należy określić odpowiedzialność za realizację poszczególnych zadań. W tym celu konieczne jest wyznaczenie lidera projektu, który będzie nadzorował postęp prac i dbał o to, aby wszystkie zadania były wykonywane zgodnie z planem. Ponadto, trzeba również wyznaczyć poszczególnym członkom zespołu odpowiedzialność za realizację konkretnych zadań.

Ostatecznie, należy dokładnie prześledzić postępy prac i monitorować realizację celów częściowych. W miarę osiągania kolejnych etapów należy dokonywać korekt harmonogramu i planu działań, w razie konieczności.

Poprawa mechaniki skoku postaci Mario to tylko jeden z elementów, które wymagają poprawy w grze Mario. W ramach planu działań należy również uwzględnić pozostałe zidentyfikowane elementy i dostosować harmonogram prac i cele częściowe, aby zapewnić jak najlepszy efekt końcowy.

Przykładowy plan działań dla poprawy mechaniki skoku postaci Mario:

1. *Wybór zespołu programistów i grafików odpowiedzialnych za poprawę mechaniki skoku postaci Mario. Zespół powinien składać się z 4 programistów i 2 grafików.*

2. *Przypisanie konkretnych zadań dla każdego członka zespołu w oparciu o ich umiejętności i doświadczenie.*

3. *Opracowanie specyfikacji technicznej i wizualnej dla ulepszonej mechaniki skoku postaci Mario wraz z nowymi animacjami. Specyfikacja powinna zawierać informacje na temat wymagań technicznych, czasu realizacji i kosztów.*

4. *Ustalenie harmonogramu prac, który obejmie okres od 1 września do 31 grudnia, z podziałem na etapy i cele częściowe, które muszą zostać osiągnięte na czas.*

5. *Wyznaczenie osoby odpowiedzialnej za nadzór nad harmonogramem prac i monitorowanie postępu prac.*

6. *Regularne spotkania zespołu w celu omówienia postępów prac i rozwiązania ewentualnych problemów. Spotkania będą odbywać się raz w tygodniu przez cały okres trwania projektu.*

7. *Testowanie ulepszonej mechaniki skoku postaci Mario w różnych warunkach i sytuacjach w grze, w celu weryfikacji poprawek i usprawnień.*

8. *Dopracowanie szczegółów ulepszonej mechaniki skoku postaci Mario w oparciu o wyniki testów i opinie użytkowników.*

9. *Wdrożenie poprawionej mechaniki skoku postaci Mario w grę, przy zachowaniu standardów jakościowych.*

Opracowanie planu działań na podstawie wniosków i zaleceń, uwzględniający kolejność i priorytety działań oraz odpowiedzialność za ich realizację, pozwoli na skuteczne i sprawnie przeprowadzenie projektu, zminimalizowanie ryzyka opóźnień i kosztów oraz osiągnięcie zamierzonych celów.

2.5. Monitoring i kontrola

Kolejnym istotnym krokiem jest wskazanie sposobów monitorowania i kontroli wdrożonych działań oraz zapewnienie, że działania podejmowane na podstawie wniosków i zaleceń są skuteczne i przynoszą oczekiwane efekty.

Monitoring i kontrola są ważnymi elementami raportu dotyczącego analizy gry. Powinny one zawierać informacje o sposobie monitorowania postępów projektu oraz sposobie kontrolowania jakości prac wykonywanych przez zespół projektowy. W ramach monitoringu i kontroli powinny zostać określone konkretne metody i narzędzia, które zostaną wykorzystane w celu śledzenia postępów projektu i wczesnego wykrywania problemów.

W raporcie dotyczącym analizy gry powinny zostać zawarte następujące elementy dotyczące monitoringu i kontroli:

1. **Plan monitoringu i kontroli** - określenie celów monitoringu, wskazanie metody, narzędzi i częstotliwości kontroli, opisanie procesu raportowania postępów projektu.

2. **Ocena ryzyka** - analiza potencjalnych zagrożeń dla projektu, określenie sposobu ich minimalizowania i przeciwdziałania.

3. **Wyznaczenie terminów i etapów kontroli jakości** - określenie momentów, w których będą przeprowadzane kontrole jakości, oraz sposobu ich przeprowadzania.

4. **Proces raportowania** - określenie formy i częstotliwości raportowania postępów projektu, wskazanie osób odpowiedzialnych za raportowanie.

5. **Narzędzia i metody kontroli -** opis narzędzi i metod, które zostaną wykorzystane do śledzenia postępów projektu i kontroli jakości prac.

6. **Plan działań korygujących** - określenie planu działań w przypadku wykrycia nieprawidłowości lub opóźnień w realizacji projektu.

Wszystkie te elementy powinny być szczegółowo opisane i przedstawione w formie tabelarycznej lub graficznej, aby były czytelne i łatwe do zrozumienia dla wszystkich osób zaangażowanych w projekt. Dzięki temu możliwe będzie efektywne monitorowanie postępów projektu oraz szybkie reagowanie na wszelkie problemy i nieprawidłowości, co zapewni jego pomyślne zakończenie.

Plan monitoringu i kontroli to szczegółowy plan działań, które mają na celu monitorowanie postępów projektu i kontrolę nad realizacją działań zgodnie z wcześniej określonymi celami i harmonogramem. Plan ten obejmuje zarówno narzędzia, jak i procedury, które zapewniają, że projekt jest realizowany w sposób efektywny i zgodny z planem.

Plan monitoringu i kontroli powinien uwzględniać:

1. **Narzędzia do monitorowania postępów projektu** - narzędzia te mogą obejmować systemy do śledzenia czasu pracy, raportowania postępów projektu, systemy do zarządzania zadaniami itp.

2. **Procedury kontroli jakości** - procedury te są stosowane do zapewnienia jakości pracy oraz do wykrywania i usuwania

błędów. Mogą obejmować testowanie oprogramowania, kontrole jakościowe produktów graficznych itp.

3. **Harmonogram spotkań i raportów** - zaplanowanie regularnych spotkań z zespołem projektowym, podczas których omawiane są postępy projektu, problemy i rozwiązania. Raporty powinny być również regularnie sporządzane, aby informować zainteresowane strony o postępach projektu.

4. **Kontrolę budżetu** - planowanie i kontrolowanie wydatków związanych z projektem, aby zapewnić, że projekt jest realizowany zgodnie z budżetem.

5. **Zarządzanie ryzykiem** - określenie i monitorowanie ryzyk związanych z projektem, aby można było zareagować na nie w odpowiednim czasie.

Plan monitoringu i kontroli powinien być jasny i łatwy do zrozumienia przez wszystkie osoby zaangażowane w projekt. Powinien również być regularnie aktualizowany w miarę postępów projektu i uwzględniać wszelkie zmiany i nowe wyzwania.

Przykład

Przykładowy plan monitoringu i kontroli dla poprawy mechaniki skoku postaci Mario:

1. *Określenie kluczowych wskaźników wydajności (KPI), takich jak:*

- *Czas reakcji na wprowadzone zmiany w kodzie i animacjach postaci*

- *Liczba zgłoszeń błędów w mechanice skoku po wprowadzeniu zmian*

- *Procentowy wzrost satysfakcji użytkowników z mechaniki skoku po wprowadzeniu zmian*

2. *Wybór narzędzi do monitorowania i raportowania wyników KPI, takich jak systemy śledzenia błędów, narzędzia analityczne do monitorowania zachowań użytkowników lub narzędzia do analizy wydajności kodu.*

3. *Utworzenie harmonogramu raportowania, który będzie uwzględniał:*

- *częstotliwość generowania raportów,*

- *zakres danych, które będą zawarte w raportach,*

- *adresatów raportów,*

- *punkty kontroli postępu projektu.*

4. *Określenie odpowiedzialności za monitorowanie i kontrole, w tym przypisanie zadań oraz wyznaczenie osób odpowiedzialnych za generowanie i analizowanie raportów.*

5. *Regularne przeprowadzanie spotkań zespołu, w których będą omawiane wyniki KPI i raporty, a także dyskutowane będą działania podejmowane w celu poprawy mechaniki skoku.*

6. *Dostosowywanie działań w oparciu o wyniki monitorowania i kontroli, w tym podejmowanie działań naprawczych w przypadku wystąpienia nieprawidłowości lub niewywiązywania się z postawionych celów.*

7. *Wdrażanie systemów nagród i motywacji dla zespołu w przypadku osiągnięcia celów częściowych lub całkowitych.*

2.2.8.1. Ocena ryzyka

Ocena ryzyka to proces identyfikacji, analizy i oceny potencjalnych zagrożeń oraz szacowania ich wpływu na projekt lub przedsięwzięcie. Polega na zidentyfikowaniu potencjalnych zagrożeń, zbadaniu ich wpływu i określeniu ryzyka, czyli prawdopodobieństwa wystąpienia zagrożenia i jego wpływu na realizację projektu.

Ocena ryzyka obejmuje kilka etapów. Pierwszym z nich jest identyfikacja potencjalnych zagrożeń, czyli czynników, które mogą wpłynąć na projekt i zakłócić jego przebieg. Następnie każde zagrożenie jest dokładnie analizowane, aby określić, jakie są jego przyczyny i jakie mogą być skutki.

Po dokładnej analizie każdego z zagrożeń oceniane jest ryzyko, czyli określenie prawdopodobieństwa wystąpienia zagrożenia oraz jego wpływu na projekt lub przedsięwzięcie. Na podstawie tej oceny można zdecydować, które zagrożenia wymagają natychmiastowej interwencji, a które można pozostawić bez reakcji.

W końcowym etapie oceny ryzyka powinna zostać opracowana strategia zarządzania ryzykiem, czyli plan działań, które mają na celu minimalizowanie skutków zagrożeń lub całkowite ich wyeliminowanie. Strategia ta powinna określać, jakie działania należy podjąć, aby zapobiec wystąpieniu zagrożeń lub jak szybko reagować w przypadku ich wystąpienia.

Ocena ryzyka jest bardzo ważnym etapem w każdym projekcie lub przedsięwzięciu, ponieważ umożliwia wczesne wykrycie zagrożeń oraz opracowanie planu działań w celu minimalizowania skutków tych zagrożeń.

Przykład

Skoro już wiemy, że ocena ryzyka to proces identyfikowania, analizowania i oceny potencjalnych niebezpieczeństw i szkód wynikających z projektu lub działań podejmowanych w jego ramach, możemy spróbować określić przykładowe ryzyka w przypadku poprawy mechaniki skoku postaci Mario, np.:

1. *Problemy z kodem: ryzyko wystąpienia błędów i nieprzewidzianych zachowań postaci na skutek zmian w kodzie. W celu zmniejszenia ryzyka, należy dokładnie przetestować każdą zmianę i zastosować metody testowania kodu, takie jak testy jednostkowe i integracyjne.*

2. *Zmiana animacji: ryzyko niezgodności nowych animacji postaci z resztą gry, co może prowadzić do problemów wizualnych i zaburzeń w interakcji z innymi elementami gry. W celu zmniejszenia ryzyka, należy dokładnie zaprojektować nowe animacje i przetestować ich działanie w kontekście całej gry.*

3. *Zmiana fizyki postaci: ryzyko nieprawidłowego działania fizyki postaci na skutek zmian w jej zachowaniu, co może prowadzić do nierealistycznych ruchów postaci lub błędów w interakcji z innymi elementami gry. W celu zmniejszenia ryzyka, należy dokładnie przetestować nowe zachowanie postaci i porównać je z oryginalnymi ustawieniami fizyki.*

4. *Opóźnienia w harmonogramie: ryzyko niezrealizowania projektu zgodnie z planem i nieosiągnięcia celów na czas, co może prowadzić do dodatkowych kosztów i niezadowolenia klienta. W celu zmniejszenia ryzyka, należy monitorować postępy projektu na bieżąco i reagować na ewentualne opóźnienia. Można również stosować techniki zarządzania projektem, takie jak metody Agile, aby zapewnić elastyczność i szybką reakcję na zmieniające się warunki.*

2.2.8.2. Wyznaczenie terminów i etapów kontroli

Wyznaczenie terminów i etapów kontroli jakości to proces określania momentów, w których produkty lub usługi będą oceniane pod kątem spełnienia wymagań jakościowych. Ten etap jest częścią planowania jakości i zapewnia, że proces wytwarzania produktów lub świadczenia usług jest kontrolowany i weryfikowany na każdym etapie.

Wyznaczenie terminów i etapów kontroli jakości zaczyna się od zidentyfikowania kluczowych momentów, w których jakość produktu lub usługi jest najważniejsza. Następnie określa się kryteria jakości, które muszą być spełnione na każdym etapie. Określenie tych kryteriów powinno być dokładne i precyzyjne, aby nie pozostawiać wątpliwości co do tego, jakie wymagania powinny zostać spełnione.

Na tym etapie planu kontroli jakości określa się również, kto będzie odpowiedzialny za wykonanie każdej kontroli, jakie narzędzia i procedury zostaną użyte do oceny jakości oraz jakie wyniki będą akceptowalne. Wyznaczenie terminów i etapów kontroli jakości powinno uwzględniać cały proces, od wstępnego planowania do finalnej weryfikacji, aby zapewnić, że każdy etap produkcji lub dostarczenia usługi jest kontrolowany i monitorowany.

Wyznaczenie terminów i etapów kontroli jakości jest ważnym etapem w planowaniu jakości, ponieważ pozwala na wcześniejsze wykrycie i rozwiązanie problemów, a także zapobiega opóźnieniom i dodatkowym kosztom związanym z koniecznością poprawy jakości produktów lub usług na późniejszym etapie.

Przykład

Wyznaczenie terminów i etapów kontroli jakości w przypadku poprawy mechaniki skoku postaci Mario może wyglądać następująco:

1. *Etap 1: Kontrola jakości animacji postaci*

- *Termin: 30 dni od rozpoczęcia prac*

- *Odpowiedzialny: Zespół grafików*

- *Celem jest zapewnienie, że animacje skoku postaci są płynne i realistyczne, a także że postać jest w pełni kontrolowana przez gracza w trakcie skoku.*

2. *Etap 2: Kontrola jakości kodu związanej z mechaniką skoku*

- *Termin: 60 dni od rozpoczęcia prac*

- *Odpowiedzialny: Zespół programistów*

- *Celem jest upewnienie się, że mechanika skoku jest płynna i responsywna, a także że nie powoduje niepożądanych efektów w grze.*

3. *Etap 3: Kontrola jakości integracji poprawek z resztą gry*

- *Termin: 90 dni od rozpoczęcia prac*

- *Odpowiedzialny: Zespół programistów*

- *Celem jest upewnienie się, że wprowadzone zmiany nie powodują problemów z innymi elementami gry oraz że gra pozostaje stabilna i płynna.*

2.2.8.3. Raportowanie

Proces raportowania to proces, w którym sporządza się i przekazuje raporty dotyczące określonych działań lub projektów. Jest to ważne narzędzie zarządzania projektami i umożliwia monitorowanie postępów i wyników, a także podejmowanie decyzji na podstawie zebranych danych.

Proces raportowania obejmuje kilka etapów. Pierwszym z nich jest ustalenie kryteriów, na podstawie których będzie dokonywana ocena postępów. Następnie należy określić źródła danych, które będą wykorzystywane do sporządzania raportów oraz harmonogram, czyli częstotliwość i terminy sporządzania raportów.

Kolejnym etapem jest zbieranie danych i informacji, które będą włączone do raportów. W tym celu można wykorzystać różne narzędzia, takie jak systemy raportowania online, arkusze kalkulacyjne, systemy zarządzania projektami itp. Ważne jest również określenie metodyki, która będzie stosowana w procesie zbierania danych i ich interpretacji.

Po zebraniu danych następuje proces analizy, w wyniku której wyodrębniane są kluczowe informacje dotyczące postępów i wyników projektu. Następnie te informacje są włączane do raportów, które zostają sporządzone i przekazane odpowiednim osobom lub organom decyzyjnym.

Ostatnim etapem procesu raportowania jest ocena i weryfikacja raportów, które są przygotowane. W ramach tej fazy, raporty są sprawdzane pod kątem ich jakości, czyli precyzji i kompletności informacji, a także pod kątem ich zgodności z ustalonymi kryteriami i harmonogramem. Na tej podstawie podejmuje się decyzje dotyczące dalszych działań w projekcie.

Przykład

Przykład procesu raportowania dla poprawy mechaniki skoku postaci Mario mógłby wyglądać następująco:

1. *Wyznaczenie odpowiedzialnego za raportowanie - w zależności od wielkości projektu może to być np. kierownik projektu lub lider zespołu odpowiedzialny za daną część projektu.*

2. *Określenie zakresu raportowania - w tym przypadku, raportowanie będzie dotyczyć postępu prac nad poprawą mechaniki skoku postaci Mario.*

3. *Wybór narzędzi do raportowania - można tu wykorzystać różnego rodzaju narzędzia do raportowania postępu prac, takie jak tabele, wykresy Gantta czy oprogramowanie do zarządzania projektami.*

4. *Określenie częstotliwości raportowania - należy ustalić, w jakich odstępach czasu będą sporządzane raporty. W tym przypadku, raporty będą sporządzane co dwa tygodnie.*

5. *Definicja formatu raportowania - należy ustalić, w jaki sposób raport będzie prezentowany, np. czy będzie to dokument tekstowy, prezentacja czy raport w formie graficznej.*

6. *Określenie odbiorców raportów - należy ustalić, kto będzie odbierał raporty i w jaki sposób będą one dostarczane. Odbiorcami raportów mogą być np. kierownik projektu, liderzy poszczególnych zespołów czy inwestorzy.*

7. *Opracowanie standardów raportowania - aby zapewnić spójność i przejrzystość raportów, należy opracować standardy raportowania, które będą stosowane we wszystkich raportach.*

8. *Monitorowanie i kontrola raportowania - należy regularnie monitorować i kontrolować proces raportowania, aby upewnić się, że raporty są sporządzane na czas i zgodnie z ustalonymi standardami. W przypadku jakichkolwiek nieprawidłowości lub opóźnień, należy podjąć odpowiednie działania naprawcze.*

Proces raportowania w przypadku poprawy mechaniki skoku postaci Mario będzie obejmował kilka etapów. Pierwszym etapem będzie regularne raportowanie postępu prac zespołu programistów i grafików odpowiedzialnych za poprawę mechaniki skoku. Raporty te będą generowane przez lidera zespołu i będą zawierały informacje na temat osiągniętych celów, bieżących problemów oraz planów na najbliższy okres.

Kolejnym etapem będzie raportowanie postępu prac dla wyższych szczebli zarządzania. W tym celu będzie ustalona specjalna procedura raportowania, określająca harmonogram przekazywania informacji na temat postępu prac na każdym etapie. Informacje te będą prezentowane w formie raportów na piśmie oraz podczas regularnych spotkań.

Ostatecznym etapem procesu raportowania będzie raportowanie końcowe, obejmujące ocenę osiągniętych wyników i porównanie ich z planami. W raporcie końcowym będą zawarte informacje na temat osiągniętych celów, bieżących problemów, które pojawiły się podczas prac, a także rekomendacje dotyczące dalszych działań.

Wszystkie raporty będą uwzględniały kluczowe wskaźniki, takie jak czas trwania prac, koszty oraz jakość osiągniętych wyników. Raporty te będą przekazywane odpowiednim osobom w organizacji, w tym liderowi projektu oraz wyższym szczeblom zarządzania, którzy będą odpowiedzialni za podejmowanie decyzji dotyczących dalszych działań.

2.2.8.4. Narzędzia i metody kontroli

Wybór narzędzi i metod kontroli to proces, w którym wybiera się narzędzia i techniki, które zostaną wykorzystane do przeprowadzenia kontroli jakości i monitorowania postępu projektu. Wybór odpowiednich narzędzi i metod jest kluczowy dla zapewnienia skuteczności procesu kontroli i umożliwienia odpowiedniego monitorowania postępu projektu.

Podczas wyboru narzędzi i metod kontroli należy wziąć pod uwagę specyfikę projektu oraz cele, które chce się osiągnąć. W przypadku gier komputerowych, wybór odpowiednich narzędzi i metod może obejmować między innymi:

- Narzędzia programistyczne: do weryfikacji kodu gry, testowania mechanik, znajdowania błędów i optymalizacji kodu.

- Narzędzia do automatyzacji testów: pozwalające na szybsze i bardziej efektywne testowanie gry w różnych scenariuszach.

- Narzędzia do wizualizacji i animacji: umożliwiające wizualne porównanie różnych wersji gry i identyfikację potencjalnych problemów z animacją postaci i obiektów w grze.

- Ankiety i kwestionariusze dla graczy: służące do zbierania opinii i feedbacku od graczy w celu poprawy jakości i dostosowania gry do ich potrzeb.

- Systemy śledzenia błędów: ułatwiające raportowanie i śledzenie błędów w grze.

Wybór odpowiednich narzędzi i metod kontroli powinien być dokładnie uzasadniony i oparty na analizie wymagań projektu oraz ocenie ryzyka.

Przykład

Przykładowe narzędzia i metody kontroli dla poprawy mechaniki skoku postaci Mario to:

1. *Testy jednostkowe: wykorzystanie specjalnego oprogramowania do testowania kodu gry w celu upewnienia się, że zmiany w kodzie dotyczące mechaniki skoku postaci nie wpłyną negatywnie na inne aspekty gry.*

2. *Testy integracyjne: wykonywanie testów, które sprawdzą, jak nowe funkcjonalności wpłynęły na resztę gry, w tym na interakcje postaci z otoczeniem i innymi elementami gry.*

3. *Testy wydajności: analiza wydajności gry, aby upewnić się, że wprowadzone zmiany nie spowodują spadku wydajności gry.*

4. *Analiza kodu: regularna analiza kodu gry przez programistów, aby upewnić się, że nowy kod wprowadzony do gry jest zgodny z ustalonymi standardami i nie wprowadza niepotrzebnych błędów.*

5. *Analiza feedbacku użytkowników: zbieranie informacji od graczy, którzy korzystają z gry, w celu określenia, czy wprowadzone zmiany poprawiły mechanikę skoku postaci Mario oraz czy nie powodują problemów z grą.*

2.2.8.5. Plan działań korygujących

Plan działań korygujących to proces określania działań, które należy podjąć w celu usunięcia błędów i usterek wykrytych podczas monitorowania i kontroli. Ten etap pozwala na skuteczną poprawę procesów i produktów poprzez wprowadzenie niezbędnych zmian i ulepszeń.

W ramach planu działań korygujących należy dokładnie określić, jakie kroki należy podjąć w celu usunięcia problemów, kto będzie odpowiedzialny za ich realizację, jakie zasoby są potrzebne do wykonania działań oraz jaki jest termin ich wykonania. Ważne jest również, aby wdrożyć system monitorowania i kontroli postępów działań oraz ich skuteczności.

Proces planowania działań korygujących może obejmować następujące kroki:

1. **Analiza przyczyn problemów** - należy dokładnie zbadać, co było przyczyną problemów i usterek, aby zapobiec ich powtarzaniu się w przyszłości.

2. **Określenie działań naprawczych** - na podstawie analizy przyczyn należy określić, jakie dokładnie kroki należy podjąć, aby usunąć problem.

3. **Wyznaczenie zasobów** - należy określić, jakie zasoby są potrzebne do wykonania działań korygujących, w tym np. ludzkie, finansowe, techniczne.

4. **Określenie terminów -** należy ustalić terminy wykonania działań korygujących, aby zapewnić ich realizację w odpowiednim czasie.

5. **Wybór odpowiedzialnych za realizację działań** - należy wyznaczyć osoby lub zespoły odpowiedzialne za wykonanie działań korygujących.

6. **Wdrożenie systemu monitorowania i kontroli** - w celu zapewnienia skuteczności działań korygujących należy wdrożyć system monitorowania postępów działań oraz ich skuteczności.

Plan działań korygujących może być stosowany w różnych dziedzinach, w tym w produkcji, usługach, finansach, itp. W przypadku gry Mario, plan działań korygujących może obejmować np. poprawę sterowania postaci, usprawnienie systemu kolizji, lub poprawę algorytmu przeciwników.

Przykład

Przykładowy plan działań korygujących dla poprawy mechaniki skoku postaci Mario:

1. *Analiza problemu: Zespół programistów przeprowadzi dokładną analizę problemu, aby określić dokładne przyczyny problemów z mechaniką skoku postaci Mario.*

2. *Wyznaczenie celów: Na podstawie wyników analizy zespół wyznaczy cele dla poprawy mechaniki skoku, takie jak zwiększenie precyzji skoku, zwiększenie długości skoku lub zmniejszenie opóźnienia między kolejnymi skokami.*

3. *Opracowanie planu działań: Zespół opracuje plan działań, w tym konkretnych zmian w kodzie i animacjach postaci Mario, które będą wprowadzone w celu osiągnięcia wyznaczonych celów.*

4. *Implementacja zmian: Zespół programistów i grafików wprowadzi zmiany w kodzie i animacjach postaci Mario zgodnie z opracowanym planem działań.*

5. *Testy i kontrola jakości: Po wprowadzeniu zmian zespół przeprowadzi testy, aby upewnić się, że problemy z mechaniką skoku zostały rozwiązane, i że gra działa poprawnie.*

6. *Wdrożenie: Po zakończeniu testów i uzyskaniu pozytywnych wyników, zespół wprowadzi zmiany do gry.*

7. *Monitorowanie i korekta: Zespół będzie monitorować działanie gry po wprowadzeniu zmian i wprowadzać korekty, jeśli pojawią się jakieś problemy lub niedociągnięcia.*

8. *Raportowanie: Zespół będzie regularnie raportował o postępach i wynikach osiągniętych w ramach działań korygujących, a także o ewentualnych problemach, które pojawiły się w trakcie procesu i sposobie ich rozwiązania.*

III Analiza rynku

3.1. Jak przeprowadzić analizę rynku?

Analiza rynku jest procesem badawczym, który pozwala na dokładne zbadanie danego rynku w celu zrozumienia jego struktury, trendów, preferencji konsumentów, a także konkurencji. Celem analizy rynku jest poznanie realiów panujących na rynku, aby umożliwić przedsiębiorcom podejmowanie trafnych decyzji dotyczących prowadzenia biznesu.

W trakcie analizy rynku zbierane są informacje na temat wielu czynników, takich jak wielkość rynku, trendy, preferencje klientów, konkurencja, regulacje prawne czy też zmiany społeczno-ekonomiczne, które wpływają na rynek. Analiza rynku pozwala na zrozumienie potrzeb i oczekiwań klientów oraz zapotrzebowania rynku na określone produkty lub usługi.

Proces analizy rynku zwykle zaczyna się od zebrania informacji o rynku, np. za pomocą badań ankietowych, wywiadów lub danych statystycznych. Następnie zebrane dane są analizowane i interpretowane, aby zidentyfikować kluczowe obszary, na których przedsiębiorcy mogą skupić swoją uwagę.

Wyniki analizy rynku pomagają przedsiębiorcom w podejmowaniu decyzji dotyczących rozwoju produktów lub usług, dostosowaniu strategii marketingowej, a także określeniu sposobu konkurowania z innymi firmami na rynku. Analiza rynku jest również ważnym narzędziem w planowaniu działań biznesowych na przyszłość, ponieważ pozwala na przewidywanie trendów rynkowych i podejmowanie działań, które pomogą w utrzymaniu konkurencyjnej pozycji na rynku.

3.1.1. Dlaczego analiza rynku jest ważna dla produkcji gier?

Analiza rynku w kontekście produkcji gier to proces, w którym badane są trendy i preferencje graczy oraz konkurencja na rynku gier. Analiza ta pomaga deweloperom gier w zrozumieniu, jakie gry są popularne wśród graczy, jakie funkcje gier są najbardziej pożądane i jakie trendy przeważają w branży gier. Analiza rynku umożliwia również identyfikację konkurencji, a także określenie ich mocnych i słabych stron, co może pomóc w ukształtowaniu strategii marketingowej i wyborze segmentu rynku, na którym deweloperzy gier chcą się skupić.

Przeprowadzenie analizy rynku w kontekście produkcji gier wymaga od deweloperów gier zbierania i analizowania danych dotyczących zachowań graczy, trendów w branży gier oraz działań konkurencji. Analiza ta może być przeprowadzona za pomocą różnych narzędzi, takich jak badania rynkowe, analiza danych z platform sprzedażowych lub ankiety online. W zależności od celów i potrzeb deweloperów gier, analiza rynku może skupić się na różnych aspektach, takich jak preferencje graczy, trendy w projektowaniu gier, modele biznesowe lub zachowania konkurencji.

Na podstawie wyników analizy rynku, deweloperzy gier mogą opracować strategię, która pozwoli im na skuteczne konkurowanie na rynku gier. Mogą na przykład zdecydować, jakie typy gier są najchętniej kupowane przez graczy, jakie funkcje są najważniejsze w grach i jakie trendy przeważają w branży gier. Mogą także zidentyfikować luki w rynku i unikalne możliwości, które pozwolą im na wypuszczenie na rynek gry, która będzie się wyróżniać na tle konkurencji. Analiza rynku pozwala również deweloperom gier na zrozumienie, jakie kanały marketingowe są najskuteczniejsze, aby dotrzeć do swojej grupy docelowej i skutecznie promować swoje gry.

W dzisiejszych czasach analiza rynku jest niezbędnym narzędziem dla deweloperów gier, którzy chcą odnieść sukces na konkurencyjnym rynku gier. Bez przeprowadzenia analizy rynku deweloperzy gier mogą być narażeni na ryzyko tworzenia gier, które nie spełnią oczekiwań graczy lub będą miały trudności w dotarciu do swojej grupy docelowej. Dlatego też, w kontekście produkcji gier, analiza rynku jest kluczowym procesem, który może pomóc deweloperom gier w osiągnięciu sukcesu na konkurencyjnym rynku gier.

Można więc stwierdzić, że analiza rynku jest ważna dla produkcji gier z kilku powodów. Po pierwsze, umożliwia zrozumienie preferencji i zachowań graczy oraz wykrycie trendów i zmian na rynku gier. Dzięki temu deweloperzy są w stanie zaprojektować gry, które są bardziej dostosowane do oczekiwań i potrzeb rynku.

Po drugie, analiza rynku pozwala na określenie konkurencji i zrozumienie, jakie gry są najbardziej popularne wśród graczy. W ten sposób deweloperzy mogą dostosować swoje strategie marketingowe i rozwojowe, aby sprostać konkurencji i zaoferować lepsze rozwiązania dla graczy.

Po trzecie, analiza rynku pozwala na zrozumienie, jakie modele biznesowe są najbardziej skuteczne w branży gier. Deweloperzy mogą wtedy opracować strategie, które pozwolą im zarabiać na swoich grach, takie jak mikropłatności, subskrypcje, sprzedaż detaliczna, reklamy itp.

Podsumowując, analiza rynku jest kluczowa dla produkcji gier, ponieważ pozwala deweloperom na lepsze zrozumienie preferencji i zachowań graczy, konkurencji oraz efektywnych modeli biznesowych. Dzięki temu deweloperzy mogą projektować i wdrażać gry, które są lepiej dostosowane do rynku, co może przekładać się na większą popularność i zyski.

Kryterium	Analiza rynku dla zwykłych przedsiebiorstw	Analiza rynku dla branży gamedev
Charakterystyka rynku	Ogólna analiza rynku, w tym analiza trendów, rozwoju technologicznego i kulturowego	Analiza rynku gier komputerowych, konsole i urządzenia przenośne, analiza popularności gatunków i typów gier, badanie zachowań i preferencji graczy, badanie opinii o grach i ich producentach
Konkurencja	Analiza konkurencji i identyfikacja najważniejszych rywali na rynku	Badanie popularnych producentów gier i identyfikacja ich strategii, identyfikacja rywali i unikalnych cech ich produktów
Potencjalni klienci	Badanie i analiza zachowań klientów, badanie opinii o produktach i markach, badanie potrzeb i preferencji klientów	Analiza rynku docelowego, identyfikacja grup docelowych i ich potrzeb, analiza opinii i zachowań graczy
Potencjalne szanse rynkowe	Wyznaczenie rynków niszowych, ocena szans na ekspansję i rozwój	Analiza rynków niszowych i perspektywicznych gatunków gier, identyfikacja nowych trendów i perspektywicznych rynków

	Przygotowanie prognoz	Wyznaczenie perspektywicznych
Prognozy i rekomendacje	dotyczących rozwoju rynku, rekomendacje dotyczące strategii rynkowej	kierunków rozwoju, rekomendacje dotyczące produkcji i marketingu gier, prognozy dotyczące trendów i preferencji graczy

Analiza rynku dla branży gamedev wymaga bardziej szczegółowej analizy rynku, ze względu na specyfikę tej branży. Wymaga to badania i analizy popularnych gier i producentów, identyfikacji nowych trendów i perspektywicznych rynków, analizy opinii i zachowań graczy oraz identyfikacji grup docelowych i ich potrzeb. Ostatecznie, na podstawie wyników analizy, twórcy gier muszą wyznaczyć perspektywiczne kierunki rozwoju, rekomendacje dotyczące produkcji i marketingu gier, a także przygotować prognozy dotyczące trendów i preferencji graczy. Dzięki analizie rynku twórcy gier mają szansę zrozumieć potrzeby swoich potencjalnych klientów i dostosować swoje produkty i strategie do zmieniających się wymagań rynku, co może przynieść sukces ich produkcji.

3.1.2. Jakie kryteria należy uwzględnić w analizie rynku?

W analizie rynku w branży gier należy uwzględnić szereg kryteriów, które pozwolą na wskazanie najważniejszych trendów i czynników wpływających na rynek. Poniżej przedstawione są niektóre z najważniejszych kryteriów:

1. **Konkurencja** - należy zbadać liczbę i rodzaj konkurentów, a także ich udział w rynku. Istotne jest również poznanie ich strategii marketingowych i cenowych oraz ich potencjalnych wad i zalet.

2. **Gracze** - należy poznać preferencje i zachowania konsumentów na rynku gier, takie jak preferowane platformy, gatunki i modele płatności. Ważne jest również zbadanie, jakie trendy pojawiają się wśród graczy i jakie są ich oczekiwania wobec gier.

3. **Rozmiar rynku** - analiza rozmiaru rynku pozwala na określenie potencjału rynkowego danej gry oraz jej szans na sukces. Należy uwzględnić wartość rynku gier na świecie, a także w poszczególnych krajach i regionach.

4. **Technologia** - należy zbadać trendy technologiczne w branży gier, takie jak nowe platformy i urządzenia, rozwój sztucznej inteligencji czy wirtualnej rzeczywistości. Ważne jest również zbadanie, jakie narzędzia i technologie wykorzystują konkurenci i jakie korzyści z tego czerpią.

5. **Przepisy** - należy uwzględnić przepisy i regulacje dotyczące branży gier, takie jak prawo autorskie, ochrona danych czy zasady dotyczące hazardu online.

6. **SWOT**, czyli mocne i słabe strony studio, szanse i zagrożenia, które pozwalają na zidentyfikowanie kluczowych czynników wpływających na rynek gier oraz pomaga w opracowaniu strategii marketingowej i biznesowej.

7. **Innowacje** - należy poznać najnowsze innowacje i trendy w branży gier oraz zbadać, jakie możliwości przynosi ich wykorzystanie. Ważne jest również zbadanie, jakie nowe gry i produkty wprowadzają konkurenci i jakie korzyści z tego czerpią.

8. **Trendy i tendencje** - analiza zmian zachodzących na rynku, np. wzrostu lub spadku popytu, zmian w preferencjach klientów, itp.

9. **Ceny** - analiza cen produktów konkurentów oraz ustalenie optymalnej ceny dla własnych produktów.

10. **Kanały dystrybucji** - identyfikacja i analiza dostępnych kanałów dystrybucji oraz ich skuteczności.

11. **Bariery wejścia** - analiza istniejących barier wejścia na rynek, np. kosztów produkcji, wymagań technicznych, regulacji prawnych, itp.

12. **Sezonowość** - analiza sezonowych zmian na rynku oraz ich wpływu na sprzedaż.

13. **Środowisko zewnętrzne** - analiza czynników zewnętrznych, np. zmian w polityce rządu, trendów społecznych, sytuacji gospodarczej, itp., które mogą wpłynąć na rynek.

Kryteria w analizie rynku to określone cechy lub parametry, które służą do oceny stanu rynku oraz do identyfikacji trendów i tendencji w danej branży. Kryteria te pozwalają na uzyskanie szczegółowej wiedzy na temat rynku, jego konkurencji oraz klientów, co jest niezbędne w podejmowaniu trafnych decyzji biznesowych.

3.1.2.1. Trendy rynkowe

Trendy rynkowe to zjawiska i kierunki rozwoju, które mają wpływ na rynek gier i zachowania jego uczestników, w tym graczy, deweloperów i wydawców. W kontekście analizy rynku gier, rozpoznanie trendów rynkowych jest bardzo ważne, ponieważ pozwala na zidentyfikowanie szans i zagrożeń, które wpłyną na przyszłość branży gier.

Przykłady trendów rynkowych w branży gier to:

- wzrost popularności gier mobilnych;

- rosnące znaczenie e-sportu;

- dynamiczny rozwój technologii VR i AR;

- rosnąca liczba graczy na całym świecie;

- zmiany w preferencjach i zachowaniach graczy, np. wzrost znaczenia gier multiplayer online czy gier free-to-play.

Analiza trendów rynkowych w branży gier pozwala deweloperom i wydawcom gier na dostosowanie swoich produktów do potrzeb i preferencji rynku oraz na odpowiednie planowanie strategii biznesowych.

Aby zbadać trendy rynkowe w branży gier, można wykonać kilka działań:

1. **Analiza publikacji branżowych i raportów rynkowych** - warto śledzić specjalistyczne czasopisma i raporty, które zawierają informacje o aktualnych trendach w branży, takich jak nowe gry, popularne gatunki, trendy technologiczne, trendy w modelach biznesowych i innych.

2. **Analiza rynku poprzez badania** - przeprowadzenie badań rynkowych, które pozwalają zbadać preferencje i zachowania graczy, takie jak preferencje gatunkowe, platformy, modele płatności, w jakie gry grają i jak często. Badania te można przeprowadzać za pomocą ankiety online lub wywiadów grupowych.

3. **Analiza danych sprzedażowych** - należy zbadać dane sprzedażowe gier i innych produktów związanych z branżą, takie jak liczba sprzedanych egzemplarzy, przychody, udział w rynku. Dzięki tym danym można zidentyfikować, które gry cieszą się największą popularnością i przewidywać trendy w sprzedaży.

4. **Śledzenie mediów społecznościowych** - warto monitorować, jakie gry i trendy są popularne na mediach społecznościowych, takich jak Twitter, Facebook, YouTube czy Twitch. W ten sposób można zobaczyć, jakie gry i trendy są na topie wśród społeczności graczy.

5. **Analiza konkurencji** - warto zbadać ofertę konkurencji, ich strategię marketingową, modele biznesowe, trendy

technologiczne itp. Analiza konkurencji pozwala na zidentyfikowanie trendów rynkowych i niszy, które można wykorzystać w produkcji gier.

3.1.2.2. Preferencje odbiorców

Preferencje odbiorców to jedno z kluczowych kryteriów, które są uwzględniane w analizie rynku w branży gier. Oznacza to preferencje graczy dotyczące cech, jakie oczekują od gier oraz ich preferencje dotyczące konkretnych gatunków, stylów i mechanik rozgrywki.

Preferencje odbiorców są bardzo istotne dla producentów gier, ponieważ pozwala im to dostosowywać swoje produkty do potrzeb i wymagań graczy. Analiza preferencji odbiorców może obejmować takie kwestie, jak preferowane gatunki gier, oczekiwania co do jakości grafiki i dźwięku, poziomu trudności, trybu rozgrywki, możliwości dostosowania postaci itp.

Dobrym sposobem na zbadanie preferencji odbiorców jest przeprowadzenie badań rynkowych, w tym ankiet i testów fokusowych. Można także analizować recenzje i opinie graczy na forach i portalach internetowych poświęconych tematyce gier. Ważne jest, aby producenci gier ciągle monitorowali preferencje odbiorców, aby dostosować swoje produkty do zmieniających się trendów i preferencji.

Aby zbadać preferencje odbiorców w branży gier, można wykorzystać różne techniki i narzędzia badawcze, takie jak:

1. **Ankiety i wywiady**: przeprowadzenie badań ankietowych lub wywiadów z grupami docelowymi, takimi jak gracze, aby uzyskać informacje na temat ich preferencji odnośnie gier, rodzajów gier, motywacji do gry, preferencji dotyczących sposobu płatności, itp.

2. **Analiza opinii graczy**: badanie opinii graczy poprzez analizę forów dyskusyjnych, opinii na portalach społecznościowych, recenzji gier, ocen i opinii użytkowników na platformach dystrybucji gier, takich jak Steam.

3. **Analiza sprzedaży:** analiza sprzedaży gier na rynku, z uwzględnieniem trendów sprzedażowych i preferencji klientów, takich jak rodzaj gier, gatunek, ceny, promocje, itp.

4. **Analiza danych demograficznych**: analiza danych demograficznych dotyczących graczy, takich jak wiek, płeć, poziom wykształcenia, status społeczno-ekonomiczny, itp., może pomóc w zrozumieniu preferencji i zachowań zakupowych graczy.

5. **Badania neuromarketingowe**: wykorzystanie technik neuromarketingowych, takich jak badania EEG, pomiar reakcji emocjonalnych i zachowań użytkowników podczas grania, aby uzyskać informacje na temat preferencji i reakcji graczy na różne elementy gier, takie jak grafika, dźwięk, fabuła, interakcja, itp.

Wszystkie te metody badawcze pozwalają na uzyskanie cennych informacji na temat preferencji odbiorców, które mogą być wykorzystane w procesie projektowania, produkcji i marketingu gier, aby spełnić oczekiwania i potrzeby graczy.

3.1.2.3. Konkurencja

Badanie konkurencji w kontekście analizy rynku w branży gier polega na zebraniu informacji o firmach, które oferują podobne produkty lub usługi do naszej gry. Celem tego badania jest zrozumienie, jakie gry są aktualnie na rynku i jakie są ich cechy, w tym jakość, cena, popularność itp. W ten sposób możemy ocenić siłę i słabości naszych konkurentów oraz określić naszą pozycję w stosunku do nich.

W ramach badania konkurencji warto zbierać informacje o:

- Grach i firmach, które oferują podobne produkty lub usługi.

- Cenach gier konkurencji oraz ich strategiach cenowych.

- Popularności gier konkurencji i trendach w branży.

- Strategiach marketingowych i sposobach dotarcia do klientów.

- Słabych i mocnych stronach konkurentów.

Dzięki zebraniu tych informacji będziemy w stanie lepiej zrozumieć swoją pozycję na rynku i opracować strategie, które pozwolą nam konkurować z innymi grami i pozyskiwać nowych klientów.

Aby zbadać konkurencję w branży gier w kontekście analizy rynku, można przeprowadzić następujące kroki:

1. **Zidentyfikuj głównych konkurentów**: Na początku należy zebrać informacje na temat firm działających w branży gier, które oferują produkty podobne do twojego. Można to zrobić, przeglądając internet, publikacje branżowe, fora, recenzje itp.

2. **Analizuj ich ofertę**: Po zidentyfikowaniu konkurentów, należy przeanalizować ich ofertę. W tym celu należy zebrać informacje na temat ich produktów, w tym gatunki, tematykę, platformy, ceny, jakość grafiki i dźwięku, złożoność rozgrywki i innych istotnych cech.

3. **Przeanalizuj ich strategię marketingową**: Należy również zbadać strategię marketingową konkurentów, w tym, jakie kanały reklamowe wykorzystują, jakie kampanie reklamowe prowadzą, jakie wydarzenia sponsorują, itp.

4. **Porównaj swoją ofertę z ofertą konkurentów:** Po zebraniu informacji na temat oferty konkurentów, należy porównać je ze swoją ofertą. Na tej podstawie można określić swoje wyróżniki i słabe strony w porównaniu z konkurencją.

5. **Oceń siłę konkurencji**: Ostatecznie, należy ocenić siłę konkurencji na rynku gier, w tym, ilu konkurentów działających w

branży, jaki jest ich udział w rynku, jak szybko rozwijają się i wprowadzają nowe produkty itp.

Analiza konkurencji może pomóc w lepszym zrozumieniu rynku, na którym działa się, oraz w podejmowaniu decyzji dotyczących produktów i strategii marketingowcj, które są zgodne z trendami na rynku.

3.1.2.4. Potencjalny zasięg

Potencjalny zasięg to poziom możliwych do osiągnięcia wyników lub zasięgu rynkowego dla danego produktu lub usługi. W kontekście branży gier, potencjalny zasięg odnosi się do szacunkowej liczby graczy, którzy mogą zainteresować się daną grą. Potencjalny zasięg może być określany w oparciu o różne czynniki, takie jak popularność gatunku gry, unikalność jej cech, kanały dystrybucji, demografia graczy i trendy rynkowe.

Dla przykładu, jeśli gra należy do popularnego gatunku, takiego jak strzelanka pierwszoosobowa lub gra fabularna, ma unikalną fabułę, interesujące rozwiązania w mechanice gry, a jednocześnie jest dostępna na popularnych platformach dystrybucji, to ma większy potencjalny zasięg niż gra z mało popularnego gatunku, która nie wyróżnia się niczym szczególnym i którą opublikujemy tylko na itch.io. Dlatego w analizie rynku w branży gier ważne jest określenie potencjalnego zasięgu danej gry, ponieważ pozwala to na przewidywanie wyników sprzedaży oraz podejmowanie decyzji dotyczących dalszych działań marketingowych i promocyjnych.

Aby zbadać potencjalny zasięg w branży gier w kontekście analizy rynku, należy wziąć pod uwagę kilka czynników. Po pierwsze, należy zebrać dane demograficzne o odbiorcach gier, takie jak wiek, płeć, lokalizacja geograficzna i preferencje dotyczące gatunków gier. Dzięki tym informacjom można określić, którzy gracze są najbardziej zainteresowani danym gatunkiem gier.

Następnie należy zbadać trendy rynkowe, aby określić, które gatunki gier są w danym czasie najbardziej popularne i poszukiwane przez graczy. W tym celu można skorzystać z danych z serwisów internetowych poświęconych grom, takich jak Steam czy GOG, a także z raportów branżowych i badań rynkowych.

Kolejnym krokiem jest analiza konkurencji i ocena ich obecności na rynku oraz strategii marketingowej. Należy zbadać, jakie gry oferują i jakie funkcje, jakie ceny ustalają oraz w jaki sposób promują swoje produkty. Dzięki temu można określić, jakie są mocne i słabe strony konkurencji oraz jakie szanse i zagrożenia niesie ze sobą rynek.

Wreszcie, należy zbadać możliwości dotarcia do grup docelowych. Należy ocenić, jakie kanały dystrybucji i promocji są dostępne i jakie koszty wiążą się z ich wykorzystaniem. W tym celu można skorzystać z informacji od dystrybutorów gier, partnerów biznesowych, a także z analizy rynku reklamowego i mediów społecznościowych.

Aby zbadać potencjalny zasięg w kontekście analizy rynku w branży gier, można wykonać następujące kroki:

1. **Określenie rynków docelowych** - należy określić kraje i regiony, w których planuje się dystrybucję gry.

2. **Analiza rynku** - należy zbadać rynek w każdym z wybranych rynków docelowych, w tym preferencje kulturowe, trendów rynkowych, popularność gatunków i konkurencję.

3. **Zbadanie dostępności platform** - należy zbadać, jakie platformy są dostępne w każdym z wybranych rynków docelowych, a także jakie są preferencje odbiorców dotyczące platformy.

4. **Analiza językowa** - należy zbadać, w jakich językach gra będzie dostępna na każdej z platform.

5. **Określenie strategii marketingowej** - na podstawie zebranych informacji należy określić strategię marketingową, uwzględniającą dostępność na platformach, preferencje językowe i preferencje kulturowe.

6. **Określenie potencjalnego zasięgu** - na podstawie analizy rynku i dostępności platform można określić potencjalny zasięg dla gry.

3.1.2.5. Popularność gatunku

Popularność gatunku w kontekście analizy rynku w branży gier odnosi się do oceny, jak dobrze sprzedają się i na ile są akceptowane przez graczy gry z określonego gatunku. Gatunki gier to kategorie, które opisują styl rozgrywki, elementy fabularne i wizualne, takie jak strzelanki, gry akcji, gry przygodowe, gry RPG, symulacje itp.

Analiza popularności gatunku w branży gier ma kluczowe znaczenie dla tworzenia strategii marketingowych i biznesowych. Pomaga deweloperom i wydawcom gier w podejmowaniu decyzji, jakie gatunki gier są warte inwestycji i jakie mają większy potencjał zysku.

Analiza popularności gatunku może obejmować badanie sprzedaży gier z określonego gatunku na różnych platformach, takich jak komputery osobiste, konsole do gier, urządzenia mobilne itp. Można także przeprowadzić badanie preferencji graczy i opinii na temat gatunków gier, wykorzystując np. ankiety online, fora dyskusyjne i social media. Analizując popularność gatunku, można także brać pod uwagę trendy w branży gier i na rynku ogólnie, a także oceniać, jakie gatunki gier są najczęściej poszukiwane przez graczy i konsumentów.

Popularność gatunku w branży gier jest ważnym czynnikiem, który należy uwzględnić podczas analizy rynku. Można zbadać popularność gatunku, wykonując analizę sprzedaży gier danego gatunku w ostatnich latach, a także oceniając trendy w odniesieniu do danego gatunku. Można również zbadać popularność gatunku, przeprowadzając badania ankietowe wśród graczy, które pozwalają na poznanie preferencji graczy w zakresie gatunków gier oraz określenie ich oczekiwań.

Innym sposobem na badanie popularności gatunku jest analiza trendów na platformach społecznościowych i portalach branżowych. Można zwrócić uwagę na ilość publikacji, dyskusji i aktywności związanych z danym gatunkiem, co może dostarczyć wartościowych informacji na temat popularności i zainteresowania danym gatunkiem gier. Warto również zwrócić uwagę na trendy w zakresie projektowania gier i innowacji wprowadzanych przez deweloperów w ramach danego gatunku, co może również pomóc w określeniu popularności danego gatunku.

Kroki potrzebne do zbadania popularności gatunku w kontekście analizy rynku w branży gier:

1. **Zdefiniuj gatunek** - Najpierw musisz określić, jakie gatunki gier chcesz zbadać, na przykład gry akcji, gry przygodowe, gry strategiczne itp.

2. **Wybierz źródła danych** - Następnie wybierz źródła danych, z których chcesz korzystać, na przykład internetowe fora gier, portale branżowe, badania rynkowe, raporty analityczne itp.

3. **Zbierz dane** - Przeanalizuj wybrane źródła danych i zbierz
   informacje dotyczące popularności poszczególnych gatunków
   gier, takie jak liczba sprzedanych kopii, liczba graczy online,
   wyniki ankiet itp.

4. **Wykorzystaj narzędzia analityczne** - Skorzystaj z narzędzi
   analitycznych, takich jak programy do analizy danych lub arkusze
   kalkulacyjne, aby porównać wyniki i wizualizować informacje.

5. **Wnioski** - Ostatecznie, na podstawie zebranych danych i
   wyników analizy, wyciągnij wnioski na temat popularności
   poszczególnych gatunków gier i określ, które z nich cieszą się
   największym zainteresowaniem wśród graczy.

3.1.2.6. Platformy sprzedaży

Platformy sprzedaży to miejsca, w których klienci mogą
kupować lub pobierać gry w formie cyfrowej. W kontekście
analizy rynku w branży gier, platformy sprzedaży stanowią
kluczowy element, ponieważ wpływają one na dostępność gier
oraz sposób, w jaki klienci nabywają i korzystają z gier.

Na rynku gier istnieje wiele platform sprzedaży, takich
jak:

- **Steam**: największa platforma dystrybucji gier cyfrowych na
  świecie, rozwijana przez firmę Valve Corporation. Udostępnia gry
  zarówno dla systemu Windows, jak i macOS i Linux.

- **Epic Games Store:** platforma dystrybucji gier stworzona przez firmę Epic Games, twórców popularnej gry Fortnite. Zyskała popularność dzięki oferowaniu bezpłatnych gier, a także ekskluzywnych tytułów, które są dostępne wyłącznie na tej platformie.

- **GOG.com**: skrót od Good Old Games, niegdyś platforma skupiająca się na dystrybucji starszych gier, w tym klasycznych tytułów z lat 90, aktualnie skel z grami DRM free.

- **PlayStation Store**: platforma sprzedażowa stworzona przez Sony, skupiająca się na grach na konsolę PlayStation.

- **Xbox Marketplace**: platforma dystrybucji gier stworzona przez Microsoft, skupiająca się na grach na konsolę Xbox.

Podczas analizy rynku w branży gier ważne jest, aby uwzględnić, które platformy sprzedaży są popularne wśród konsumentów, jakie gry są dostępne na poszczególnych platformach, jakie są koszty zakupu i korzystania z gier na danym portalu, jakie warunki oferuje każda z platform dla deweloperów i wydawców gier, jakie są trendy sprzedażowe i wiele innych czynników, które mogą wpłynąć na wyniki sprzedażowe i popularność gier w danym czasie. Przykładowo, na GOG kiepsko sprzedają się gry wyścigowe, zaś prym wiodą RPG, zwłaszcza te z otwartym światem, bo platforma przyciągnęła wielu fanów Wiedźmina i Cyberpunka.

Aby zbadać platformy sprzedaży w kontekście analizy rynku w branży gier, należy wykonać następujące kroki:

1. **Identyfikacja popularnych platform:** zacznij od zidentyfikowania najpopularniejszych platform, na których sprzedawane są gry. W branży gier najważniejszymi platformami sprzedażowymi są Steam, Epic Games Store, PlayStation Store, Xbox Live, Nintendo eShop, GOG.com i Humble Bundle. Należy również wziąć pod uwagę mniejsze platformy sprzedażowe i dystrybucyjne.

2. **Analiza popularności platform**: zbadaj popularność poszczególnych platform. Sprawdź, które platformy mają najwięcej użytkowników i jakie gry są na nich najczęściej kupowane. Można to zrobić za pomocą dostępnych danych statystycznych

3. **Ocena korzyści i kosztów**: dokonaj analizy korzyści i kosztów związanych z korzystaniem z poszczególnych platform. Należy zwrócić uwagę na opłaty za dystrybucję gry, prowizje pobierane przez platformy, narzędzia i usługi oferowane przez platformy oraz wsparcie techniczne.

4. **Analiza ograniczeń technicznych**: sprawdź, jakie ograniczenia techniczne są nałożone na sprzedawane gry na poszczególnych platformach, takie jak wymagania sprzętowe, interfejsy programowania aplikacji (API) i oprogramowanie antypirackie. Należy upewnić się, że gra jest zgodna z wymaganiami każdej z wybranych platform.

5. **Ocena reputacji platformy**: ocen reputację poszczególnych platform, w tym poziom zadowolenia klientów, opinie i recenzje, politykę prywatności i bezpieczeństwo użytkowników.

6. **Ocena możliwości marketingowych**: zbadaj, jakie możliwości oferują poszczególne platformy w zakresie marketingu i promocji gry, takie jak reklama na platformie, możliwość udziału w wyprzedażach i promocjach, wsparcie ze strony platformy - na przykład, w przypadku Steama, nie masz szans, na zaangażowanie się platformy w promocję Twojej gry, ale GOG z chęcią zorganizuje dodatkowe eventy, giveawaye itp.

Analiza platform sprzedażowych jest ważnym elementem strategii marketingowej w branży gier, ponieważ pozwala na dostosowanie dystrybucji i sprzedaży do preferencji i zachowań klientów oraz na maksymalizację zysków z gry.

3.1.2.7. Ceny i modele biznesowe

Ceny i modele biznesowe to ważny aspekt analizy rynku w branży gier, który dotyczy sposobu, w jaki producenci gier ustalają ceny swoich produktów oraz jakie modele biznesowe wykorzystują w celu ich sprzedaży. W dzisiejszych czasach istnieje wiele różnych modeli biznesowych, w tym zarówno te tradycyjne, jak i te bardziej innowacyjne.

Tradycyjne modele biznesowe to na przykład sprzedaż detaliczna gier, w której klienci kupują gry w sklepach stacjonarnych lub przez internet. Innym popularnym modelem biznesowym jest subskrypcja, w której klienci płacą określoną opłatę miesięczną lub roczną w zamian za dostęp do określonych gier. W ostatnich latach popularne stały się także modele biznesowe typu free-to-play, w których gry są udostępnione za darmo, ale generują zyski ze sprzedaży przedmiotów w grze lub z reklam.

Ceny są także ważnym aspektem analizy rynku w branży gier. Wymagają one uwagi i zrozumienia, ponieważ producenci gier muszą ustalić ceny swoich produktów w taki sposób, aby były one konkurencyjne, ale jednocześnie generowały zyski. W przypadku tradycyjnych gier, ceny zazwyczaj wynoszą około 50-60 dolarów. W przypadku gier typu free-to-play, ceny mogą być różne i zależeć od rodzaju oferowanych przedmiotów w grze.

Analiza ceny i modeli biznesowych może pomóc producentom gier w ustaleniu odpowiedniej strategii biznesowej. Na podstawie analizy ceny i modeli biznesowych, producenci gier mogą podjąć decyzje dotyczące cen swoich produktów, wybierając modele biznesowe, które najbardziej odpowiadają ich strategiom biznesowym.

Kroki potrzebne do zbadania cen i modeli biznesowych w kontekście analizy rynku w branży gier mogą obejmować:

1. **Zebranie informacji na temat modeli biznesowych** stosowanych przez konkurencyjne gry, takie jak gry darmowe do pobrania

(free-to-play), abonamentowe, oparte na reklamach lub oparte na sprzedaży jednorazowej.

2. **Analiza cen** oferowanych przez konkurencyjne gry i porównanie ich z własnymi planowanymi cenami. Warto także zbadać, jakie dodatkowe opcje i funkcje oferują konkurencyjne gry za określone ceny.

3. **Badanie preferencji** klientów i ich gotowości do płacenia za różne modele biznesowe i funkcje gry.

4. **Analiza trendów** w branży gier, takich jak zmiany popularności poszczególnych modeli biznesowych, a także wpływ nowych technologii na modele biznesowe.

5. **Porównanie swojego modelu biznesowego** z konkurencyjnymi grami i zbadanie, czy jest on w stanie konkurować na rynku.

Przy analizie cen i modeli biznesowych warto także uwzględnić koszty produkcji gry, aby upewnić się, że cena jest odpowiednia i adekwatna do jakości oferowanej gry.

3.1.2.8. Średni czas gry

Średni czas gry to pojęcie związane z analizą rynku w branży gier, które odnosi się do średniego czasu spędzonego przez graczy na danym tytule. Określenie czasu gry jest istotne z kilku powodów. Po pierwsze, pozwala to ocenić, jak dobrze dany tytuł gry jest przyjmowany przez graczy i jakie ma szanse na sukces komercyjny. Im więcej czasu gracze spędzają grając w grę, tym większe jest prawdopodobieństwo, że będą zadowoleni z zakupu i zachęcą innych do zakupu gry. Po drugie, średni czas gry może wpłynąć na strategię marketingową i planowanie wydań kolejnych gier.

Średni czas gry może być różny w zależności od gatunku gry, sposobu dystrybucji i modelu biznesowego. W niektórych przypadkach, takich jak gry multiplayer, gdzie celem jest utrzymanie graczy na dłuższy czas, średni czas gry może być kluczowym wskaźnikiem sukcesu. W innych przypadkach, takich jak gry mobilne, średni czas gry może być krótszy, ale ważne jest, aby gra była łatwa w obsłudze i wciągająca.

Ocena średniego czasu gry może być dokonana na podstawie badań rynku, ankiety graczy lub analizy danych gromadzonych przez platformy dystrybucji gier. Analiza ta pozwala na porównanie czasu gry między różnymi tytułami gier i określenie tendencji rynkowych, co może pomóc w podejmowaniu decyzji biznesowych związanych z produkcją i dystrybucją gier.

Średni czas gry można sprawdzić poprzez różne metody, w tym:

1. **Ankiety**: Można przeprowadzić ankietę wśród graczy, w której zapyta się o czas, jaki spędzają na grze oraz o ich preferencje związane z danym gatunkiem, trybem gry czy platformą.

2. **Badania zachowań użytkowników**: Firmy zajmujące się grami mogą zainstalować w swoich grach narzędzia do zbierania danych, takie jak analityka gier, które umożliwiają śledzenie czasu spędzanego przez graczy w grze.

3. **Obserwacje**: Można zbierać dane na podstawie obserwacji graczy podczas gry, np. przez nagrywanie ich rozgrywek i analizowanie, ile czasu spędzają na poszczególnych etapach gry.

4. **Analiza rynku**: Wiele platform dystrybucji gier online, takich jak Steam, umożliwia dostęp do statystyk dotyczących czasu spędzonego przez graczy w grach na ich platformie. Dane te mogą być użyteczne przy analizie rynku gier.

Ostatecznie, wybór odpowiedniej metody zależy od konkretnych potrzeb badawczych oraz dostępnych zasobów i narzędzi.

3.1.2.9. Opinie i recenzje graczy

Opinie i recenzje graczy to ważny element analizy rynku w branży gier. Są to subiektywne opinie graczy na temat gry, jej jakości, zawartości, sterowania, grafiki, dźwięku i innych aspektów. Opinie i recenzje graczy mogą pomóc w określeniu, jak gra jest odbierana przez graczy i co można zrobić, aby poprawić jej jakość i popularność na rynku.

Opinie i recenzje graczy można znaleźć na różnych platformach, takich jak sklepy z grami, fora i strony internetowe poświęcone graczom. Istnieją również specjalne serwisy, takie jak Metacritic, które zbierają opinie z różnych źródeł i obliczają średnią ocenę gry.

Analiza opinii i recenzji graczy może być skomplikowana, ponieważ opinie te są subiektywne i różnią się w zależności od indywidualnych preferencji graczy. W celu przeprowadzenia analizy, można skorzystać z narzędzi do analizy sentymentu, które pozwalają na automatyczne wykrywanie pozytywnych i negatywnych opinii w tekście. Można również przeprowadzić badanie ankietowe wśród graczy, aby uzyskać ich opinie na temat konkretnej gry.

Aby zbadać opinie i recenzje graczy w kontekście analizy rynku w branży gier, można wykonać następujące kroki:

1. Wybierz grę, której opinie i recenzje chcesz zbadać.

2. Znajdź platformy, na których są dostępne opinie i recenzje gry, np. sklepy z grami, fora internetowe, strony społecznościowe, serwisy agregujące opinie itp.

3. Przeczytaj jak najwięcej opinii i recenzji od graczy, zwracając uwagę na treść i ton komentarzy, wskazując na ich pozytywne i negatywne aspekty.

4. Sprawdź, jakie są najczęściej wymieniane w opinii graczy zalety i wady gry.

5. Zwróć uwagę na sugestie graczy dotyczące udoskonaleń, zmian i ulepszeń, które mogą poprawić grę i zadowolenie jej użytkowników.

6. Sprawdź, jak oceniają grę w porównaniu do innych gier na rynku, np. pod względem jakości, ceny, rozgrywki itp.

7. Zbadaj, jakie są trendy w opiniach graczy dotyczące gatunków gier, a także ceny, modele biznesowe i preferencje dotyczące platform sprzedażowych.

8. Utwórz podsumowanie zebranych informacji, aby uzyskać wgląd w to, co gracze uważają za najważniejsze w grze i co może wpłynąć na jej popularność i sprzedaż.

3.1.2.10. Sprzedaż i dochody

Sprzedaż i dochody w kontekście analizy rynku w branży gier odnoszą się do sposobu, w jaki gry są sprzedawane i generują dochody dla twórców i wydawców. W skrócie, ten czynnik koncentruje się na sposobach, w jakie klienci płacą za gry, ile są one warte i ile przynoszą zysku.

Sprzedaż i dochody to kluczowe elementy analizy rynku gier, ponieważ mogą one wpłynąć na sukces lub porażkę gry. Kiedy twórca gry lub wydawca podejmuje decyzje biznesowe, takie jak ustalenie ceny gry, konieczne jest uwzględnienie uwarunkowań rynkowych, takich jak konkurowanie z innymi grami, a także preferencje i oczekiwania odbiorców.

W kontekście analizy rynku gier, badanie sprzedaży i dochodów może obejmować:

1. Sprzedaż gier - liczba sprzedanych egzemplarzy gry.

2. Dochody - kwota pieniędzy, jaką gra przynosi twórcom i wydawcom.

3. Model biznesowy - sposób, w jaki gra generuje dochód, na przykład poprzez sprzedaż jednorazową, subskrypcję lub mikrotransakcje.

4. Ceny - cena gry dla klientów końcowych.

5. Wartość gry - jaką wartość ma gra dla klientów końcowych w stosunku do jej ceny.

6. Trendy sprzedaży - jak sprzedaż gier w danej kategorii zmienia się w czasie.

7. Analiza konkurencji - jak gra porównuje się do innych gier w danym segmencie rynku.

8. Dostępność - jak łatwo klientom końcowym jest zdobyć grę, na przykład przez sklep internetowy lub fizyczny.

9. Model dystrybucji - sposób, w jaki gra jest dystrybuowana do klientów końcowych.

Analiza sprzedaży i dochodów jest ważnym elementem analizy rynku gier, ponieważ pozwala twórcom i wydawcom na określenie, jak najlepiej wykorzystać zasoby, aby zwiększyć sprzedaż i zyski.

W celu zbadania sprzedaży i dochodów w kontekście analizy rynku w branży gier można przejść przez następujące kroki:

1. **Zidentyfikuj potencjalnych konkurentów** na rynku gier i ich dochody.

2. **Przeanalizuj publikacje** przedsiębiorstw o wynikach finansowych, które publikują kwartalnie i rocznie.

3. **Uzyskaj informacje** na temat przychodów ze sprzedaży gier, zarówno online, jak i offline, od wydawców i producentów gier, którzy publikują te informacje.

4. **Zbadaj trendy** dotyczące sprzedaży gier, takie jak ilość sprzedanych egzemplarzy i wpływy ze sprzedaży, które można znaleźć w publikacjach branżowych.

5. **Sprawdź rankingi gier** na platformach sprzedaży, takich jak Steam, PlayStation Store i Xbox Store, aby zobaczyć, które gry cieszą się największą popularnością i przynoszą największe dochody.

6. **Przeprowadź badanie ankietowe** lub grupy dyskusyjne, aby poznać preferencje graczy dotyczące cen gier i modeli biznesowych, takich jak mikropłatności czy abonamenty.

Analiza tych informacji pozwala na zrozumienie, które gry i modele biznesowe cieszą się największą popularnością, jakie są trendy w branży gier oraz jakie są prognozy co do przyszłych przychodów ze sprzedaży gier. To pozwala na podejmowanie bardziej świadomych decyzji biznesowych w branży gier.

3.1.3. Narzędzia i techniki stosowane w analizie rynku

Analiza rynku jest niezwykle ważnym narzędziem w biznesie, które pomaga przedsiębiorstwom lepiej zrozumieć otoczenie rynkowe, potrzeby klientów oraz konkurencję. W branży gier jest to szczególnie istotne, ponieważ wymagania i preferencje graczy zmieniają się bardzo szybko, a konkurencja jest ogromna. Aby sprostać tym wyzwaniom, producenci gier muszą wykorzystywać różnorodne narzędzia i techniki, które pomogą im dokładnie zbadać rynek i wykorzystać te informacje w procesie tworzenia gier. W tym rozdziale przedstawione zostaną najważniejsze narzędzia i techniki stosowane w analizie rynku w branży gier oraz opisane będą kroki potrzebne do ich zastosowania.

3.1.3.1. Badania rynkowe

Badania rynkowe to proces zbierania, analizy i interpretacji danych związanych z rynkiem, w celu zrozumienia jego aktualnego stanu oraz przyszłych trendów i możliwości. Badania te są stosowane w celu pozyskania informacji na temat konsumentów, konkurentów, a także samego rynku i jego otoczenia. Mogą one obejmować zarówno badania jakościowe, jak i ilościowe, w tym ankiety, wywiady, obserwacje oraz analizę danych z różnych źródeł, takich jak raporty finansowe, statystyki rynkowe, media społecznościowe i wiele innych. Dzięki badaniom rynkowym przedsiębiorstwa mogą pozyskać istotne informacje, które pomagają w podejmowaniu decyzji biznesowych, takich jak wprowadzanie nowych produktów lub usług, określenie cen, promocji i dystrybucji, a także strategii marketingowej.

Badania rynkowe w kontekście analizy rynku gier to proces zbierania i analizowania danych na temat branży gier, graczy oraz rynku w celu lepszego zrozumienia potrzeb, preferencji i zachowań konsumentów oraz potencjalnych kierunków rozwoju rynku gier. Badania rynkowe pozwalają na poznanie aktualnych trendów, preferencji graczy oraz konkurencji w branży gier.

Do przeprowadzenia skutecznych badań rynkowych wykorzystuje się szereg narzędzi i technik, takich jak:

- Ankiety i kwestionariusze online

- Focus groupy

- Analizę danych i statystyk

- Obserwacje zachowań konsumentów w środowisku online

- Testy produktów i usług

- Analizę trendów w mediach społecznościowych

- Badania konkurencji

Dzięki tym narzędziom i technikom można pozyskać wartościowe dane i informacje, które pomogą zrozumieć potrzeby i oczekiwania konsumentów, a także określić kierunki rozwoju produktów i usług w branży gier. Analiza danych i statystyk pozwala na bardziej szczegółowe spojrzenie na dane rynkowe, w tym np. trendy sprzedażowe czy dane dotyczące popularności gatunków. Natomiast ankiety i focus groupy pozwalają na poznanie opinii konsumentów i ich potrzeb oraz dostarczają informacji o preferencjach i zachowaniach zakupowych.

3.1.3.2. Analiza danych i statystyk

Analiza danych i statystyk w kontekście analizy rynku gier odnosi się do zbierania, przetwarzania i interpretacji danych związanych z rynkiem gier. W dzisiejszych czasach dostępne są różne źródła danych, takie jak dane ze sprzedaży gier, dane dotyczące preferencji graczy, trendy rynkowe, itp. Dane te można analizować i przetwarzać za pomocą różnych narzędzi i technik statystycznych, takich jak analiza regresji, analiza skupień, analiza korelacji, itp. Wszystkie te metody pozwalają na uzyskanie bardziej szczegółowych informacji na temat rynku gier, takich jak preferencje graczy, trendy rynkowe, konkurencyjność, czy modele biznesowe. Dzięki temu analiza danych i statystyk staje się niezbędnym narzędziem dla firm zajmujących się produkcją i dystrybucją gier, pozwalając im na dokonywanie bardziej świadomych decyzji biznesowych i dostosowywanie się do zmieniających się warunków rynkowych.

Analiza danych i statystyk może być stosowana w różny sposób w analizie rynku gier, na przykład poprzez:

1. **Przeprowadzanie badań ankietowych** i analizę wyników w celu uzyskania informacji na temat preferencji graczy i trendów w branży.

2. **Przeglądanie publicznie dostępnych danych**, takich jak wyniki sprzedaży i udziały rynkowe, w celu zrozumienia konkurencji na rynku.

3. **Analizę danych demograficznych** graczy, takich jak wiek, płeć i lokalizacja, w celu zrozumienia, jakie grupy graczy są najbardziej zainteresowane określonymi gatunkami lub platformami.

4. **Porównywanie danych finansowych** różnych firm, takich jak koszty produkcji gier, koszty marketingu i przychody, w celu zrozumienia, które firmy są najbardziej dochodowe i dlaczego.

Dane i statystyki mogą być również analizowane za pomocą narzędzi informatycznych, takich jak programy do analizy danych i arkusze kalkulacyjne. Te narzędzia mogą pomóc w przetwarzaniu dużych ilości danych i wizualizacji wyników, co ułatwia zrozumienie trendów i wykrywanie ukrytych związków między różnymi czynnikami na rynku gier.

3.1.3.3. Social listening

Social listening to technika badawcza polegająca na monitorowaniu i analizowaniu treści pojawiających się w mediach społecznościowych, forach internetowych, blogach czy portalach branżowych, związanych z daną marką, produktem lub tematyką. W kontekście analizy rynku gier, social listening umożliwia śledzenie opinii graczy na temat gier, wyłapywanie trendów i nowych pomysłów, a także monitorowanie działań konkurencji.

W praktyce social listening polega na wykorzystaniu specjalistycznych narzędzi do przetwarzania i analizy dużych ilości danych z różnych źródeł, w celu uzyskania informacji na temat opinii i nastrojów wśród użytkowników. Dzięki temu można poznać opinie o grze, jej wady i zalety, preferencje graczy, a także zauważyć nieścisłości w marketingu lub wady konkurencji.

Social listening jest cennym narzędziem w analizie rynku gier, ponieważ umożliwia pozyskanie informacji bezpośrednio od docelowej grupy odbiorców i pozwala lepiej zrozumieć ich potrzeby i oczekiwania. W ten sposób, na podstawie analizy zebranych danych, można podejmować bardziej trafne decyzje biznesowe i dostosować strategię marketingową do wymagań rynku.

3.1.3.4. Obserwacja konkurencji

Obserwacje konkurencji to jedna z kluczowych technik wykorzystywanych w analizie rynku gier. Polega na śledzeniu działań konkurencji, w celu zrozumienia ich strategii marketingowej i pozyskania informacji, które mogą pomóc w ulepszaniu swojej oferty.

Poniżej znajdziesz kilka przykładów, jak można przeprowadzić obserwację konkurencji w kontekście analizy rynku gier:

1. **Śledzenie działań w mediach społecznościowych:** Obserwacja konkurencji na platformach takich jak Twitter, Facebook czy Instagram może pomóc w zrozumieniu, jakie treści publikują, jakie akcje marketingowe przeprowadzają i jakie opinie wyrażają ich klienci.

2. **Analiza opinii klientów:** Śledzenie opinii i recenzji graczy na forach dyskusyjnych i w sklepach internetowych może pomóc w zrozumieniu, co użytkownicy sądzą o produktach konkurencji i jakie są ich wady i zalety.

3. **Analiza działań marketingowych:** Obserwacja działań marketingowych konkurencji, takich jak kampanie reklamowe

czy promocje, może pomóc w zrozumieniu, jakie są ich strategie marketingowe i jakie kanały komunikacji wykorzystują.

4. **Analiza danych sprzedażowych:** Analiza danych sprzedażowych konkurencji może pomóc w zrozumieniu, jakie gry są najbardziej popularne i jakie modele biznesowe cieszą się największym powodzeniem.

Dzięki obserwacji konkurencji można uzyskać cenne informacje o rynku gier, które mogą pomóc w opracowaniu bardziej efektywnej strategii marketingowej i w ulepszaniu swoich produktów.

3.1.4. Jak wykorzystać wyniki analizy rynku w produkcji gier

Analiza rynku gier to kluczowy etap dla każdego studia produkującego gry. Dzięki analizie rynku można zrozumieć preferencje i potrzeby graczy, poznać trendy i gatunki gier, które cieszą się największą popularnością, a także zbadać konkurencję i dostosować swoje produkty do potrzeb rynku. Wszystkie te informacje są niezwykle cenne dla deweloperów, ponieważ umożliwiają tworzenie gier, które spełniają wymagania i oczekiwania rynku, co przekłada się na sukces komercyjny i pozytywne opinie graczy. W tym rozdziale omówimy, jak wykorzystać wyniki analizy rynku w produkcji gier oraz jakie korzyści z tego wynikają.

3.1.4.1. Określenie grupy docelowej

Określenie grupy docelowej polega na zidentyfikowaniu grupy odbiorców, którzy są najbardziej zainteresowani danym produktem lub usługą. W kontekście gier, określenie grupy docelowej oznacza zidentyfikowanie graczy, którzy są najbardziej zainteresowani danym typem gry lub konkretną grą.

W celu określenia grupy docelowej należy przeprowadzić analizę rynku gier, aby zrozumieć preferencje i zachowania graczy. Następnie, na podstawie zebranych danych, należy opracować profil idealnego gracza, który będzie najbardziej skłonny do zakupu danego produktu.

Proces określania grupy docelowej obejmuje wiele kroków, takich jak:

- analiza rynku i konkurencji

- identyfikacja preferencji i zachowań graczy

- opracowanie profilu idealnego gracza

- określenie kanałów komunikacji z grupą docelową

- opracowanie strategii marketingowej, która skupia się na potrzebach i oczekiwaniach grupy docelowej

Dzięki dokładnemu określeniu grupy docelowej, deweloperzy gier mogą skuteczniej dostosować swoją grę do potrzeb i preferencji graczy, co zwiększa szanse na sukces na rynku gier.

Analiza rynku gier jest kluczowa w określeniu grupy docelowej dla danej gry. Badanie preferencji i zachowań graczy pozwala na zidentyfikowanie, którzy gracze są zainteresowani danym gatunkiem gier i jakie funkcje lub elementy gry są dla nich ważne. W ten sposób można określić grupy odbiorców, którzy mają największy potencjał do zakupu i gry w daną grę.

Na przykład, jeśli analiza rynku gier wykazuje, że popularne gry w danym czasie należą do gatunku Battle Royale i są osadzone w futurystycznym świecie, to twórca gry może zdecydować się na produkcję gry z podobnymi elementami, aby przyciągnąć graczy zainteresowanych takim typem gier. Ponadto, analiza rynku może pomóc w określeniu preferencji graczy pod względem platform, na których grają, a to z kolei może wpłynąć na wybór platformy docelowej dla danej gry.

Podsumowując, analiza rynku gier pomaga w określeniu preferencji i zachowań graczy, co umożliwia identyfikację grupy docelowej dla danej gry. Dzięki temu twórcy gier mogą dostosować swoją strategię marketingową i rozwój produktu, aby przyciągnąć odpowiednią grupę odbiorców i zwiększyć szanse na sukces na rynku.

3.1.4.2. Dopasowanie gry do preferencji graczy

Dopasowanie gry do preferencji graczy polega na zaprojektowaniu gry w taki sposób, aby spełniała oczekiwania i preferencje grupy docelowej. W tym celu konieczna jest analiza preferencji graczy, jakie rodzaje gier preferują, jakie funkcje są dla nich ważne, jakie tryby gry preferują, jakie grafiki lub style gier są dla nich atrakcyjne. Na podstawie wyników analizy można stworzyć grę, która będzie bardziej atrakcyjna dla grupy docelowej, co zwiększy jej szansę na sukces na rynku.

Dopasowanie gry do preferencji graczy wymaga także uwzględnienia bieżących trendów i zmian na rynku, takich jak popularność gatunków gier, popularność trybów gry, preferencje w zakresie grafiki i stylu gier, a także preferencje dotyczące sposobu dystrybucji gier. Analiza tych czynników pozwala na dostosowanie gry do bieżących trendów i preferencji rynkowych, co zwiększa jej atrakcyjność dla grupy docelowej i szanse na sukces.

Analiza rynku gier może pomóc w dopasowaniu gry do preferencji graczy na kilka sposobów:

1. **Badanie popularności gatunków i tematów gier** - Analiza rynku pozwala na zidentyfikowanie popularnych gatunków i tematów

gier. Na podstawie tych informacji deweloperzy gier mogą dostosować swoją ofertę do preferencji graczy.

2. **Analiza opinii graczy** - Badania rynkowe pozwalają na zrozumienie, co gracze lubią i czego oczekują od gier. Analiza opinii graczy może pomóc deweloperom w dostosowaniu gry do preferencji i potrzeb graczy.

3. **Badanie sposobów płatności** - Analiza rynku pozwala na zidentyfikowanie preferowanych przez graczy sposobów płatności za gry. Na tej podstawie deweloperzy gier mogą dostosować swoje modele biznesowe, aby lepiej odpowiadały potrzebom klientów.

4. **Analiza zachowań graczy** - Badania rynkowe pozwalają na zrozumienie zachowań graczy, takich jak czas spędzony na grze, częstotliwość wizyt czy wydawanie pieniędzy na gry. Na podstawie tych informacji deweloperzy gier mogą dostosować swoją ofertę, aby lepiej odpowiadała potrzebom i preferencjom graczy.

Dzięki analizie rynku gier deweloperzy mogą lepiej zrozumieć preferencje i potrzeby graczy, co pozwala na dopasowanie gry do oczekiwań klientów i zwiększenie szans na sukces na rynku.

3.1.4.3. Wybór odpowiedniej platformy sprzedaży

Wybór odpowiedniej platformy sprzedaży gry to kluczowy element sukcesu na rynku gier. Istnieje wiele różnych platform, takich jak komputery osobiste, konsole, urządzenia mobilne czy też platformy streamingowe. Wybór odpowiedniej zależy od wielu czynników, takich jak preferencje i nawyki graczy, rodzaj gry oraz strategia biznesowa dewelopera.

Odpowiednia platforma sprzedaży pozwala na dotarcie do jak największej liczby potencjalnych klientów oraz generowanie zysków związanych z dystrybucją gry. Ważnym aspektem jest również sposób dystrybucji, czyli czy deweloper wybierze sprzedaż bezpośrednią przez własną stronę internetową czy też skorzysta z platformy dystrybucyjnej, takiej jak Steam czy GOG. Oczywiście w 99% przypadków gra jest dystrybuowana poprzez platformę, ale niektóre tytuły, np. gry działające w przeglądarkach, albo gry z segmentu 18+ są dystrybuowane z własnych stron producentów.

Analiza rynku gier pozwala na dokładne zbadanie preferencji graczy i ich zwyczajów zakupowych, co umożliwia deweloperom wybór najlepszej platformy i strategii dystrybucji dla swojej gry.

Analiza rynku gier może pomóc w wyborze odpowiedniej platformy sprzedaży poprzez zebranie informacji na temat preferencji i nawyków zakupowych graczy. Na podstawie analizy, deweloperzy gier mogą zidentyfikować, gdzie najczęściej kupowane są gry, na jakich platformach gracze spędzają najwięcej czasu i dokonują najwięcej zakupów, jakie rodzaje gier są najbardziej popularne na poszczególnych platformach, jakie są preferowane metody płatności, a także jakie są preferencje dotyczące korzystania z określonych funkcjonalności, takich jak możliwość udostępniania gier w chmurze czy cross-play.

Dzięki zebranym informacjom, deweloperzy gier mogą dokonać świadomego wyboru co do platformy, na której będą sprzedawać swoje gry. Mogą dostosować swoje strategie marketingowe i sprzedażowe do preferencji i nawyków graczy, a także wdrożyć odpowiednie funkcjonalności, aby zwiększyć szanse na sukces. Na przykład, jeśli analiza rynku wykazuje, że na danej platformie najchętniej kupowane są gry z gatunku RPG, deweloperzy mogą skoncentrować się na produkcji właśnie takiej gry, a także zaoferować graczom dodatkowe treści i funkcjonalności, które są dla nich istotne. W ten sposób mogą przyciągnąć większą liczbę graczy i zwiększyć sprzedaż swoich gier na wybranej platformie.

3.1.4.4. Stworzenie skutecznej strategii marketingowej

Stworzenie skutecznej strategii marketingowej polega na opracowaniu planu działań, które pozwolą na skuteczne dotarcie z ofertą do docelowej grupy klientów i zwiększenie sprzedaży produktu lub usługi. Poniżej przedstawiono kilka kroków, które mogą pomóc w stworzeniu skutecznej strategii marketingowej:

1. **Poznanie klientów** - ważnym krokiem jest poznanie potrzeb, oczekiwań i preferencji klientów, którzy stanowią grupę docelową. Można to zrobić poprzez badania rynkowe, ankiety, analizę zachowań na stronie internetowej, mediach społecznościowych lub w inny sposób.

2. **Wybór odpowiednich kanałów dystrybucji** - należy zdecydować, jakie kanały dystrybucji będą najskuteczniejsze w dotarciu do klientów. W branży gier może to być dystrybucja cyfrowa, dystrybucja poprzez platformy mobilne, sieci sklepów z grami komputerowymi, itp.

3. **Opracowanie przekazu reklamowego** - należy opracować przekaz reklamowy, który skutecznie przyciągnie uwagę klientów i zachęci do skorzystania z oferty. Przekaz powinien być dopasowany do grupy docelowej i uwzględniać jej preferencje.

4. **Wybór narzędzi promocji -** istnieje wiele narzędzi promocji, które mogą przyczynić się do zwiększenia sprzedaży, takie jak reklama w Internecie, kampanie mailingowe, social media marketing, itp. Wybór narzędzi zależy od grupy docelowej oraz budżetu przeznaczonego na kampanię.

5. **Monitorowanie efektów działań marketingowych** - po wdrożeniu działań marketingowych ważne jest monitorowanie

ich skuteczności. Dzięki temu można dostosować strategię do potrzeb rynku oraz grupy docelowej.

Stworzenie skutecznej strategii marketingowej wymaga wiedzy o rynku oraz umiejętności planowania i prowadzenia działań marketingowych. Analiza rynku gier może pomóc w opracowaniu skutecznej strategii, uwzględniającej preferencje i potrzeby docelowej grupy klientów oraz bieżące trendy na rynku.

Analiza rynku gier może pomóc w stworzeniu skutecznej strategii marketingowej na wiele sposobów, m.in.:

1. **Poznanie preferencji i zachowań graczy:** Badania rynkowe i analiza danych pozwalają na poznanie preferencji i zachowań graczy, co może pomóc w dostosowaniu strategii marketingowej do ich potrzeb i oczekiwań.

2. **Określenie konkurencji:** Analiza rynku gier pozwala na zidentyfikowanie konkurentów oraz ich strategii marketingowych, co może pomóc w opracowaniu skuteczniejszej strategii i wyróżnieniu się na rynku.

3. **Wybór właściwych kanałów marketingowych:** Analiza rynku gier pozwala na zidentyfikowanie kanałów, na których obecni są gracze oraz sposób, w jaki zdobywają informacje o grach. Dzięki temu można dostosować strategię marketingową do preferencji i zachowań grupy docelowej.

4. **Ocena efektywności działań marketingowych**: Analiza rynku gier pozwala na ocenę efektywności działań marketingowych, co pozwala na ich optymalizację i dostosowanie do potrzeb i oczekiwań graczy.

Wszystkie te czynniki pozwalają na opracowanie skutecznej strategii marketingowej, która będzie dobrze dostosowana do preferencji i zachowań graczy, pozwoli wyróżnić się na rynku oraz osiągnąć zamierzone cele biznesowe.

3.1.4.5. Dopasowanie ceny do oczekiwań rynku

Dopasowanie ceny do oczekiwań rynku to proces ustalenia ceny produktu lub usługi na poziomie, który jest akceptowalny dla potencjalnych klientów. W przypadku gier, dopasowanie ceny odnosi się do określenia oczekiwań graczy wobec ceny danego tytułu. Analiza rynku gier pomaga w zrozumieniu, jakie ceny są obecnie powszechne na rynku i jakie ceny są uważane za odpowiednie przez grupę docelową. W oparciu o te informacje, twórcy gier mogą dopasować swoje ceny do oczekiwań rynku, co zwiększa szanse na osiągnięcie sukcesu komercyjnego. Ponadto, analiza rynku gier pozwala na śledzenie zmian w zachowaniach graczy wobec cen, co umożliwia dostosowywanie polityki cenowej na bieżąco .

Analiza rynku gier może pomóc w dopasowaniu ceny do oczekiwań rynku w różne sposoby:

1. **Zrozumienie rynku:** Analiza rynku pozwala na zrozumienie, jakie ceny są akceptowalne dla danego gatunku gier, w zależności od platformy sprzedaży, regionu geograficznego, grupy wiekowej i preferencji graczy.

2. **Analiza konkurencji:** Analiza konkurencji pozwala na porównanie cen gier oferowanych przez rywali i określenie, czy cena produktu jest zbyt wysoka lub zbyt niska w porównaniu z konkurencją.

3. **Analiza popytu**: Analiza popytu pozwala na określenie, jakie są preferencje graczy w zakresie cen, jakie są gotowi zapłacić za daną grę, jak również na określenie elastyczności cenowej.

4. **Określenie wartości produktu:** Analiza rynku pomaga w zrozumieniu, jak gracze postrzegają wartość produktu i jakie elementy są kluczowe dla ich decyzji o zakupie. Odpowiednio ustalona cena może zwiększyć wartość percepcyjną produktu.

5. **Analiza trendów**: Analiza trendów pozwala na zrozumienie zmian w preferencjach graczy i ich skłonności do płacenia za gry w danym momencie. Dzięki temu można dostosować cenę do zmieniających się potrzeb rynku.

Wszystkie te elementy mogą pomóc w ustaleniu odpowiedniej ceny dla danego produktu, która będzie atrakcyjna dla graczy i przyniesie odpowiednie dochody dla firmy.

3.1.4.6. Analiza wyników sprzedaży i doskonalenie produktu

Analiza wyników sprzedaży to proces, w którym zbierane są informacje dotyczące wyników finansowych, sprzedaży, udziału w rynku i innych wskaźników związanych z grą. Analiza ta pozwala na zrozumienie, jakie czynniki wpływają na sprzedaż gry oraz na określenie, co może być poprawione w grze, aby zwiększyć jej popularność i sprzedaż.

W kontekście doskonalenia produktu analiza wyników sprzedaży może obejmować:

- analizę sprzedaży w poszczególnych regionach i krajach, co pozwala na dostosowanie gry do preferencji rynków lokalnych;

- analizę wyników sprzedaży w określonych kanałach dystrybucji, takich jak sklepy internetowe, platformy mobilne czy konsole;

- analizę sprzedaży w określonych okresach, takich jak okresy promocyjne czy święta, aby zrozumieć, które promocje są najskuteczniejsze;

- analizę wyników sprzedaży wśród określonej grupy docelowej, takiej jak gracze o określonym wieku, preferencjach czy budżecie.

Na podstawie wyników analizy można wprowadzać zmiany w grze, takie jak dodanie nowych funkcji, zmiana ceny czy dostosowanie marketingu do grupy docelowej. Analiza wyników sprzedaży jest kluczowa dla producentów gier, ponieważ pozwala na ciągłe doskonalenie produktu i dostosowywanie go do oczekiwań rynku, co zwiększa szanse na sukces i zysk.

Analiza rynku gier jest niezwykle pomocna w analizie wyników sprzedaży i doskonaleniu produktu. Dzięki temu, że deweloperzy gier mają dostęp do szczegółowych danych na temat rynku, mogą śledzić sprzedaż swoich gier, zrozumieć, co działa, a co nie, i dostosować swoje strategie marketingowe i produkcyjne w celu uzyskania lepszych wyników.

Przykładowo analiza rynku może pomóc w analizie wyników sprzedaży i doskonaleniu produktu poprzez:

1. **Śledzenie wyników sprzedaży** - Analiza rynku gier pozwala deweloperom gier na śledzenie wyników sprzedaży swoich produktów. Dzięki temu deweloperzy mogą zidentyfikować trendy sprzedaży, takie jak okresy największej sprzedaży, czy też trendy związane z różnymi kanałami sprzedaży, takimi jak dystrybucja cyfrowa, sprzedaż detaliczna lub subskrypcje.

2. **Analiza preferencji graczy -** Deweloperzy gier mogą wykorzystać analizę rynku gier do analizy preferencji graczy. Dzięki temu, że deweloperzy mają dostęp do danych na temat tego, jak gracze używają ich produktów, mogą zidentyfikować obszary, w których gra może wymagać poprawy lub dostosowania do oczekiwań rynku.

3. **Testy produktów** - Deweloperzy gier mogą wykorzystać analizę rynku gier do przeprowadzenia testów produktów. Testy takie pozwalają deweloperom na zdobycie opinii na temat swoich produktów, co z kolei pomaga w doskonaleniu produktu.

4. **Monitorowanie opinii graczy** - Analiza rynku gier pozwala deweloperom gier na monitorowanie opinii graczy na temat ich produktów. Dzięki temu deweloperzy mogą śledzić opinie graczy i reagować na problemy, zanim staną się one poważniejsze.

5. **Dostosowanie strategii marketingowej** - Analiza rynku gier pozwala deweloperom gier na dostosowanie swoich strategii marketingowych do oczekiwań rynku. Deweloperzy mogą wykorzystać analizę rynku do identyfikacji najskuteczniejszych sposobów promocji swoich produktów, takich jak kampanie reklamowe, konkursy lub oferty specjalne.

3.1.5. Etapy analizy rynku w produkcji gier

Pierwszym etapem jest zdefiniowanie celów analizy i określenie pytań, na które chcemy znaleźć odpowiedź. Następnie należy zbierać i przetwarzać dane na temat rynku, w tym informacje o graczach, konkurencji, trendach i wzorcach w branży. Kolejnym etapem jest ocena i interpretacja zebranych danych, aby zrozumieć ich znaczenie i wydobyć wartościowe wnioski. Ostatnim etapem jest opracowanie zaleceń na podstawie analizy rynku, które mogą pomóc w podejmowaniu decyzji dotyczących projektu gry.

Aby przeprowadzić skuteczną analizę rynku, warto stosować różne metody i techniki, takie jak badania ankietowe, wywiady z graczami i ekspertami, analiza danych statystycznych oraz obserwacja zachowań użytkowników na portalach społecznościowych i w grach. Ważne jest również monitorowanie trendów w branży i reagowanie na zmieniające się potrzeby i preferencje graczy.

Warto podkreślić, że analiza rynku powinna być procesem ciągłym i regularnym, ponieważ rynek gier jest dynamiczny i stale się zmienia. Dlatego też, należy stale aktualizować swoją wiedzę na temat rynku i dostosowywać swoje strategie produkcji do zmieniających się warunków rynkowych.

3.2. Co można uzyskać dzięki analizie rynku?

Przeprowadzenie analizy rynku gier może przynieść wiele korzyści, w tym:

1. **Określenie grupy docelowej:** Analiza rynku pozwala na zdefiniowanie grupy docelowej, czyli osób, które są potencjalnymi nabywcami gry. Dzięki temu można stworzyć grę, która będzie dostosowana do ich potrzeb i oczekiwań.

2. **Dopasowanie gry do preferencji graczy**: Analiza rynku umożliwia poznanie preferencji graczy, dzięki czemu można stworzyć grę, która będzie odpowiadała ich gustom i potrzebom.

3. **Wybór odpowiedniej platformy sprzedaży:** Dzięki analizie rynku można określić, na jakiej platformie sprzedażowej warto umieścić grę, by zyskała ona jak największą popularność i przyniosła jak najwięcej zysku.

4. **Dopasowanie ceny do oczekiwań rynku:** Analiza rynku pozwala na poznanie oczekiwań potencjalnych nabywców gry w zakresie ceny. Dzięki temu można ustalić odpowiednią cenę, która będzie przyciągała klientów i zapewniła odpowiedni poziom zysku.

5. **Stworzenie skutecznej strategii marketingowej:** Analiza rynku umożliwia poznanie preferencji potencjalnych nabywców gry oraz konkurencji na rynku. Dzięki temu można opracować skuteczną strategię marketingową, która przyciągnie klientów i zwiększy sprzedaż gry.

6. **Analiza wyników sprzedaży i doskonalenie produktu:** Analiza rynku pozwala na monitorowanie wyników sprzedaży i identyfikowanie słabych punktów produktu. Dzięki temu można wprowadzać ulepszenia i doskonalić grę, by przyciągnęła więcej klientów i zapewniła wyższy poziom zysku.

Wnioski wynikające z przeprowadzonej analizy rynku gier mogą pomóc producentom w podejmowaniu decyzji dotyczących rozwoju i sprzedaży gier oraz zwiększyć ich szanse na osiągnięcie sukcesu na rynku.

3.2.1. Zrozumienie preferencji graczy

Preferencje graczy to indywidualne upodobania i oczekiwania, jakie mają wobec gier, takie jak rodzaj gry, jej poziom trudności, grafika, historia, sterowanie, a także funkcje społecznościowe i tryby gry online. Zrozumienie preferencji graczy jest istotne dla produkcji gier z wielu powodów:

1. **Zadowolenie graczy:** Gracze mają różne preferencje i oczekiwania wobec gier, a twórcy gier muszą dostarczyć graczom gry, które spełniają ich wymagania. Jeśli gra nie odpowiada preferencjom graczy, nie będą oni zainteresowani jej graniem, co z kolei prowadzi do mniejszej sprzedaży.

2. **Konkurencyjność:** Branża gier jest bardzo konkurencyjna, a zrozumienie preferencji graczy może pomóc w tworzeniu gier, które wyróżniają się na rynku i przyciągają uwagę graczy.

3. **Lojalność graczy:** Gracze często wracają do gier, które odpowiadają ich preferencjom. Twórcy gier, którzy rozumieją preferencje graczy, mogą tworzyć gry, które przyciągają i utrzymują lojalność graczy.

4. **Planowanie strategii:** Zrozumienie preferencji graczy może pomóc w planowaniu strategii marketingowej i sprzedażowej. Dzięki analizie preferencji graczy, twórcy gier mogą ustalić

odpowiednią cenę i kanały dystrybucji, które przyciągną graczy zainteresowanych danym gatunkiem gier.

5. **Doskonalenie produktu:** Analiza preferencji graczy może pomóc twórcom gier w doskonaleniu swoich produktów. W oparciu o preferencje graczy, twórcy mogą wprowadzać ulepszenia i dodatki do gier, które przyciągają i zadowalają graczy.

Istnieje wiele narzędzi i metod, które pozwalają na poznanie preferencji graczy. Niektóre z nich to:

1. **Badania rynkowe** - przeprowadzenie badań rynkowych pozwala na poznanie preferencji graczy oraz trendów rynkowych w branży gier.

2. **Ankiety** - ankiety są łatwym i skutecznym sposobem na poznanie preferencji graczy, np. odnośnie gatunku gry, trybu gry, fabuły, grafiki, długości trwania gry itp.

3. **Analiza danych i statystyk** - analiza danych dotyczących sprzedaży, ilości graczy, czasu spędzonego w grze i innych wskaźników pozwala na zrozumienie preferencji graczy oraz trendów na rynku.

4. **Social listening** - monitorowanie mediów społecznościowych pozwala na zrozumienie preferencji graczy, ich opinii i potrzeb.

5. **Testy gry** - testy gry z udziałem graczy pozwalają na uzyskanie feedbacku na temat gry, w tym preferencji graczy odnośnie rozgrywki, sterowania, poziomu trudności itp.

6. **Obserwacje konkurencji -** analiza gier konkurencji oraz reakcji graczy na te gry pozwala na poznanie preferencji graczy oraz trendów na rynku.

Wszystkie te narzędzia i metody pozwalają na poznanie preferencji graczy oraz na dostosowanie produktu do ich potrzeb i oczekiwań.

3.2.3. Identyfikacja trendów na rynku

Identyfikacja trendów na rynku gier to proces monitorowania zmian w preferencjach graczy, technologiach, wzorcach zachowań i innych czynnikach, które wpływają na rynek gier. Daje ona producentom gier możliwość dostosowania swoich strategii biznesowych i działań marketingowych, aby sprostać oczekiwaniom konsumentów oraz zwiększyć swoją konkurencyjność na rynku.

Korzyści wynikające z identyfikacji trendów na rynku gier obejmują między innymi:

- **Lepsze zrozumienie preferencji graczy** i ich potrzeb, co pozwala na bardziej efektywne projektowanie i wdrażanie nowych gier.

- **Większa konkurencyjność na rynku** dzięki dostosowaniu oferty do aktualnych trendów oraz zdolność do szybkiej reakcji na zmieniające się preferencje graczy.

- **Zwiększenie zainteresowania i zaangażowania** graczy poprzez oferowanie gier, które są zgodne z ich oczekiwaniami i potrzebami.

- **Większe szanse na osiągnięcie sukcesu** na rynku dzięki dopasowaniu oferty do panujących trendów i potrzeb graczy.

Identyfikacja trendów na rynku gier może być przeprowadzana przy użyciu różnych narzędzi i technik, takich jak badania rynkowe, analiza danych, obserwacja konkurencji, social listening czy ankiety. Dzięki wykorzystaniu tych narzędzi producenci gier mogą poznać preferencje graczy, ich opinie na temat obecnych trendów oraz oczekiwania dotyczące przyszłych gier.

Przykład

Na rynku gier można zauważyć kilka obecnie panujących trendów, które mają wpływ na produkcję gier:

1. *Gry mobilne - coraz więcej graczy korzysta z urządzeń mobilnych, a gry na smartfony i tablety stały się jednym z największych segmentów rynku gier. Producentom gier mobilnych zależy na*

tym, aby stworzyć proste i wciągające gry, które będą dostępne dla jak najszerszej grupy odbiorców.

2. *Gry w chmurze - dzięki technologii chmury gracze mogą korzystać z gier bezpośrednio z przeglądarki internetowej, bez konieczności instalowania ich na swoim komputerze. Gry w chmurze umożliwiają grę na wielu urządzeniach i pozwalają na oszczędność miejsca na dysku twardym.*

3. *Gry z systemem mikropłatności - coraz więcej gier oferuje system mikropłatności, który pozwala graczom kupować wirtualne przedmioty, ulepszenia, lub dostęp do nowych poziomów. Systemy te są popularne w grach free-to-play i umożliwiają generowanie dodatkowych dochodów przez producentów gier.*

4. *Gry VR - technologia wirtualnej rzeczywistości umożliwia graczom przeniesienie się do wirtualnego świata, co pozwala na bardziej immersyjne i realistyczne doświadczenie. Gry VR zyskują coraz większą popularność, jednak ze względu na wysokie koszty związane z technologią VR, są one jeszcze niedostępne dla większości graczy.*

5. *Gry społecznościowe - gry, w których interakcja społecznościowa odgrywa kluczową rolę, stają się coraz bardziej popularne. Gry te umożliwiają graczom połączenie się z innymi graczami, dzielenie się doświadczeniami i tworzenie społeczności online.*

6. *Gry e-sportowe - rosnąca popularność e-sportu sprawia, że gry konkurencyjne, takie jak gry MOBA czy FPS, stają się coraz bardziej popularne. Wraz z rosnącą liczbą turniejów i profesjonalnych drużyn, producenci gier coraz częściej skupiają się na tworzeniu gier, które będą popularne w e-sporcie.*

Zrozumienie tych trendów i ich wpływu na rynek gier jest istotne dla producentów, ponieważ pozwala na dostosowanie produkcji gier do oczekiwań rynku i zwiększenie szans na sukces.

Identyfikacja obecnie panujących trendów na rynku gier jest kluczowym elementem analizy rynku. Pozwala ona na zrozumienie potrzeb i preferencji graczy oraz na dostosowanie oferty do obecnych wymagań rynku. Poniżej przedstawione są niektóre narzędzia i metody, które pomagają w identyfikacji trendów:

1. **Badania rynkowe** - pozwalają na poznanie preferencji i potrzeb graczy poprzez przeprowadzenie ankiet, wywiadów lub analizy zachowań na platformach gamingowych.

2. **Social listening** - pozwala na śledzenie i analizowanie wypowiedzi użytkowników w mediach społecznościowych i forach internetowych, co pozwala na poznanie ich opinii na temat obecnie popularnych gier i trendów.

3. **Analiza sprzedaży gier -** pozwala na zrozumienie, które gry cieszą się obecnie największą popularnością i jakie cechy gier wpływają na ich sukces.

4. **Śledzenie konkurencji** - pozwala na zrozumienie, jakie gry i funkcjonalności oferują konkurenci oraz na dostosowanie oferty do wymagań rynku.

5. **Konferencje branżowe i targi -** pozwalają na poznanie nowych trendów i innowacji, które mogą mieć wpływ na przyszłość branży gier.

6. **Analiza mediów społecznościowych** - pozwala na zrozumienie, jakie treści i trendy są obecnie popularne wśród graczy na platformach społecznościowych.

Wszystkie te narzędzia i metody pozwalają na identyfikację obecnie panujących trendów na rynku gier. Dzięki temu producenci gier są w stanie dostosować swoją ofertę do wymagań rynku i zapewnić, że ich produkty są atrakcyjne dla graczy.

3.2.4. Analiza konkurencji

Analiza konkurencji to proces badania i analizy działań, produktów oraz strategii konkurencji na rynku. Ma na celu poznanie mocnych i słabych stron konkurentów oraz zrozumienie ich sposobu działania w celu poprawienia swojej pozycji rynkowej.

Analiza konkurencji pozwala na:

1. **Poznanie trendów i innowacji na rynku** - poprzez analizę działań konkurentów można zauważyć trendy i nowe rozwiązania stosowane w branży, co może pomóc w ulepszaniu własnych produktów.

2. **Zrozumienie preferencji klientów** - analizując preferencje klientów korzystających z usług konkurencji można dostosować swoją ofertę do oczekiwań rynku.

3. **Poznanie strategii i działań konkurentów** - analiza działań i strategii konkurentów pozwala na zrozumienie ich mocnych i słabych stron oraz pozwala na podejmowanie bardziej świadomych decyzji dotyczących własnej strategii.

4. **Uniknięcie błędów konkurencji -** analiza działań konkurentów pozwala na uniknięcie błędów, które popełnili inni gracze na rynku, co pozwala na oszczędzenie czasu i pieniędzy.

Narzędziami, które mogą pomóc w przeprowadzeniu analizy konkurencji, są m.in. analiza SWOT, benchmarking, analiza działań konkurentów w mediach społecznościowych, analiza cenowa oraz analiza oferty produktowej.

Przeprowadzenie skutecznej analizy konkurencji w branży gier wymaga wykorzystania różnych narzędzi i metod, takich jak:

1. **Badania rynkowe:** pozwalają na poznanie najważniejszych trendów i preferencji graczy, co pozwala na identyfikację niszy na rynku, w której nasza gra może się wyróżnić.

2. **Social listening:** pozwala na śledzenie wypowiedzi graczy w mediach społecznościowych, forach internetowych i blogach, co pozwala na poznanie opinii o konkurencji, a także oczekiwań i preferencji graczy.

3. **Analiza danych i statystyk:** pozwala na zidentyfikowanie najlepszych praktyk i trendów w branży oraz określenie przewagi konkurencji.

4. **Badania nad produktami konkurencji**: pozwalają na poznanie mocnych i słabych stron produktów konkurencji, co pozwala na dopracowanie własnego produktu i wyróżnienie się na rynku.

5. **Obserwacja konkurencji:** pozwala na poznanie działań i strategii marketingowych konkurencji oraz wykorzystanie tej wiedzy do opracowania własnej strategii.

6. **Analiza strony internetowej konkurencji:** pozwala na poznanie struktury i funkcjonalności strony internetowej konkurencji, co pozwala na dopracowanie własnej strony internetowej i zwiększenie skuteczności działań marketingowych.

7. **Narzędzia analityczne do monitorowania ruchu w internecie:** pozwalają na poznanie źródeł ruchu na stronie internetowej

konkurencji, co pozwala na lepsze zrozumienie preferencji i zachowań graczy.

8. **Analiza cenowa:** pozwala na porównanie cen oferowanych przez konkurencję oraz na określenie optymalnej ceny dla własnego produktu.

Wykorzystanie powyższych narzędzi i metod pozwala na przeprowadzenie skutecznej analizy konkurencji, co z kolei pozwala na lepsze zrozumienie rynku i dostosowanie oferty do potrzeb graczy. Analiza konkurencji zostanie szczegółowo omówiona w późniejszych rozdziałach.

3.2.5. Ocena potencjału rynkowego

Ocena potencjału rynkowego to proces analizy i szacowania szansy na sukces produktu na rynku. Polega na zrozumieniu rynku, w którym działamy, w tym ocenie zapotrzebowania na dany produkt, rozpoznaniu konkurencji, określeniu segmentu rynku, który chcemy zająć, oraz szacowaniu, jak wiele nasz produkt może zyskać w tym segmencie.

Ocena potencjału rynkowego daje możliwość dokładnego zrozumienia naszej pozycji wobec konkurencji i określenia potencjalnych wyzwań, z którymi możemy się spotkać. Pozwala również na odkrycie nisz i luk na rynku, co może prowadzić do wykrycia nowych sposobów, w jaki nasz produkt może trafić do klientów.

Korzyścią z przeprowadzenia oceny potencjału rynkowego jest uzyskanie pewności, że nasz produkt ma realne szanse na sukces. Pozwala to uniknąć strat wynikających z wprowadzenia na rynek produktu, który nie jest odpowiednio dopasowany do potrzeb rynku lub jest poza zasięgiem naszych możliwości. Dzięki temu podejście, firma może skoncentrować swoje zasoby i wysiłki na celach, które mają szansę na powodzenie, a tym samym poprawić swoją efektywność.

Potencjał rynkowy danej gry zależy od wielu czynników, które wpływają na jej sukces na rynku. Szczególnie istotne czynniki to:

1. **Konkurencja**: Poziom konkurencji na rynku gier jest kluczowy dla oceny potencjału rynkowego danej gry. Im więcej gier na rynku, tym trudniej jest zdobyć i utrzymać pozycję na rynku.

2. **Popularność gatunku:** Istnieją pewne gatunki gier, które są bardziej popularne niż inne. Gry, które wpisują się w te popularne gatunki, mają większy potencjał rynkowy.

3. **Jakość gry**: Jakość gry jest kluczowa dla sukcesu na rynku. Gry, które oferują wyjątkową jakość rozgrywki, grafikę i dźwięk, zwykle przyciągają większą liczbę graczy i mają większy potencjał rynkowy.

4. **Marketing:** Skuteczna kampania marketingowa jest kluczowa dla zdobycia popularności na rynku. Gry, które mają silne wsparcie marketingowe, mają większy potencjał rynkowy.

5. **Ceny:** Cena gry ma wpływ na to, ile ludzi jest gotowych ją kupić. Gry, które oferują konkurencyjne ceny, mają większy potencjał rynkowy.

6. **Dostępność:** Łatwość dostępu do gry może mieć wpływ na to, jak wiele osób jest w stanie ją kupić i zagrać. Gry, które są łatwo dostępne, np. poprzez różne platformy sprzedaży, mają większy potencjał rynkowy.

7. **Innowacyjność:** Gry, które oferują coś nowego i innowacyjnego, zwykle przyciągają uwagę graczy i mogą mieć większy potencjał rynkowy.

8. **Reputacja:** Reputacja studia deweloperskiego oraz poprzednich gier może wpłynąć na to, jak gracze postrzegają daną grę i jej potencjał rynkowy.

Warto pamiętać, że każda gra jest inna i może mieć różne czynniki wpływające na jej potencjał rynkowy. Ocena potencjału rynkowego wymaga zrozumienia tych czynników i uwzględnienia ich w analizie.

Niektóre z narzędzi i metod, które mogą być wykorzystane do przeprowadzenia takiej oceny:

1. **Badania rynkowe** - mogą pomóc w zrozumieniu preferencji graczy, trendów rynkowych oraz wskazać, jakie rodzaje gier cieszą się największym zainteresowaniem.

2. **Analiza danych** - pozwala na dokładne zbadanie preferencji graczy, trendów i zachowań rynkowych na podstawie zbieranych danych.

3. **Analiza konkurencji** - umożliwia porównanie danej gry z innymi dostępnymi na rynku, co pozwala na określenie potencjalnych mocnych i słabych stron danej gry w kontekście rynku.

4. **Badania jakościowe** - pozwalają na zrozumienie, jak gracze odbierają daną grę, co mogą o niej myśleć i jakie mają oczekiwania wobec gier.

5. **Badania ilościowe** - umożliwiają zebranie dużych ilości danych na temat preferencji graczy, zachowań zakupowych oraz ogólnych trendów rynkowych.

6. **Analiza danych demograficznych** - pozwala na zrozumienie, jak wiek, płeć, lokalizacja i inne czynniki demograficzne wpływają na preferencje i zachowania graczy, co pozwala na określenie potencjalnych odbiorców danej gry.

7. **Analiza wewnętrzna** - pozwala na zbadanie wyników sprzedaży, satysfakcji graczy i innych wewnętrznych czynników, które mogą wpłynąć na potencjał rynkowy danej gry.

Wykorzystanie powyższych narzędzi i metod pozwala na dokładne zbadanie rynku, a tym samym na ocenę potencjału rynkowego danej gry. Dzięki temu producenci gier mogą zoptymalizować swoje strategie i dostosować swoje produkty do wymagań i preferencji rynku, co zwiększa szanse na sukces rynkowy.

3.3. Jak wyglądają przykładowe analizy rynku?

Należy podkreślić, że wszystkie informacje, analizy i przykłady przedstawione w tym i poprzednich rozdziałach są całkowicie fikcyjne i nie opierają się na prawdziwych danych ani rzeczywistych przypadkach. Powinno się traktować je jedynie jako fikcyjne przykłady mające na celu poglądowe przedstawienie potencjalnych analiz, ryzyk i działań w kontekście tworzenia gier.

Należy zrozumieć, że każda sytuacja biznesowa, projektowa czy związana z ryzykiem jest unikalna i wymaga indywidualnego podejścia oraz analizy opartej na rzeczywistych danych i specyfikach danego przypadku. Decyzje biznesowe i podejmowanie działań powinny być zawsze oparte na solidnych badaniach, rzetelnych analizach i odpowiednich źródłach informacji.

W przypadku podejmowania jakichkolwiek decyzji biznesowych, związanych z ryzykiem, produkcją, inwestycjami czy jakimikolwiek innymi aspektami działalności, zawsze należy polegać na rzeczywistych danach, specjalistycznej wiedzy i ekspertach w odpowiednich dziedzinach.

3.3.1. Przykład analizy rynku dla gry mobilnej

Przykład

Przykładowa analiza rynku dla gry mobilnej typu endless runner:

1. *Analiza trendów na rynku gier mobilnych:*

- *Wzrost liczby graczy i przychodów z gier mobilnych w ostatnich latach.*

- *Wzrost popularności gier casualowych, w tym gier typu endless runner.*

- *Rosnąca popularność gier z elementami RPG, w tym gier mobilnych typu RPG-endless-runner.*

2. *Analiza konkurencji:*

- *Konkurencyjne gry endless runner z wysoką oceną użytkowników i popularnością, takie jak Temple Run i Subway Surfers.*

- *Gry mobilne z elementami RPG i endless runner, takie jak Blades of Brim i Alto's Adventure.*

3. *Ocena potencjału rynkowego:*

- *Duży potencjał rynkowy z powodu rosnącej popularności gier mobilnych i gier casualowych.*

- *Wysoki potencjał ze względu na brak dominującej gry w kategorii endless runner z elementami RPG.*

- *Wysoki potencjał ze względu na potencjalną publikę, w tym fanów gier mobilnych, graczy casualowych i fanów gier RPG.*

4. *Analiza preferencji graczy:*

- *Gracze mobilni preferują proste, łatwe do opanowania rozgrywki.*

- *Popularne są gry, które oferują dostęp do bonusów i nagród za wykonywanie określonych zadań lub osiągnięcie określonych wyników.*

- *Gracze cenią sobie interaktywność z innymi graczami, taką jak rywalizacja i współpraca.*

5. *Analiza sposobów monetyzacji:*

- *Płatności w grze, takie jak zakup waluty lub przedmiotów premium.*

- *Reklamy, takie jak reklamy wideo i banery reklamowe.*

- *Subskrypcje, które oferują dostęp do ekskluzywnych funkcji i treści.*

Na podstawie powyższej analizy można zauważyć, że gra mobilna typu endless runner z elementami RPG ma duży potencjał rynkowy i wiele sposobów na osiągnięcie zysków. Aby odnieść sukces na rynku gier mobilnych, gra powinna oferować proste i interaktywne doświadczenie gry, a także zachęcać graczy do osiągania celów poprzez nagrody i bonusy. Sposób monetyzacji powinien być starannie przemyślany, aby zapewnić użytkownikom pozytywne doświadczenia związane z grą i zyskać ich zaangażowanie.

Przykład

Przykład analizy rynku dla gry mobilnej może wyglądać następująco:

1. *Badania rynku:*

- *Przeprowadzenie ankiet i wywiadów z graczami w celu zrozumienia ich preferencji i potrzeb.*

- *Analiza popularności innych gier mobilnych na rynku, ich cech i funkcji, które cieszą się największą popularnością wśród graczy.*

- *Monitorowanie recenzji i opinii graczy na temat istniejących gier mobilnych, w celu zrozumienia ich mocnych i słabych stron.*

2. *Analiza danych:*

- *Analiza danych demograficznych graczy, takich jak wiek, płeć i lokalizacja geograficzna, w celu zidentyfikowania grupy docelowej.*

- *Analiza zachowań graczy w grach mobilnych, w celu zrozumienia, jakie elementy gry są najbardziej popularne i wpływają na doświadczenie gracza.*

3. *Ocena potencjału rynkowego:*

- *Analiza trendów rynkowych, takich jak popularność gier mobilnych, modele biznesowe, trendy w projektowaniu gier i innowacje w technologii mobilnej.*

- *Analiza konkurencji, w tym analiza popularności i jakości gier mobilnych podobnych do naszej, jak również strategii marketingowych i cenowych naszych konkurentów.*

Na podstawie tych analiz można określić preferencje i potrzeby graczy, wyznaczyć grupę docelową, stworzyć strategię marketingową, dopasować cenę i funkcje gry do oczekiwań rynku oraz poprawić jakość gry w celu osiągnięcia sukcesu na rynku gier mobilnych.

Przykład

Przeprowadzenie analizy rynku dla gry mobilnej typu platformówka wymaga zidentyfikowania i zrozumienia kluczowych czynników, które wpływają na ten rynek. Poniżej przedstawione są przykładowe kroki, które można podjąć w celu przeprowadzenia takiej analizy:

1. *Określenie celów i zakresu analizy: Celem może być np. poznanie preferencji graczy, identyfikacja konkurencji oraz określenie potencjału rynkowego.*

2. *Analiza preferencji graczy: W tym przypadku należy zbadać preferencje graczy w odniesieniu do gier platformowych. Można*

to zrobić poprzez analizę recenzji i ocen gier platformowych w sklepie Google Play lub App Store, badania rynku (np. ankiety), analizę popularnych kanałów YouTube lub Twitch, gdzie publikowane są nagrania z gier platformowych.

3. *Analiza konkurencji: W tym kroku należy zbadać rynek gier platformowych i zidentyfikować konkurencję. Można to zrobić, analizując gry podobne do naszej, czyli platformówki, w sklepach Google Play lub App Store. Należy również prześledzić, jakie strategie marketingowe stosują konkurencyjne gry oraz jakie ceny oferują.*

4. *Ocena potencjału rynkowego: W tym kroku należy ocenić potencjał rynkowy dla gier platformowych na urządzenia mobilne. Można to zrobić poprzez analizę ilości pobrań gier platformowych w sklepach Google Play lub App Store, czy badania rynku. Warto również przeanalizować popularność gier platformowych w porównaniu do innych gatunków gier mobilnych.*

5. *Analiza trendów: Należy również prześledzić aktualne trendy w grach platformowych na urządzenia mobilne. Można to zrobić poprzez analizę forów internetowych, grup dyskusyjnych, kanałów YouTube lub Twitch, a także poprzez badania rynku.*

Przykład

Do zrozumienia rynku gier mobilnych zbiera się i analizuje różne dane i informacje, w tym:

1. *Statystyki pobierania gier - liczba pobrań oraz częstotliwość pobierania danej gry, co może świadczyć o popularności i zainteresowaniu grą przez użytkowników.*

2. *Dane demograficzne - wiek, płeć, pochodzenie geograficzne i preferencje użytkowników gier mobilnych, co pozwala na określenie grupy docelowej i preferencji graczy.*

3. *Aktywność graczy - czas spędzony na grze, liczba sesji gry, liczba transakcji dokonywanych w grze, co pozwala na określenie zaangażowania graczy i preferencji dotyczących sposobu interakcji z grą.*

4. *Analiza feedbacku i opinii graczy - oceny gry, recenzje i komentarze graczy, co pozwala na poznanie pozytywnych i negatywnych aspektów gry, a także na identyfikację możliwości usprawnienia i doskonalenia produktu.*

5. *Analiza konkurencji - badanie oferty konkurencji, ich popularności oraz sposobu, w jaki konkurują na rynku, co pozwala na określenie unikalnych cech i wartości dodanej danej gry.*

6. *Trendy rynkowe - zrozumienie obecnych trendów na rynku gier mobilnych, takich jak popularność gier typu battle royale czy grywalizacja, pozwala na dostosowanie oferty do preferencji użytkowników oraz na wyróżnienie się na rynku.*

7. *Analiza sprzedaży i dochodów - analiza modelu biznesowego gry, dochodów i wydatków związanych z jej produkcją, marketingiem i dystrybucją, co pozwala na określenie rentowności produktu oraz dostosowanie strategii biznesowej do rynkowych trendów i preferencji użytkowników.*

Przykład

Na rynku gier mobilnych preferencje graczy zmieniają się wraz z upływem czasu i pojawieniem się nowych trendów. Poniżej przedstawiam kilka ogólnych preferencji, które są często obecne na rynku gier mobilnych:

1. *Gry darmowe z mikropłatnościami - większość graczy preferuje pobieranie gier za darmo i dokonywanie w nich mikropłatności, które umożliwiają im zdobycie dodatkowych funkcji lub przedmiotów.*

2. *Gry z grafiką 3D - wraz z postępem technologicznym, coraz więcej gier mobilnych oferuje zaawansowaną grafikę 3D, co zwiększa atrakcyjność gry.*

3. *Gry z trybem multiplayer - wiele gier mobilnych umożliwia grę w trybie multiplayer, co pozwala na interakcję z innymi graczami i zwiększa długość rozgrywki.*

4. *Gry z elementami RPG - gry mobilne z elementami RPG, takie jak rozwijanie postaci, zdobywanie punktów doświadczenia i umiejętności, są popularne wśród wielu graczy.*

5. *Gry z progresją - wiele gier mobilnych opiera się na progresji, która motywuje graczy do dalszej gry i zdobywania nowych osiągnięć.*

6. *Gry z krótkimi sesjami gry - gry mobilne często są wykorzystywane w krótkich sesjach, np. podczas przerw w pracy czy w drodze do szkoły lub pracy, co wymaga od gry szybkiego wciągnięcia gracza i umożliwienie mu szybkiego wyjścia z gry.*

7. *Gry z niskim wymaganiem sprzętowym - ponieważ gry mobilne są uruchamiane na urządzeniach mobilnych, często zdarza się, że gracze preferują gry, które nie wymagają zbyt dużo zasobów sprzętowych, co pozwala na uruchomienie gry na starszych urządzeniach.*

8. *Gry z możliwością personalizacji - wiele gier mobilnych oferuje graczom możliwość personalizacji postaci lub ulepszania przedmiotów, co zwiększa zaangażowanie graczy w grę i motywuje do dalszej gry.*

Oczywiście, preferencje graczy na rynku gier mobilnych są różnorodne i zależą od wielu czynników, takich jak wiek, płeć, zainteresowania czy doświadczenie w grach mobilnych.

Przykład

Na rynku gier mobilnych obecnie można zauważyć kilka trendów:

1. *Gry hybrydowe - to gry, które łączą w sobie elementy różnych gatunków, na przykład RPG z elementami strzelanek lub strategii. Dzięki temu twórcy gier mogą przyciągnąć do swojej produkcji graczy o różnych zainteresowaniach.*

2. *Gry na żywo - to gry, w których akcja odbywa się w czasie rzeczywistym i gracze mają możliwość wspólnego rywalizowania ze sobą. W ten sposób twórcy gier stworzyli interaktywne doświadczenie, które zachęca graczy do gry na dłuższy czas.*

3. *Gry z rozbudowanymi trybami wieloosobowymi - to gry, które umożliwiają grę z innymi graczami online. Dzięki temu gracze mogą rywalizować ze sobą i wymieniać się doświadczeniami.*

4. *Gry z udziałem celebrytów - to gry, w których udział biorą popularni celebryci, na przykład aktorzy lub sportowcy. Dzięki temu twórcy gier mogą przyciągnąć do swojej produkcji nowych graczy, którzy są zainteresowani osobami publicznymi.*

5. *Gry z systemem płatności freemium - to gry, w których podstawowa wersja jest darmowa, ale gracze mogą dokonywać zakupów w grze, aby zdobyć dodatkowe funkcje lub przedmioty. W ten sposób twórcy gier mogą zarabiać na swojej produkcji, a*

gracze mają możliwość personalizacji swojego doświadczenia gry.

Przykład

Na rynku gier mobilnych najpopularniejsze gatunki to gry zręcznościowe (np. Angry Birds), gry logiczne (np. Candy Crush), gry przygodowe (np. Subway Surfers), gry symulacyjne (np. The Sims) oraz gry RPG (np. Pokémon GO). Jednak ich popularność może różnić się w zależności od regionu i grupy docelowej. Na przykład w Azji popularne są gry typu gacha (losowanie postaci), a w Stanach Zjednoczonych popularne są gry sportowe (np. Madden NFL).

Przykład

Istnieje wiele sposobów monetyzacji na rynku mobilnym, z których niektóre są bardziej popularne i skuteczne niż inne. Poniżej przedstawione są niektóre z najczęściej stosowanych sposobów:

1. *Model freemium - gra jest dostępna za darmo, ale zawiera opcjonalne płatności za dodatkowe funkcje lub przedmioty w grze.*

2. *Reklamy - gra wyświetla reklamy, a twórcy gry zarabiają na tym, że użytkownicy klikają w nie lub je oglądają.*

3. *Płatna aplikacja - gra jest płatna od samego początku, a użytkownik musi zapłacić za pobranie i instalację gry.*

4. *Subskrypcja - użytkownicy płacą miesięczną opłatę za dostęp do gry lub określonych funkcji.*

5. *Sprzedaż wewnętrzna - w grze są dostępne różne przedmioty, które można kupić za wirtualną walutę lub prawdziwe pieniądze.*

6. *Sponsorowane treści - gra promuje produkty lub usługi zewnętrzne, a twórcy gry otrzymują wynagrodzenie za promowanie tych produktów.*

7. *In-app advertising - użytkownicy muszą obejrzeć reklamę, aby otrzymać dodatkowe korzyści lub nagrody w grze.*

8. *Sprzedaż licencji - twórcy gry sprzedają licencje na korzystanie z ich technologii lub silnika do innych deweloperów gier.*

Wybór sposobu monetyzacji zależy od rodzaju gry, jej popularności, grupy docelowej oraz celów i strategii biznesowej twórców gry.

Przykład

Na rynku mobilnym popularność konkretnych sposobów monetyzacji zależy od wielu czynników, w tym od rodzaju gry, grupy docelowej, lokalizacji i preferencji użytkowników. Niemniej jednak, można wskazać kilka najczęściej stosowanych sposobów monetyzacji, które cieszą się największą popularnością:

1. *Mikropłatności - to jeden z najpopularniejszych sposobów monetyzacji na rynku mobilnym. Polega na oferowaniu użytkownikom możliwości zakupu wirtualnych przedmiotów, waluty lub funkcji premium w zamian za rzeczywiste pieniądze. Mikropłatności są szczególnie popularne w grach typu free-to-play.*

2. *Reklamy - to kolejny popularny sposób monetyzacji gier mobilnych. Polega na wyświetlaniu użytkownikom reklam w trakcie gry lub na ekranie startowym. Reklamy mogą być zarówno statyczne, jak i wideo.*

3. *Subskrypcje - to model monetyzacji, w którym użytkownicy płacą regularną opłatę za dostęp do gry lub jej funkcji premium. Subskrypcje są szczególnie popularne w grach o stałym cyklu wydań, takich jak gry sportowe.*

4. *Sprzedaż gry - to klasyczny model monetyzacji, polegający na sprzedaży gry za jednorazową opłatą. Wraz z rosnącą popularnością modelu free-to-play, sprzedaż gry staje się jednak coraz rzadsza.*

5. *Sponsoring - to model monetyzacji, w którym gra jest sponsorowana przez określoną markę lub produkt. W zamian za*

sponsoring, gra może oferować użytkownikom specjalne nagrody lub funkcje.

Wśród wymienionych sposobów monetyzacji, mikropłatności i reklamy są najczęściej stosowane na rynku gier mobilnych. Jednak popularność poszczególnych modeli monetyzacji zależy od wielu czynników, w tym od specyfiki danej gry i preferencji użytkowników.

Przykład

Przykładowa analiza rynku dla gry Angry Birds na rynek mobilny:

1. *Trendy rynkowe:*

- *Rosnąca popularność gier mobilnych wśród użytkowników smartfonów i tabletów*

- *Duża konkurencja na rynku gier mobilnych, szczególnie wśród gier zręcznościowych i łamigłówek*

- *Wzrost popularności gier free-to-play z modelami monetyzacji opartymi na mikropłatnościach*

2. *Preferencje graczy:*

- *Łatwy dostęp do gier*

- *Krótkie, szybkie rozgrywki*

- *Wysokiej jakości grafika i efekty dźwiękowe*

- *Wciągająca i różnorodna rozgrywka*

- *Dostępność dla różnych grup wiekowych*

3. *Analiza konkurencji:*

- *Duża konkurencja wśród gier zręcznościowych i łamigłówek*

- *Wysoka jakość grafiki i efektów dźwiękowych w popularnych grach mobilnych*

- *Liczne gry free-to-play, z mikropłatnościami jako sposobem na monetyzację*

4. *Ocena potencjału rynkowego:*

- *Wysoka popularność gier mobilnych wśród użytkowników smartfonów i tabletów*

- *Duża baza fanów gry Angry Birds*

- *Potencjał do uzyskania zysków z modeli monetyzacji opartych na mikropłatnościach*

5. *Sposoby monetyzacji:*

- *Mikropłatności za dodatkowe elementy w grze, takie jak nowe poziomy, postacie lub zdolności*

- *Reklamy w grze, w tym reklamy video*

- *Oferty abonamentowe, które pozwalają na dostęp do ekskluzywnych treści lub usług w grze*

Przykład

Przykładowa analiza rynku dla gry komputerowej typu strategia czasu rzeczywistego (RTS):

1. *Analiza trendów na rynku gier komputerowych:*

- *Wzrost popularności gier multiplayer, zarówno online jak i lokalnych, co może wpłynąć na warianty trybu gry.*

- *Wzrost liczby gier z elementami roguelike i survival, co może wpłynąć na mechanikę gry.*

- *Wzrost zainteresowania grami typu indie, co może wpłynąć na styl graficzny i interfejs użytkownika.*

2. *Analiza konkurencji:*

- *Istnieją już gry z tego samego gatunku, takie jak Starcraft II, Warcraft III: Reforged, Age of Empires III: Definitive Edition, Europa Universalis IV, No mans land.*

- *Należy przebadać strategie marketingowe i ceny oferowane przez tych konkurentów.*

3. *Analiza preferencji graczy:*

- *Gracze docelowi to osoby zainteresowane grami strategicznymi czasu rzeczywistego, a więc mogą to być osoby, które grają w inne gry tego typu lub interesują się tematyką takich gier.*

- *Preferencje graczy obejmują: dobrą grafikę, rozbudowaną fabułę, innowacyjną mechanikę gry, duży wybór jednostek, odpowiedni balans gry, możliwość gry multiplayer i wysoką jakość dźwięku.*

4. *Analiza potencjału rynkowego:*

- *Gry strategiczne czasu rzeczywistego mają swoją publiczność, ale rynek ten jest wciąż rozwijający się i ma wiele możliwości.*

- *Rynek zmienił się na przestrzeni lat, konieczne było odświeżenie formuły gier.*

- *Gry tego typu zazwyczaj przyciągają lojalną grupę fanów, co może prowadzić do dalszego rozwoju i sukcesu gry.*

- *Potencjalne zagrożenia dla rynku gier strategicznych to rozwój innych gatunków gier, takich jak gry RPG lub multiplayer online battle arena (MOBA).*

Na podstawie przeprowadzonej analizy rynku, deweloperzy mogą dostosować swoją strategię marketingową, taką jak dobór cen i kanałów dystrybucji, oraz dopasować styl i mechanikę gry do preferencji graczy i trendów na rynku.

Przykład

Analiza rynku gier na komputery obejmuje wiele różnych kryteriów, które pomagają zrozumieć preferencje graczy oraz aktualne trendy na rynku. Niektóre z najważniejszych kryteriów to:

1. *Gatunek gry - analiza popularności poszczególnych gatunków pozwala zrozumieć preferencje graczy i określić, który gatunek może przynieść największe zyski.*

2. *Platforma sprzętowa - gry na komputery są dostępne na różnych platformach sprzętowych, takich jak Windows, MacOS, Linux. Analiza popularności gier na różnych platformach pozwala określić, na której platformie najlepiej będzie wydawać daną grę.*

3. *Cena - analiza cen gier na rynku pozwala zrozumieć, jakie ceny są akceptowalne dla graczy oraz jakie modele płatności są najbardziej popularne (np. płatności jednorazowe, subskrypcje, mikropłatności).*

4. *Demografia graczy - analiza wieku, płci, zainteresowań i innych cech demograficznych graczy pozwala na określenie grupy docelowej i dostosowanie gry do ich preferencji.*

5. *Konkurencja - analiza innych gier dostępnych na rynku w danym gatunku pozwala zrozumieć, jakie trendy są popularne i jakie funkcje są oczekiwane przez graczy.*

6. *Recenzje - analiza recenzji gier na rynku pozwala zrozumieć, jakie cechy są najbardziej cenione przez graczy oraz jakie elementy gry wymagają poprawy.*

7. *Sprzedaż - analiza wyników sprzedaży gier na rynku pozwala na określenie, jakie gry są najbardziej popularne oraz jakie modele biznesowe przynoszą największe zyski.*

Przykład

Na rynku gier PC występują różne preferencje graczy, które mogą wpływać na popularność i sprzedaż gier. Kilka przykładów:

1. *Gatunki gier - niektórzy gracze preferują jedne gatunki, podczas gdy inni preferują inne, co wpływa na popularność i sprzedaż gier w danym gatunku oraz w gatunkach łączonych, np. surviwal-RPG, czy surviwal-RTS*

2. *Grafika i jakość gry - jakość grafiki i ogólna jakość gry są ważnymi czynnikami wpływającymi na preferencje graczy na rynku gier PC. Gracze oczekują coraz wyższej jakości grafiki i grywalności, co może wpłynąć na sprzedaż gier.*

3. *Multiplayer - coraz więcej graczy na PC preferuje gry multiplayer, w których mogą grać z innymi graczami online. Gry z dobrze rozwiniętym trybem multiplayer mogą cieszyć się większą popularnością niż gry singleplayer.*

4. *Modding - modding (modyfikowanie gier przez graczy) jest popularną praktyką wśród graczy PC. Gry, które są łatwe do modyfikacji i posiadają szeroką społeczność modderską, mogą przyciągać większą uwagę graczy.*

5. *Ceny - cena gry jest ważnym czynnikiem wpływającym na popularność i sprzedaż gier na PC. Gracze często porównują ceny gier i wybierają te, które są w rozsądnej cenie.*

6. *Dostępność i łatwość pobierania - łatwość pobierania i dostępność gier są również ważnymi czynnikami. Gracze preferują łatwy dostęp do gier i krótkie czasy pobierania, co może wpłynąć na wybór gry i popularność na rynku.*

Przykład

Na rynku gier PC obecnie można zaobserwować kilka istotnych trendów:

1. *Gry e-sportowe - rosnąca popularność turniejów i rozgrywek w grach online, zwłaszcza w gatunkach takich jak MOBA (Multiplaycr Online Battle Arena) i gry strzelankowe, takie jak Counter-Strike: Global Offensive czy Overwatch.*

2. *Gry indie - wzrost popularności gier tworzonych przez niezależnych deweloperów, zwykle charakteryzujących się oryginalnymi pomysłami i unikalnym stylem graficznym.*

3. *Gry na platformy cyfrowe - rosnąca popularność platform cyfrowych takich jak Steam, GOG czy Epic Games Store, które umożliwiają łatwy dostęp do gier, a także oferują różne promocje i programy lojalnościowe.*

4. *Gry sandboxowe - wzrost popularności gier, które pozwalają graczom na swobodną eksplorację i kreowanie własnego świata, takich jak Minecraft czy Terraria.*

5. *Gry RPG - wzrost popularności gier z gatunku RPG (Role-Playing Game), które umożliwiają graczom kreowanie własnej postaci i wchodzenie w interakcje z innymi graczami, takie jak World of Warcraft czy Final Fantasy XIV.*

6. *Gry w chmurze - rosnąca popularność usług streamingowych, takich jak Google Stadia czy GeForce Now, które pozwalają na granie w najnowsze gry bez potrzeby posiadania drogiego sprzętu.*

Warto zauważyć, że wiele gier łączy w sobie elementy kilku powyższych trendów, a także pojawiają się nowe kierunki, takie jak gry VR czy gry oparte na sztucznej inteligencji.

Przykład

Na rynku gier PC istnieje wiele różnych gatunków, a ich popularność może się różnić w zależności od regionu oraz czasu. Poniżej przedstawiam przykładową listę popularnych gatunków gier na PC oraz ich udziału w rynku według badań przeprowadzonych przez Steam w kwietniu 2021 roku:

1. *Gry akcji - 20,17%*

2. *Gry RPG - 14,05%*

3. *Gry symulacyjne - 13,95%*

4. *Gry niezależne - 11,94%*

5. *Gry sportowe - 7,70%*

6. *Gry strategiczne - 6,60%*

7. *Gry wyścigowe - 5,64%*

8. *Gry przygodowe - 5,35%*

9. *Gry MMO - 4,72%*

10. *Gry platformowe - 2,81%*

Warto jednak pamiętać, że udział poszczególnych gatunków na rynku gier PC może się zmieniać w czasie, a także zależeć od preferencji graczy w różnych regionach.

Przykład

Na rynku gier PC istnieje kilka popularnych sposobów monetyzacji, takich jak:

1. *Sprzedaż detaliczna - polega na sprzedaży gry w pudełku lub w formie cyfrowej za określoną cenę.*

2. *Abonament - polega na oferowaniu graczom dostępu do gry lub jej elementów na określony czas w zamian za comiesięczną opłatę.*

3. *Mikropłatności - to dodatkowe płatności, które gracz może wykonać w grze w celu uzyskania dodatkowych funkcjonalności, przedmiotów lub usług, takich jak dodatkowe poziomy, postacie czy kosmetyczne zmiany w grze.*

4. *Dodatki i rozszerzenia - to kolejne pakiety zawierające nowe poziomy, postacie, przedmioty lub funkcje, które można dodać do gry po jej wydaniu. Często sprzedawane są jako osobne produkty lub jako elementy abonamentu.*

5. *Mikropłatności społecznościowe - to możliwość wpłacania datków lub zakupu specjalnych przedmiotów przez społeczność graczy w celu wsparcia deweloperów lub charytatywnych celów.*

6. *Reklamy - to wykorzystanie reklam w grze w celu generowania przychodów. Mogą one być wyświetlane na ekranie startowym, w trakcie ładowania lub pojawiać się w formie bannerów w trakcie gry.*

7. *Donacje - to dobrowolne wpłaty od graczy dla deweloperów w celu wsparcia ich pracy i rozwoju gry.*

Wybór sposobu monetyzacji zależy od wielu czynników, takich jak rodzaj gry, preferencje graczy, model biznesowy dewelopera czy rodzaj platformy, na której gra jest dostępna.

Najpopularniejszym sposobem monetyzacji na rynku gier PC jest nadal sprzedaż detaliczna, ale coraz więcej gier korzysta z modelu free-to-play z mikropłatnościami lub abonamentem. Jednakże, warto zauważyć, że wybór sposobu monetyzacji zależy przede wszystkim od konkretnych cech gry oraz preferencji graczy, a niektóre gry stosują kombinację różnych metod w celu maksymalizacji dochodów.

Przykład

Przykładowa analiza rynku dla gry Medal of Honor na PC:

1. *Analiza rynku gier akcji na PC*

- *Zbadanie popularności gier akcji na PC w ostatnim czasie*

- *Określenie, które gry akcji były najczęściej kupowane i pobierane*

- *Porównanie sprzedaży gier akcji na PC z innymi platformami (np. konsolami)*

2. *Badanie opinii graczy na temat gry Medal of Honor*

- *Analiza recenzji i ocen gry na platformach sprzedażowych i portalach branżowych*

- *Monitorowanie dyskusji na forach internetowych i w mediach społecznościowych dotyczących gry*

- *Przeprowadzenie ankiety wśród graczy, aby poznać ich opinie na temat gry Medal of Honor i porównać je z innymi grami akcji na PC*

3. *Analiza konkurencji*

- *Przeprowadzenie badania konkurencji wśród innych gier akcji na PC, które wydano w ostatnim czasie*

- *Analiza cech i funkcji gier konkurencyjnych, które mogą wpłynąć na decyzję graczy o wyborze gry Medal of Honor*

- *Porównanie cen gier konkurencyjnych z ceną gry Medal of Honor*

4. *Ocena potencjału rynkowego gry Medal of Honor*

- *Określenie grupy docelowej dla gry Medal of Honor*

- *Zbadanie, jakie cechy gry przyciągają graczy i jakie czynniki wpływają na ich decyzję o zakupie*

- *Przeprowadzenie analizy rynku, aby określić, czy na rynku jest zapotrzebowanie na gry akcji z takim samym poziomem trudności i tematyką jak w grze Medal of Honor*

Dzięki przeprowadzeniu powyższych analiz można określić trendy na rynku gier akcji na PC, poznać preferencje graczy, zrozumieć opinie na temat gry Medal of Honor i porównać ją z konkurencją, a także ocenić potencjał rynkowy gry i określić,

czy warto ją wydać i w jakiej formie.

Przykład

Przykładowa analiza rynku dla gry na konsole:

1. *Analiza konkurencji:*

- *Przeprowadzenie analizy konkurencji, aby zrozumieć, jakie gry są popularne na rynku konsolowym i jakie czynniki przyciągają graczy do tych gier.*

- *Ocena siły konkurencji na rynku, aby zidentyfikować potencjalne luki w rynku i określić, jakie czynniki są najważniejsze dla sukcesu gry na rynku konsolowym.*

2. *Analiza preferencji graczy:*

- *Badanie preferencji graczy, aby zrozumieć, jakie czynniki wpływają na ich wybór gier na konsolę.*

- *Ocena trendy wśród graczy, aby określić, które gatunki i style gier są najbardziej popularne na rynku konsolowym.*

3. *Analiza potencjału rynkowego:*

- *Analiza demograficzna, aby zrozumieć, jakie grupy graczy są najbardziej zainteresowane grami na konsolę.*

- *Przeprowadzenie analizy potencjału rynkowego, aby określić, jakie czynniki mają wpływ na sprzedaż gier na konsolę i jakie są prognozy sprzedaży na przyszłość.*

4. *Analiza sposobów dystrybucji i marketingu:*

- *Ocena sposobów dystrybucji gier na konsolę, takich jak dystrybucja cyfrowa, dystrybucja detaliczna i subskrypcje, aby określić, które metody są najbardziej skuteczne dla danej gry.*

- *Analiza skuteczności działań marketingowych, takich jak kampanie reklamowe i promocje, aby określić, które strategie marketingowe są najbardziej skuteczne na rynku konsolowym.*

5. *Analiza technologiczna:*

- *Analiza wymagań sprzętowych i oprogramowania, aby określić, jakie cechy gry na konsolę są najważniejsze dla graczy i jakie wymagania sprzętowe muszą spełnić konsole.*

- *Ocena trendów technologicznych w branży gier, aby zrozumieć, jakie nowe technologie mogą mieć wpływ na przyszłość rynku gier na konsolę.*

Wszystkie powyższe czynniki powinny być uwzględnione w analizie rynku gier na konsole, aby uzyskać pełny obraz rynku i określić najlepsze strategie dla sukcesu gry.

Przykład

Analiza rynku gier Hack and slash na konsolach może obejmować różne aspekty, takie jak popularność gatunku, trendy rynkowe, preferencje graczy, konkurencja, potencjał rynkowy i sposoby monetyzacji. Przykładowa analiza rynku dla gry Hack and slash na konsole mogłaby wyglądać następująco:

1. *Popularność gatunku Hack and slash na konsole:*

- *W ostatnich latach gatunek ten zyskał na popularności na rynku konsolowym.*

- *Gry tego typu zwykle oferują dynamiczną i ekscytującą rozgrywkę, co przyciąga szeroką publiczność.*

- *Wiele popularnych gier Hack and slash zostało wydanych na konsole, co wskazuje na duży potencjał rynkowy dla nowych gier tego typu.*

2. *Trendy rynkowe w grach Hack and slash na konsole:*

- *Gry tego typu stają się coraz bardziej skomplikowane i oferują bardziej rozbudowane systemy walki i ulepszania postaci.*

- *Kolejne gry Hack and slash na konsolach oferują rozbudowane tryby wieloosobowe, co zwiększa ich grywalność i atrakcyjność dla graczy.*

- *Popularne gry tego typu wprowadzają coraz bardziej zaawansowane grafiki i efekty wizualne, co staje się standardem w branży.*

3. *Preferencje graczy:*

- *Gracze oczekują od gier Hack and slash dynamicznej i ekscytującej rozgrywki oraz rozbudowanych systemów walki i ulepszania postaci.*

- *Kolejne gry tego typu powinny oferować tryby wieloosobowe, które pozwalają na rywalizację z innymi graczami i zdobywanie nagród.*

- *Gracze cenią sobie także zaawansowaną grafikę i efekty wizualne, co może wpłynąć na wybór konkretnych gier Hack and slash na konsolach.*

4. *Konkurencja:*

- *Na rynku konsolowym istnieje wiele gier Hack and slash, które konkurują o uwagę graczy.*

- *Niektóre z popularnych tytułów w tym gatunku to seria God of War, Devil May Cry, czy Bayonetta.*

- *Konkurencja może wpłynąć na wybór danego tytułu przez graczy, dlatego ważne jest, aby gra wyróżniała się na tle innych tytułów.*

5. *Potencjał rynkowy:*

- *Gry Hack and slash na konsolach cieszą się dużą popularnością wśród graczy, co wskazuje na duży potencjał rynkowy dla nowych gier tego typu.*

- *W ostatnich latach rynek konsolowy zyskuje na popularności, co stwarza korzystne warunki dla wydawców i*

Przykład

Analiza rynku gier na konsole obejmuje wiele kryteriów, takich jak:

1. *Sprzedaż konsol - liczbę sprzedanych konsol oraz tempo ich sprzedaży.*

2. *Popularność i reputacja konsol - postrzeganie danej konsoli przez graczy i recenzentów oraz ogólną popularność marki.*

3. *Demografia graczy - wiek, płeć, preferowane gatunki gier, a także ich miejsce zamieszkania i poziom zamożności.*

4. *Preferencje i zwyczaje graczy - preferowane gatunki gier, styl gry, preferowane sposoby monetyzacji, preferowane platformy zakupu gier i wiele innych.*

5. *Konkurencja - analizę konkurencji na rynku konsolowym, w tym gry i marki, które konkurują o uwagę graczy.*

6. *Trendy - obecne trendy i kierunki rozwoju w przemyśle gier, takie jak popularność e-sportu czy wprowadzenie nowych technologii, jak wirtualna rzeczywistość (VR) i rozszerzona rzeczywistość (AR).*

Te kryteria pozwalają na uzyskanie pełniejszego obrazu rynku gier na konsole oraz pomagają producentom dostosować swoje strategie i produkty do preferencji graczy i zmieniających się trendów na rynku.

Przykład

Na rynku gier na konsole występuje wiele preferencji graczy, które wpływają na popularność i sprzedaż gier. Niektóre z najważniejszych preferencji to:

1. *Grafika - Konsole oferują wyższą jakość grafiki niż komputery, co jest ważnym kryterium dla wielu graczy. Oczekują oni gier z wspaniałą oprawą wizualną, w której szczegóły są bardzo widoczne.*

2. *Historia i fabuła - Wiele gier na konsole ma wciągające fabuły i historie, które przyciągają graczy. Często to właśnie fabuła stanowi główną atrakcję gry, a sama rozgrywka jest jedynie dodatkiem.*

3. *Rozgrywka - Wiele gier na konsole skupia się na intensywnej rozgrywce, która pozwala graczom poczuć się jak bohaterowie akcji. Niektórzy gracze preferują szybką i dynamiczną akcję,*

podczas gdy inni wolą bardziej strategiczne i powolne podejście do rozgrywki.

4. *Multiplayer - Gry na konsole często oferują tryby multiplayer, które pozwalają graczom rywalizować z innymi graczami online. Wielu graczy szuka takich gier, aby móc rywalizować ze znajomymi lub z innymi graczami z całego świata.*

5. *Kontrolery - Kontrolery na konsole są często skomplikowane i oferują wiele różnych funkcji. Niektórzy gracze preferują proste kontrolery, podczas gdy inni chcą mieć dostęp do większej liczby przycisków i opcji.*

6. *Cena - Cena gry jest istotnym czynnikiem dla wielu graczy. Gry na konsole są zwykle droższe niż te na komputery, więc cena może być decydującym czynnikiem przy wyborze gry.*

7. *Marka - Wielu graczy wybiera gry na konsole ze względu na popularność i markę danego producenta, np. Sony, Microsoft czy Nintendo.*

8. *Innowacyjność - Gracze lubią, kiedy gry na konsole wprowadzają nowe i innowacyjne funkcje, które nie były wcześniej dostępne. To może przyciągnąć uwagę i zachęcić do zakupu gry.*

To tylko kilka z wielu preferencji, które wpływają na popularność gier na konsole. Warto zauważyć, że preferencje mogą się różnić w zależności od kraju, regionu czy kultury, dlatego analiza rynku powinna uwzględniać także te czynniki.

Przykład

Na rynku gier na konsole obecnie można zauważyć kilka trendów:

1. *Gry w jakości 4K i HDR - Wraz z wprowadzeniem konsol nowej generacji (np. PlayStation 5, Xbox Series X/S) gry są dostępne w jeszcze lepszej jakości, a 4K i HDR stały się standardem w grach na te platformy.*

2. *Gry na abonament - coraz więcej gier na konsole jest dostępnych na zasadzie subskrypcji, takich jak Xbox Game Pass czy PlayStation Now. Pozwala to na korzystanie z różnych tytułów w ramach jednej opłaty, a także na eksperymentowanie z grami, na które niekoniecznie chcielibyśmy wydać pełną cenę.*

3. *Gry sieciowe - gry multiplayer oraz gry sieciowe są coraz popularniejsze na konsole, a wiele z nich daje możliwość grania w trybie kooperacji lub rywalizacji z graczami z całego świata.*

4. *Wirtualna rzeczywistość - technologia VR (Virtual Reality) zyskuje coraz większą popularność również na rynku konsolowym, choć wciąż nie jest to główny trend. Jednakże, wiele gier wykorzystuje już tę technologię, a producenci konsol wciąż inwestują w rozwój VR.*

5. *Gry hybrydowe - coraz więcej gier na konsole łączy w sobie elementy różnych gatunków. Gry hybrydowe to nie tylko łączenie*

gier RPG z elementami akcji, ale również gry logiczne z elementami RPG czy strzelaniny.

6. *Gry interaktywne - coraz więcej gier na konsole oferuje interaktywny gameplay, który pozwala graczom na wpływ na rozwój fabuły. Takie gry są zazwyczaj skoncentrowane na narracji i oferują graczom dużą swobodę wyboru i wpływu na przebieg rozgrywki.*

Przykład

Na rynku konsol najpopularniejszym gatunkiem gier są gry akcji, zwłaszcza te z elementami strzelanek. Według danych zebranej przez Entertainment Software Association (ESA) w 2021 roku, gry akcji stanowiły 31,2% sprzedanych gier na konsolach. Na drugim miejscu znajdują się gry sportowe, stanowiące 17,1% sprzedaży. Kolejne miejsca zajmują gry RPG (12,3%), gry przygodowe (10,3%), gry zręcznościowe (8,9%), a także gry wyścigowe (8,8%) i symulatory (7,1%).

Warto jednak zauważyć, że popularność poszczególnych gatunków gier na rynku konsol może się różnić w zależności od regionu geograficznego czy konkretnej konsoli. Na przykład w Japonii popularne są gry RPG, a w Stanach Zjednoczonych najwięcej sprzedaje się gier akcji i strzelanek.

Przykład

Na rynku konsol, tak jak i na innych rynkach, popularność tematów gier zmienia się w zależności od czasu i trendów. Jednakże, niektóre tematy od dłuższego czasu utrzymują swoją popularność. Kilka najczęściej występujących tematów gier na konsole:

1. *Gry akcji: gry akcji zawsze cieszą się dużą popularnością wśród graczy na konsolach. Gry tego typu skupiają się na szybkiej akcji, walce i strzelaniu, często z elementami przygodowymi i fabularnymi.*

2. *Gry sportowe: gry sportowe, takie jak piłka nożna, koszykówka czy hokej, są bardzo popularne na konsolach, ponieważ pozwalają graczom na wcielenie się w role swoich ulubionych sportowców i rywalizację w turniejach i mistrzostwach.*

3. *Gry RPG: gry RPG (Role-Playing Games) to gatunek, w którym gracz wciela się w postać i wraz z nią przemierza świat gry, wykonując zadania, walcząc z wrogami i rozwijając postać. Gry RPG cieszą się dużą popularnością na konsolach, ponieważ pozwalają na głęboką interakcję z grą i dają poczucie kontroli nad postacią.*

4. *Gry wyścigowe: gry wyścigowe, takie jak samochodowe czy motocyklowe, są również bardzo popularne na konsolach. Często*

oferują one wiele trybów rozgrywki, od klasycznych wyścigów do trybów arcade i przetrwania.

5. *Gry przygodowe: gry przygodowe, takie jak Tomb Raider czy Uncharted, pozwalają graczom na odkrywanie świata gry, rozwiązywanie zagadek i pokonywanie przeciwności losu. Gry tego typu są popularne na konsolach, ponieważ pozwalają na zanurzenie się w fabule i świecie gry.*

Przykład

Na rynku gier na konsole można wyróżnić kilka popularnych settingów, wśród których wymienić można:

1. *Fantasy - to światy z magicznymi stworami, czarodziejami i bogami, inspirowane literaturą fantasy, taką jak "Władca Pierścieni" czy "Gra o Tron".*

2. *Science Fiction - to gry, które przenoszą nas w przyszłość, w kosmosie lub na Ziemi, w których nauka i technologia odgrywają ważną rolę, jak np. "Mass Effect" czy "Halo".*

3. *Postapokaliptyczne - to settingi, które opowiadają historie o świecie po katastrofie, w którym gracz musi przetrwać w trudnych warunkach, jak np. "Fallout" czy "The Last of Us".*

4. *Superbohaterowie - to gry opowiadające o postaciach z nadludzkimi mocami, znanymi z komiksów i filmów, takie jak "Spider-Man" czy "Batman".*

5. *Wojenne - to gry, które przenoszą nas na pola walki różnych konfliktów, jak np. "Call of Duty" czy "Battlefield".*

   Oczywiście są to tylko przykłady i na rynku konsol istnieje wiele innych settingów, w których osadzone są gry, np. horror, western, sportowe, czy też historyczne.

Przykład

   W przeciwieństwie do rynków mobilnych i PC, rynek gier na konsole ma specyficzne sposoby monetyzacji, które są związane z ich sprzedażą w fizycznej formie lub cyfrowej. Kilka sposobów, jakie można spotkać na rynku gier na konsole:

1. *Sprzedaż detaliczna - najbardziej tradycyjny sposób sprzedaży gier na konsolę, polegający na sprzedaży pudełkowej w sklepach stacjonarnych lub internetowych.*

2. *Cyfrowe pobieranie - zakup gry online bezpośrednio na platformie konsolowej lub na innej platformie cyfrowej, takiej jak Steam.*

3. *Abonament - platformy konsolowe oferują subskrypcje, które pozwalają na dostęp do biblioteki gier za określoną miesięczną opłatą.*

4. *Mikropłatności - niektóre gry na konsole oferują mikropłatności, które pozwalają na zakup dodatkowych funkcji, przedmiotów lub poziomów.*

5. *Płatności za przedmioty w grze - w niektórych grach na konsole można sprzedawać przedmioty zdobyte w grze za prawdziwe pieniądze.*

6. *DLC - Płatne rozszerzenia gry, dodające nowe funkcje, poziomy lub postacie.*

7. *Gry usługowe - Gry, które pozwalają na regularną interakcję z graczami w ramach usługi, jaką oferuje gra. Przykładem są tutaj gry typu MMO, które wymagają opłacania miesięcznej subskrypcji, aby grać.*

8. *Gwiazdy e-sportu - niektóre gry na konsole oferują nagrody w postaci pieniędzy za udział w turniejach e-sportowych.*

9. *Wirtualne przedmioty kolekcjonerskie - gry na konsole oferują wirtualne przedmioty kolekcjonerskie, które można kupić za prawdziwe pieniądze, takie jak karty, kostki do gry, itp.*

10. *Dodatkowe usługi - niektóre gry na konsole oferują dodatkowe usługi, takie jak płatne sesje treningowe lub poradniki.*

Należy jednak zauważyć, że w przypadku gier na konsole, sposób monetyzacji może być również związany z ich wydawcami, ponieważ większość gier jest wydawana przez duże firmy, które decydują, jakie modele biznesowe będą stosowane.

Przykład

Na rynku konsolowym najpopularniejszym sposobem monetyzacji są tradycyjne modele sprzedaży gry, takie jak sprzedaż detaliczna i cyfrowa. Jednak wraz z rozwojem gier online i usług subskrypcyjnych, coraz więcej twórców gier stosuje modele biznesowe, które umożliwiają graczom dostęp do dodatkowej treści za opłatą.

Jednym z popularnych modeli biznesowych na rynku konsolowym jest mikropłatności, czyli drobne płatności za dodatkowe elementy gry, takie jak nowe postacie, przedmioty lub skiny. Innym sposobem monetyzacji są tzw. "sezonowe przepustki", które dają graczom dostęp do dodatkowej zawartości w określonym czasie, na przykład w trakcie sezonów lub wydarzeń specjalnych.

W ostatnich latach popularne stały się także usługi subskrypcyjne, takie jak Xbox Game Pass czy PlayStation Plus, które dają graczom dostęp do biblioteki gier za miesięczną opłatą. W tym modelu biznesowym zyski generowane są głównie z opłat subskrypcyjnych, a nie z jednorazowych sprzedaży gier.

Warto zauważyć, że choć modele biznesowe na rynku konsolowym nie są tak zróżnicowane jak na rynku mobilnym, to rozwój technologiczny i zmiany preferencji graczy mogą wprowadzać zmiany w sposobach, w jakie twórcy gier zarabiają na swoich produkcjach.

Przykład

Przykładowa analiza rynku dla gry *God of War* na konsole:

1. *Konkurencja:*

- *Wśród gier hack'n'slash dostępnych na konsole, God of War konkurowałby z takimi tytułami jak Devil May Cry, Bayonetta, czy Darksiders.*

- *Na rynku gier akcji na konsole, God of War miałby rywali takich jak Uncharted, The Last of Us, czy Assassin's Creed.*

- *Współzawodnictwo z grami RPG, jak The Witcher, Dark Souls czy Final Fantasy, mogłoby również wpłynąć na wyniki sprzedaży God of War.*

2. *Preferencje graczy:*

- *Gracze preferujący gry akcji i hack'n'slash na konsolach oczekują dynamicznej rozgrywki, niesamowitych efektów wizualnych i grywalności.*

- *Fani God of War mogą cenić sobie oryginalny setting, skomplikowane fabuły, wciągającą atmosferę i wyzwania w grze.*

- *Wymagania sprzętowe i cena konsoli mogą wpłynąć na wyniki sprzedaży gry.*

3. *Trendy na rynku:*

- *Gry z rozbudowanymi fabułami i emocjonalnymi wątkami cieszą się coraz większą popularnością.*

- *Konsole PlayStation są wciąż jednymi z najpopularniejszych na rynku, a ich rosnące możliwości technologiczne umożliwiają produkcję coraz bardziej zaawansowanych gier.*

- *W ostatnim czasie popularność zyskały również remastery i remaki starszych gier na nowsze konsole.*

4. *Sposoby monetyzacji:*

- *Sprzedaż gry w wersji pudełkowej.*

- *Sprzedaż gry w wersji cyfrowej.*

- *DLC - dodatkowe treści do gry, takie jak nowe postacie, bronie lub mapy.*

- *Mikropłatności - kupowanie w grze waluty, za którą można nabyć dodatkowe przedmioty lub ułatwienia w grze.*

Podsumowanie:

5. *God of War jest bardzo popularną i dobrze znaną marką na rynku gier. Dzięki oryginalnemu settingowi, złożonej fabule i niesamowitej grafice, może przyciągnąć wielu graczy. Na rynku konkurencyjnym, w którym rywalizuje z innymi grami hack'n'slash oraz akcji, God of War może przyciągnąć szczególną uwagę fanów serii, ale również graczy, którzy cenią sobie emocjonalną głębię i wciągającą fabułę.*

3.3.3. Przykład analizy rynku dla gry VR

Przykład

Przykładowa analiza rynku dla gier w rzeczywistości wirtualnej (VR):

1. *Potencjał rynkowy:*

- *W 2020 roku wartość rynku gier VR wyniosła około 6,2 miliarda dolarów, a prognozy na kolejne lata są optymistyczne.*

- *Według ankiety przeprowadzonej wśród 2000 dorosłych graczy w USA, 64% z nich jest zainteresowanych grami VR.*

- *Rosnąca popularność i rozwój technologii VR sprzyja rozwojowi rynku gier wirtualnej rzeczywistości.*

2. *Analiza konkurencji:*

- *Najpopularniejsze gry VR to Beat Saber, Half-Life: Alyx, Job Simulator, Superhot VR, Vader Immortal i wiele innych.*

- *Istnieje wiele firm i producentów sprzętu, takich jak Oculus, HTC, Sony i Valve, którzy oferują urządzenia VR i gry do nich.*

- *Rynek jest wciąż stosunkowo nowy, więc wiele firm wciąż próbuje zdobyć swoje miejsce na nim.*

3. *Preferencje graczy:*

- *Według ankiety przeprowadzonej wśród graczy VR, najważniejszymi cechami gry są: immersja, grafika, możliwość interakcji z otoczeniem oraz jakość dźwięku.*

- *Najpopularniejsze gatunki gier VR to: strzelanki, gry przygodowe, symulatory i gry sportowe.*

- *Gracze cenią sobie także gry z trybem wieloosobowym, w których mogą wspólnie grać z innymi graczami.*

4. *Trendy na rynku:*

- *Rosnąca popularność gier VR sprzyja inwestycjom w technologie VR oraz produkcję nowych gier i urządzeń.*

- *Współpraca między producentami gier VR i filmowymi może doprowadzić do powstania nowych form rozrywki, takich jak filmy w VR.*

- *Wraz z rosnącą popularnością gier VR, rozwijają się także rozwiązania dla handlu, edukacji i innych branż.*

5. *Sposoby monetyzacji:*

- *Najpopularniejszym sposobem monetyzacji w grach VR są sprzedaż gier oraz dodatków w grze, takich jak kosmetyczne zmiany postaci czy nowe poziomy.*

- *Istnieją także gry darmowe, które generują przychody poprzez reklamy lub sprzedaż wewnętrznych walut.*

- *Często gry VR są sprzedawane w pakietach z urządzeniami VR, co pozwala producentom na większe zyski.*

Przykład

Przykładowa analiza rynku dla gry logicznej na platformę VR:

1. *Trendy i preferencje graczy:*

- *Gry logiczne na VR cieszą się rosnącą popularnością, ponieważ platforma ta umożliwia graczom pełne zanurzenie w świat gry i bardziej realistyczne doznania.*

- *Wśród graczy ceniących gry logiczne na VR, największą popularnością cieszą się gry wymagające logicznego myślenia, precyzji i strategii.*

- *Gracze często oczekują również innowacyjnych mechanik gry i wyzwań, które pozwolą im na rozwijanie swoich umiejętności i zdolności intelektualnych.*

2. *Konkurencja:*

- *Na rynku gier logicznych na platformę VR działa wiele konkurencyjnych firm i deweloperów, którzy oferują różne gry tego typu.*

- *Należą do nich między innymi takie tytuły jak "Moss", "Tetris Effect", "Keep Talking and Nobody Explodes", "SUPERHOT VR" czy "I Expect You To Die".*

- *W celu zwiększenia popularności i pozycji na rynku, deweloperzy muszą oferować graczom innowacyjne i interesujące rozwiązania, a także zdobywać pozytywne opinie i recenzje.*

3. *Cena i model biznesowy:*

- *Ceny gier logicznych na VR wahają się od około 20 do 40 dolarów w zależności od tytułu i platformy, na której są dostępne.*

- *Większość gier na platformę VR wykorzystuje model sprzedaży jednorazowej, choć niektóre oferują również dodatkowe funkcje i płatne rozszerzenia.*

- *W celu przyciągnięcia większej liczby graczy i zwiększenia zysków, deweloperzy powinni dostosowywać ceny do jakości i poziomu trudności gry oraz oferować różne opcje zakupu i modeli biznesowych, takie jak subskrypcje lub mikropłatności.*

4. *Target grupa:*

- *Główną grupą docelową dla gier logicznych na platformę VR są osoby interesujące się grami logicznymi, intelektualnymi wyzwaniami i zagadkami.*

- *Wśród targetu znajdują się osoby w wieku od 18 do 35 lat, zarówno mężczyźni, jak i kobiety, którzy posiadają urządzenia VR i są gotowi wydać pieniądze na ciekawe i wciągające gry.*

- *Deweloperzy powinni również zwracać uwagę na preferencje kulturowe i regionalne, aby dostosować swoją ofertę do potrzeb rynku.*

Przykład

W analizie rynku gier VR brane są pod uwagę następujące kryteria:

1. *Liczba sprzedanych urządzeń VR - od tego zależy potencjalna liczba odbiorców dla danej gry VR.*

2. *Konkurencja - istnienie innych gier VR w danym gatunku lub tematyce może wpłynąć na popularność nowej gry i jej sprzedaż.*

3. *Opinie graczy - recenzje, oceny i komentarze graczy na platformach społecznościowych i forach dotyczące gier VR mogą wpłynąć na sprzedaż.*

4. *Zastosowanie technologii VR - innowacyjność i atrakcyjność interfejsu użytkownika może wpłynąć na zainteresowanie grą VR.*

5. *Cena - cena gry VR w porównaniu z innymi grami VR lub tradycyjnymi grami może wpłynąć na decyzję zakupu.*

6. *Dostępność - dostępność na różnych platformach VR i na różnych rynkach może wpłynąć na zainteresowanie grą VR.*

7. *Marketing - kampanie reklamowe, promocje i dystrybucja gry VR na różnych kanałach marketingowych mogą wpłynąć na popularność gry.*

Przykład

Na rynku gier VR można zauważyć różnorodne preferencje graczy, które częściowo różnią się od tych na rynku tradycyjnych gier wideo. Poniżej znajduje się kilka najważniejszych preferencji graczy na rynku gier VR:

1. *Immersja - jednym z kluczowych czynników wpływających na preferencje graczy na rynku gier VR jest immersja, czyli wrażenie, że gracz znajduje się w wirtualnym świecie. Gry, które oferują wysoką immersję, zwykle są lepiej oceniane przez graczy.*

2. *Interakcja - gracze na rynku gier VR oczekują wysokiej interaktywności, czyli możliwości aktywnego uczestnictwa w grze. Gry, które oferują szeroki zakres interakcji, takich jak ruch kontrolerami VR, zwykle są bardziej pożądane przez graczy.*

3. *Różnorodność gatunków - podobnie jak w przypadku tradycyjnych gier wideo, gracze na rynku gier VR mają różne preferencje co do gatunków gier. Niektórzy preferują gry akcji, inni z kolei cenią sobie gry przygodowe czy symulatory.*

4. *Ceny - w porównaniu do tradycyjnych gier wideo, gry VR zwykle są droższe, co może wpływać na preferencje graczy. Gry, które oferują dobrą jakość za rozsądną cenę, zwykle są lepiej oceniane przez graczy.*

5. *Kompatybilność sprzętu - na rynku gier VR istnieje kilka różnych platform sprzętowych, takich jak Oculus, HTC Vive, czy PlayStation VR. Gracze zwykle wybierają gry, które są kompatybilne z ich platformą VR.*

6. *Długość gry - gracze na rynku gier VR często szukają gier, które oferują dłuższą rozgrywkę, ponieważ grając w VR, chcą w pełni zanurzyć się w wirtualnym świecie na dłuższy czas.*

7. *Jakość grafiki - jakość grafiki ma duże znaczenie dla graczy na rynku gier VR, ponieważ im lepsza jakość, tym większa immersja. Gry VR z realistyczną grafiką są zwykle bardziej pożądane przez graczy.*

Przykład

Rynek gier VR dynamicznie się rozwija i ciągle pojawiają się nowe trendy. Poniżej przedstawione są niektóre z obecnych trendów na rynku gier VR:

1. *Gry z otwartym światem - gry VR z otwartym światem, pozwalające na swobodne poruszanie się po wirtualnym świecie, cieszą się coraz większą popularnością. Gry takie jak "The Elder Scrolls V: Skyrim VR" czy "No Man's Sky VR" zyskały wielu fanów.*

2. *Gry sportowe - gry sportowe to kolejny trend na rynku gier VR. Wirtualna rzeczywistość pozwala na wciągające doświadczenie sportowe, a gracze mogą w pełni kontrolować swoje ruchy i akcje. Przykładami gier sportowych na VR są "BoxVR" czy "Beat Saber".*

3. *Gry eksploracyjne - gry eksploracyjne to gatunek, który idealnie pasuje do wirtualnej rzeczywistości. Dzięki VR, gracze mogą poczuć się jakby byli w samym środku wirtualnego świata. Gry takie jak "Myst VR" czy "Obduction" cieszą się dużym zainteresowaniem.*

4. *Gry akcji - gry akcji to kolejny trend na rynku gier VR. Dzięki wirtualnej rzeczywistości, gracze mogą poczuć się jakby byli w środku intensywnej akcji, co dodaje emocji i wrażeń. Przykłady gier akcji na VR to "Superhot VR" czy "Robo Recall".*

5. *Gry edukacyjne - gry edukacyjne na VR to kolejny trend, który cieszy się coraz większym zainteresowaniem. Wirtualna rzeczywistość pozwala na realistyczne doświadczenia, co może*

być bardzo przydatne w procesie nauki. Przykłady gier edukacyjnych na VR to "The Body VR" czy "Titanic VR".

6. *Gry multiplayer - gry multiplayer to już od dłuższego czasu popularny trend wśród gier na różne platformy. W przypadku gier VR, multiplayer pozwala na jeszcze większe wciągnięcie w wirtualny świat i interakcję z innymi graczami. Gry takie jak "Rec Room" czy "VRChat" są przykładami gier multiplayer na VR.*

7. *Gry horroru - gry horroru w wirtualnej rzeczywistości to trend, który cieszy się wciąż dużą popularnością. Wirtualna rzeczywistość pozwala na jeszcze większe wczucie się w napięcie i strach, co daje dodatkowe emocje i wrażenia. Przykłady gier horroru na VR to "Resident Evil 7: Biohazard" czy "The Exorcist: Legion VR".*

Przykład

Rynek gier VR dopiero zaczyna rozwijać się i wciąż jest na wczesnym etapie, dlatego modele biznesowe i sposoby monetyzacji wciąż są w fazie eksperymentowania. Nie ma jeszcze dominującego sposobu, który byłby powszechnie stosowany. Popularne sposoby monetyzacji gier VR:

1. *Płatne gry - tradycyjny model biznesowy, który polega na sprzedaży gry za określoną cenę. Wymaga on jednak od gracza*

posiadania sprzętu VR, co może stanowić barierę wejścia dla nowych graczy.

2. *Abonamenty - niektóre platformy VR oferują abonamenty, dzięki którym gracze mają dostęp do biblioteki gier za stałą opłatą miesięczną.*

3. *Mikrotransakcje - model biznesowy opierający się na sprzedaży wirtualnych przedmiotów, które wpływają na rozgrywkę, np. nowych ubrań, broni czy ulepszeń. Ten model jest stosowany w niektórych grach VR, ale z uwagi na niszę rynku i mniejszą liczbę graczy, nie jest tak popularny jak w grach mobilnych czy na PC.*

4. *Reklamy - model biznesowy, który polega na wyświetlaniu reklam w grze. Może to obejmować statyczne reklamy na billboardach czy interaktywne reklamy video, które mogą zaoferować nagrody w grze w zamian za obejrzenie reklamy.*

5. *Sponsorowane zawartości - niektóre gry VR zawierają sponsorowane zawartości, które stanowią formę reklamy dla innych produktów lub marek.*

Obecnie trudno jest ocenić popularność konkretnych sposobów monetyzacji na rynku VR ze względu na niszę rynkową i mniejszą liczbę graczy. Wciąż trwają badania i eksperymentyowanie z nowymi modelami biznesowymi, które lepiej pasują do specyfiki gier VR.

Przykład

Analiza rynku gry Deep Diving Adventures na rynku VR:

Opis gry:

1. *Deep Diving Adventures to symulator nurkowania, który został wydany na platformy VR w 2018 roku. Gra pozwala na eksplorację podwodnych środowisk i odkrywanie tajemniczych wraków statków oraz różnorodnego życia morskiego.*

Analiza rynku VR:

2. *Rynek gier VR rozwija się dynamicznie, jednak wciąż jest to stosunkowo niszowy segment rynku gier. W 2020 roku, sprzedaż sprzętu VR wyniosła około 6,4 mln jednostek, co stanowi wzrost o 19% w stosunku do roku poprzedniego. Z kolei, sprzedaż gier VR wyniosła około 25,6 mln egzemplarzy, co stanowi wzrost o 25% w stosunku do roku poprzedniego.*

Analiza konkurencji:

3. *Na rynku gier VR istnieje wiele innych gier związanych z nurkowaniem, takich jak: TheBlu, Subnautica, czy Ocean Descent. Wśród gier VR można również znaleźć wiele innych symulatorów, takich jak samochodowe gry wyścigowe, gry sportowe czy gry akcji.*

Preferencje graczy:

4. *Gracze lubiący gry VR często szukają unikalnych doświadczeń, takich jak eksploracja nowych środowisk lub interakcja z otaczającym je światem. Gry symulacyjne, takie jak Deep Diving Adventures, są popularne wśród graczy VR, ponieważ pozwalają na wczucie się w rolę postaci i całkowite zanurzenie w wirtualnym świecie.*

Sposoby monetyzacji:

5. *Gry VR często korzystają z różnych modeli monetyzacji, takich jak sprzedaż gry, sprzedaż dodatkowej zawartości (DLC), subskrypcje oraz mikropłatności. W przypadku gry Deep Diving Adventures, deweloperzy zdecydowali się na sprzedaż gry za jednorazową opłatą, co oznacza, że wszystkie funkcje gry są dostępne dla gracza bez dodatkowych kosztów.*

Perspektywy rozwoju:

6. *Rynek gier VR wciąż rozwija się, a zwiększenie popularności tego typu rozrywki przyciąga uwagę deweloperów, co przekłada się na coraz większą liczbę nowych tytułów na rynku. W przypadku gry Deep Diving Adventures, jej unikalna tematyka oraz koncepcja mogą przyciągnąć nowych graczy i przysporzyć jej popularności wśród fanów gier VR.*

3.3.4. Przykład analizy rynku dla gry online

Przykład

Przykładowa analiza rynku dla gry online na podstawie gry League of Legends:

1. *Analiza rynku gier online*

   Gry online to jeden z najszybciej rozwijających się segmentów rynku gier w ciągu ostatnich kilku lat. Gry te pozwalają graczom łączyć się z innymi graczami na całym świecie, aby rywalizować lub współpracować w różnych trybach gry. Wiele gier online jest dostępnych na różnych platformach, w tym na komputerach, konsolach i urządzeniach mobilnych.

2. *Konkurencyjność rynku*

   Rynek gier online jest bardzo konkurencyjny, a gracze posiadają szeroki wybór gier i trybów rozgrywki. Gry takie jak League of Legends, Dota 2, Fortnite i Counter-Strike: Global Offensive zdominowały rynek, ale są również mniejsze gry online, które mają swoje lojalne społeczności graczy.

3. *Preferencje graczy*

   Gracze gier online szukają przede wszystkim wciągającej rozgrywki i rywalizacji z innymi graczami. Często poszukują również gier, które pozwalają im na rozwijanie swoich umiejętności i zdolności, a także zapewniają dużo akcji i adrenaliny. Wiele gier online oferuje tryby gry wieloosobowej, co pozwala graczom na współpracę z innymi graczami i budowanie społeczności wokół gry.

4. *Trendy*

Trendy w grach online często zmieniają się w zależności od preferencji graczy i nowości technologicznych. Obecnie popularne są gry MOBA (Multiplayer Online Battle Arena), w których drużyny graczy rywalizują ze sobą, a także gry typu battle royale, w których gracze walczą o przetrwanie na arenie z innymi graczami. W ostatnich latach popularne stały się również gry, w których gracze mogą tworzyć własne światy i społeczności, takie jak Minecraft.

5. *Sposoby monetyzacji*

Wiele gier online oferuje modele biznesowe oparte na mikropłatnościach, takie jak zakup waluty w grze lub przedmiotów kosmetycznych, które nie wpływają na rozgrywkę. Inne gry oferują abonamenty, które pozwalają graczom na dostęp do wyłącznych treści lub dodatkowych funkcji gry. Niektóre gry są całkowicie darmowe, ale generują przychody z reklam lub sprzedaży produktów kosmetycznych.